JN119624

すぐに役立つ
要介護認定調査員 実践ガイド

厚生労働省認定調査員テキスト2009（改訂版）
令和３年４月準拠

株式会社アール・ツーエス調査事業本部 編／徳重妙子 著

はじめに

私たちは2005年の創設以降200以上の自治体様との契約の下、30万件以上に及ぶ調査を実施させていただきました。

法令に定められた調査員テキストはあるものの、自治体それぞれの状況により解釈や判断は異なり、日々悩まれる調査員の方も多いことと思います。

また、普段ケアマネジャーとして業務にあたっている方にとっては、認定調査業務への馴染みは薄く、そのために調査のスキルを高めることも難しく、業務指導を行う自治体の負担にもつながっています。

少子高齢化社会の最先端を行く日本において、介護保険制度は社会福祉の基盤となる重要なものであり、その中でも介護認定は制度の川上にあたる根幹的な事業です。

本書は、弊社の掲げる経営理念である「日本の介護を支え、福祉社会の持続発展に貢献し続ける」という使命の実現に向けて、現役の調査員並びに審査を担う自治体の方々の負担軽減と調査の適正化の一助となるべく、経験と知識を結集して編纂いたしました。

日々悩まれ、介護保険制度の前線で奮闘される調査員の皆様のお役に立つことができればこの上ない喜びです。

末筆ながらコロナ禍においてエッセンシャルワーカー並びに、調査にあたる調査員に敬意を表します。本書を手に取っていただきありがとうございました。

株式会社アール・ツーエス
代表取締役　森　慎吾

目次

「有無」で評価する調査項目

過去14日間にうけた特別な医療について

本書の特徴と理念

本書の項目掲載順は「評価軸」で分類解説しています。

本書内記載の、介護保険の制度や訪問調査全般の基本的考え方など、すべての記述内容は、厚生労働省出版の認定調査員テキスト2009（改訂版）令和３年４月に基づいています。

介護保険制度における認定調査の意義や、調査員の守るべき態度や行動についてはテキストにある通りです。認定調査にあたっては、対象者は社会的弱者であり支援が必要な方であることを理解し、人権の尊重を重んじる。業務は常に人への支援であって、接遇について常に学び「傾聴・共感的理解・受容」を心がけます。

介護保険のサービスを必要とする申請者に、不利益をもたらすことがないように、私たち訪問調査員は日常生活に寄り添うことを忘れません。

調査訪問中の面談、情報収集、情報の分析、定義に沿った判断を行えるよう自己学習に努めスキルアップを図ることを旨とします。

本書の目的

本書は、より適切な調査方法で、適切な選択ができ、調査対象者にとってより適切な認定結果が導き出せることを願っています。

新人調査員には、初心者が参考としたい調査の方法や定義の理解と考え方、手間や頻度の聞き取り方や考え方から、特記の基本的書き方の参考となる丁寧な特記文例集。

ベテラン調査員には「頻度による選択」介助の方法では「適切・不適切」「場面を想定する」「類似行為による代替評価」など様々な選択根拠を考えなければならない場合、またどう選択するべきか迷った場合、など再確認や参考となる特記文例などを掲載しています。

本書は評価軸ごとに分類していることと、各項目に**「基本的なポイント」**と**「補足的なポイント」**に分けて示しています。詳しくは各項目のページで確認してください。

本書の考え方

訪問調査員は、調査対象者本人や立会者（家族を含む）に面談していますが、介護保険事務局職員や審査会委員は見ていません。

調査対象者本人や立会者（家族を含む）を見ていない、介護保険事務局職員や審査会委員に対象者本人をイメージしやすく、支障となっていることが読んで理解できることが重要です。調査員が「見て、聞いて」情報収集・分析・選択し、記述する特記は「読みやすい・理解しやすい・誰が読んでも同じ解釈となる」を目標に現代文の論理に沿って書かれていることが基本です。更に、定義に該当しない内容であっても、調査時に聞き取った、調査対象者本人や立会者（家族を含む）の困りごとの訴えを調査票に反映させ、審査会で協議し評価できる材料となるように情報提供することも重要な役割です。

認定調査員が作成した調査票は「認定調査票（基本調査)」で「一次判定」を行い、「認定調査票(特記事項)」の記述内容（個別性や介護の手間）を審査会（二次判定）で協議し評価できる材料となることが使命ですから、選択に誤りや、読み手によって幾種類かの解釈の仕方が発生するようなことがあってはいけません。

以上が本書でもっとも重要な目的であると考えます。

調査票の概要

認定調査票の構成

①認定調査票（概況調査）
②認定調査票（基本調査）
③認定調査票（特記事項）

認定調査票を書く順番

調査後、記憶の新しいうちに書くことが最善です。(概況調査）の「Ⅳ. 置かれている環境等」は調査対象者の全体像のまとめなので以下の順番で記述していくと、各項目の記述内容との重複が防止できます。

②認定調査票（基本調査）(調査時の聞き取りから選択した選択肢をチェック)
③認定調査票（特記事項）(評価軸や定義に沿って選択肢を選択した根拠を記述)
①認定調査票（概況調査）(調査対象者の全体像のまとめ・家族状況、既往歴、住宅環境、介護が必要となった理由など)

記述式特記のルール

③認定調査票（特記事項）

各項目で必要とされる内容を記述する。

全ての項目にそれぞれの定義があり、定義に基づいた選択根拠文章を先に書く。頻度が少ないなどで選択根拠に含まないが個別性を表す内容は、そのあとに記述する。

基本調査の選択肢と齟齬が生じないように必ず確認する。

①認定調査票（概況調査）

時系列を正しく記述し、短文の積み重ねを心がける。

調査時の状況と過去の出来事は（現在進行形）(過去形）として読み手が混乱しないよう整理・工夫する。

家族の状況や支援者の有無、訪問の頻度など特記事項の内容と整合性を確認する。

支援者の支援内容、今後の意向（入院中であれば退院時期)、申請（新規・更新・区変）の理由は必ず記述する。

利用中のサービスや住宅改修、福祉用具（レンタル、購入）等該当するものを確認し記述。

評価軸の特徴

「能力」で評価する項目は「身体の能力」と「認知の能力」に分類されます。

「介助の方法」で評価する項目は「自身でしていること」「介助されていること」が基本ですが「適切・不適切」と考えなければなりません。

「有無」で評価する項目は「麻痺等・拘縮」「BPSD関連項目」のほか「外出頻度」「特別な医療」が存在し、それぞれ選択基準に違いがあります。確認すべき内容を十分理解して聞き取りしましょう。

評価軸の関係性

調査対象者には、性別や年齢、病歴や後遺症、意欲や生活環境によって様々な要因が存在し、基本的に生活全般を総合的に考える必要があります。そのうえで、評価軸の関係性を踏まえておきます。

1「有無」で評価する項目の「麻痺等・拘縮」で体の動きと、「能力」の「身体機能の能力」と「認知能力」の選択肢が適切で、特記内容が充実していれば「介助の方法」での「介助が必要な根拠」が明らかになり、選択肢の決定が容易になります。

2「有無」で評価する項目「BPSD関連項目」と「能力」の「身体機能の能力」と「認知能力」の選択肢が適切で、特記内容が充実していれば「介助の方法」での「介助が必要な根拠」と「手間」「頻度」がより一層明らかになります。

以上、介助が必要な根拠と状態、介護の「手間」「頻度」を適切に評価選択するためにも情報収集、分析、選択のサイクルを繰り返しましょう。

調査時重要

定義に該当しない話でも「困りごと」「日常生活に支障となっている」のであれば真摯に聞き取り、調査票の項目のいずれかに記述を残し、定義に該当しなくとも「頻度」「手間」を聞き取ります。

訪問調査、全般の注意点やお勧め事項

調査訪問時は明るく快活に（第一印象が大事）。

調査対象者は大半が、人生の先達となる方です。敬語で応対（慇懃無礼にならない程度に）。

自己紹介は身分証を必ず提示する（調査時に同席する方全員に）。

調査訪問した目的を必ず説明し確認する。

訪問中の調査員の態度が「上から目線」「事務的」「問い詰められている」「矢継ぎ早に聞かれる」ととらえられないよう、言葉の使い方に注意し意識してゆっくり話す。

オープンクエッション・クローズドクエッションを聞きたい内容に合わせて使い分けることも調査時間の短縮に役立ちます。

調査の基本は「試行」ですが、必ず同意（調査対象者や家族、その他立会者全てに）を得る。

質問内容によって、家族やその他立会者が調査対象者本人の前で「答えたくない」ことの有無を事前に確認する。

質問内容によって、調査対象者や家族が「答えたくない」「話したくない」ことは答える必要や、話す必要はないことも説明する。

調査中は安全と安心を心がけ、転倒や転落など事故防止に努める。

調査中調査対象者の様子や表情には常に注意し、緊張していたり、疲労感が表れ「生あくび」など注意すべき状態がないか観察を怠らない。そういった状態がみられたら「横になってもらう」「試行を中断し、聞き取り主体」に切り替える。家族等の判断で救急車対応となった場合は調査を中止し、一致協力して安全を確保する。

調査対象者自身にも注意が必要ですが、立会者の表情や言葉かけにも注意しましょう。

禁忌事項

調査員はあくまでも中立の立場が基本です。

認定結果について、介護度や時期について聞かれても具体的に話すことはできません。

調査時や調査後のサービス利用について、意見を述べることや、利用方法について助言することもしてはいけません。

施設や病院、主治医などについて、意見を述べることや情報の提供をしてはいけません。

「能力」
で評価する調査項目

評価軸「能力」の共通事項

主に「身体の能力」「認知の能力」を把握する調査項目
当該の行動等について**「できる」**か**「できない」**かを、評価する。

「身体の能力」

1-3　寝返り　1-4　起き上がり　1-5　座位保持　1-6　両足での立位保持
1-7　歩行　1-8　立ち上がり　1-9　片足での立位
1-12　視力　1-13　聴力
2-3　えん下

「認知の能力」

3-1　意思の伝達　3-2　毎日の日課を理解　3-3　生年月日や年齢を言う
3-4　短期記憶　3-5　自分の名前を言う　3-6　今の季節を理解する
3-7　場所の理解
5-3　日常の意思決定

身体の能力　1-3 ～1-9、1-12、1-13、2-3

聞き取り調査のポイント

各項目が指定する確認動作を**可能な限り実際に試行**します。
※**2-3「えん下」**は能力の項目ではあるが、必ずしも試行する必要はない。
頻回に見られる状況や日頃の状況について、調査対象者や介護者からの聞き取りを行う。

- 調査時、調査対象者に実際に試行してもらう場合は、**必ず調査対象者や立会者に同意を得て**行います。
- 危険を伴うなどの理由で試行できなかった（試行しなかった）場合は、日頃の状況を聞き取ります。
- 「訪問時に玄関までの出迎えにより歩行動作が確認できた」「訪問時にはベッド臥床しており、調査開始前に寝返りや起き上がりの動作が確認できた」など、調査実施中に、調査対象者が確認動作と同様の行為や回答を行っていることが確認できれば、必ずしも実際に行ってもらう必要はありません。
※試行できない（しない）場合は、理由を明確にし、**試行できない（しない）ことの同意も必ず得る**ようにしましょう。

痛みを伴っていないか、麻痺した腕や足を巻き込んでいないかなど、麻痺や拘縮等の状況も確認する。

調査時のみ、張り切って頑張る方、逆に、できないフリをされる方など様々です。
常に目を離さず、表情なども読み取り、適切な言葉かけをする必要がある。

調査時に試行した場合にも、必ず日頃の状況を聞き取る。
日頃の状況に違いがある場合は、頻度を含め、詳細を聞き取る。
日頃の習慣ではなく、能力を確認する。

調査時、指示が通らず確認ができなかった時、「日頃も同じです」とならないように、日頃の能力を聞き取りましょう。「指示が通じない」と「規定の動作ができるかどうか」の能力は違います。

判断のポイント

調査時、実際に試行した結果と日頃の状況が同じ場合は、その状況に基づき選択します。

調査時、実際に試行した結果と日頃の状況が異なる場合は、**一定期間**（調査日より概ね１週間）の状況において、より頻回な状況に基づき選択します。

特記事項のポイント

試行の有無 試行の有無、試行しなかった（できなかった）理由を必ず記載する。
大事な記録となります。記載漏れがないようにしましょう。

調査時の能力 調査時、試行した結果を記載する。

日頃の能力 調査時と同じ場合もその旨を記載する。
調査時と状況が異なるとき、日頃の状況で違いがあるときなどは、詳細を記載する。

頻度 調査時、実際に試行した結果と日頃の状況が異なる場合は頻度も記載する。

福祉用具の有無 福祉用具を使用しているときは必ず記載する。

★「何かにつかまればできる」「できない」等の場合、なぜできないのか理由を一言書き足すと全体像が伝わりやすくなります。

★「できない」と「しない」は違います

できないからしない。	特記事項は「しない」ではなく「できない」と表記。 選択肢は「3. できない」となる。
腰痛や本人の希望、習慣等で、意図的に行為を行っていない。	●過去１週間、定義とする行為が一度も発生していないのか？ ●能力はあると聞き取った場合も、その能力はいつの能力なのか？ など、なぜしないのか、能力はどの程度あるのか、もう一歩踏み込んだ「情報収集」をし、「分析・判断」をする必要があります。

認知の能力　3-1 ～3-7・5-3

聞き取り調査のポイント

各項目が指定する確認動作を**可能な限り実際に確認**する。

※**3-1「意思の伝達」·5-3「日常の意思決定」**は、全体の会話の中にヒントが沢山隠れています。

※調査時、調査対象者に実際に確認する場合、本人や立会人の受け取り方に留意し、状況に応じて聞き方を変えるなどの工夫が必要です。事前に質問する内容を説明すると受け入れてもらいやすいです。

判断のポイント

●調査当日の状況と調査対象者や介護者から聞き取りした日頃の状況とが異なる場合は、**一定期間**（調査日より概ね過去１週間）の状況において、より頻回な状況に基づき選択を行う。

※3-1「意思の伝達」　5-3「日常の意思決定」は能力を問う項目であるが、申請者の日常的な状態を頻度の観点から把握する項目であることから、他の能力を問う項目とは異なり、調査日の状況に加え、調査対象者及び介護者等から聞き取りした日頃の状況から選択を行う。

特記事項のポイント

調査時の能力 調査時、確認した結果を記載する。

日頃の能力 調査時と同じ場合もその旨を記載する。
調査時と状況が異なるときは詳細を記載する。

頻度 調査時、実際に確認した結果と日頃の状況が異なる場合は頻度も記載する。

★日頃は、生年月日や季節など尋ねることがなく、日頃の状況がわからない場合は、その旨を特記事項に記載し調査時の状況で判断する。

★日頃の状況は、エピソードも聞き取る。

保険者によって書き順にルールがあり、書き方が異なる場合があります。以下の例文を参照

例 1-3　寝返り

例 1　就寝場所 + 調査時の能力 + 左右差 + 調査時の能力 + 日頃の能力

ふとんで就寝。調査時、何もつかまらずに左右ともに寝返りができる。日頃も同様。

例 2　調査時の能力 + 左右差 + 調査時の能力 + 選択肢 + 左右差 + 福祉用具の有無 + 日頃の能力 + 就寝場所

調査時、右側には何もつかまらずに寝返りができ「つかまらないでできる」選択。左側には肩の痛みがあり、ベッド柵につかまればできる。日頃も同様。ベッドで就寝。

例 3　選択肢 + 就寝場所 + 調査時の能力 + 福祉用具の有無 + 調査時の能力 + 左右差 + 調査時の能力 + 日頃の能力

「何かにつかまればできる」選択。ベッドで就寝。調査時、腰痛のためベッド柵につかまれば左右ともに寝返りができる。日頃も同様。

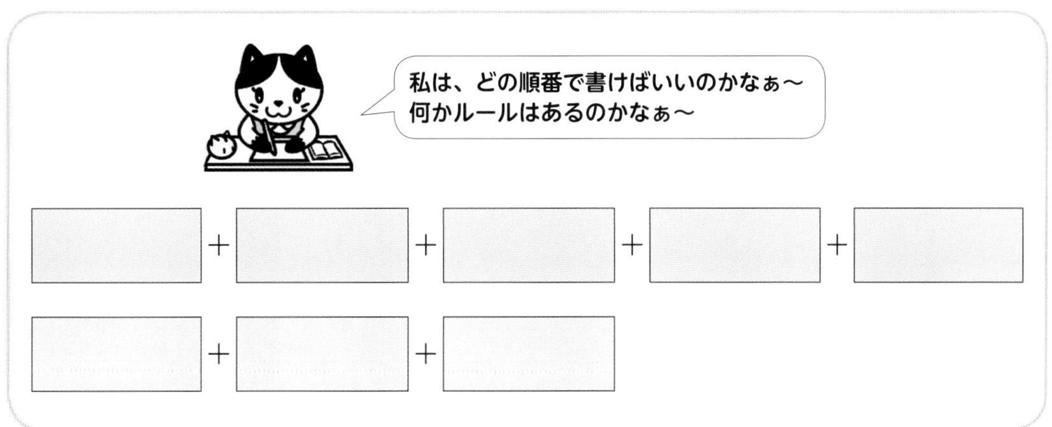
私は、どの順番で書けばいいのかなぁ～
何かルールはあるのかなぁ～
+
+
+
+
+
+

MEMO

1-3 寝返り《身体機能・起居動作》

定義

「寝返り」の能力を評価する項目である。

ここでいう「寝返り」とは、きちんと横向きにならなくても、横たわったまま左右のどちらかに身体の向きを変え、そのまま安定した状態になることが自分でできるかどうか、あるいはベッド柵、サイドレールなど何かにつかまればできるかどうかの能力である。

調査対象者に実際に行ってもらう、あるいは調査対象者や介護者からの日頃の状況に関する聞き取り内容で選択する。身体の上にふとん等をかけない時の状況で選択する。

選択肢

「1. つかまらないでできる」「2. 何かにつかまればできる」「3. できない」

寝返りは以下の「**4つの基本的なポイント**」と「4つの補足的なポイント」に留意し聞き取り特記事項に記載します。

基本的ポイント	①試行の有無	②調査時の能力	③日頃の能力	④頻度
補足的ポイント	⑤福祉用具の有無	⑥就寝場所	⑦就寝時の体位	⑧左右差

ポイント⑥　就寝場所

ポイント①　試行の有無

ポイント⑤　福祉用具の有無

ポイント②　調査時の能力

ポイント③④　日頃の能力・頻度

ポイント⑦⑧　就寝時の体位・左右差

この順番が
聞き取りやすいよ

聞き取り調査・判断・特記事項のポイントは「能力」P10 ～P13も参照してね。

聞き取り調査のポイント

ポイント⑥ 就寝場所

聞き取り例

- ❏ 日頃はどちらで寝ていますか？

面接している場所から就寝場所が遠く、調査対象者に負担がかかる場合は試行しないという判断が必要なこともあります。なるべく初めに確認するようにします。

ポイント① 試行の有無

聞き取り例

- ❏ 実際に、寝返りするところを見せて頂きたいのですが、よろしいですか？
- ❏ 本来は、寝返りするところを見せて頂いているのですが、腰が痛いとのことなので、本日は無理がないようにここでは行わず、日頃の様子を聞かせて頂くということでよろしいですか？

必ず、調査対象者や立会者の同意を得ます。

ポイント⑤ 福祉用具の有無

聞き取り例

- ❏ 日頃はベッドで休まれていますか？
- ❏ ベッドは介護保険でのレンタルなどでしょうか？
- ❏ ベッド柵などはついていますか？
- ❏ ベッドのギャッチアップ操作などはされていますか？

介護用ベッド・ベッド柵・ギャッチアップ機能などがある。ギャッチアップ機能がついている場合は、誰が操作しているのか確認します。同時に福祉用具貸与利用の有無も確認できます。

ポイント②
調査時の能力

聞き取り例

- ❑（一旦横になってもらい）身体の向きを変える時はどのようにされていますか？　無理をされずに、いつもと同じように寝返りできますか？
- ❑身体のどこかに、痛みはありませんか？

痛みを伴っていないか、麻痺した腕や足を巻き込んでいないかなど常に目を離さず、表情なども読み取り、適切な言葉かけをします。

ポイント③④
日頃の能力・頻度

聞き取り例

- ❑日頃も、先ほどと同じようにベッド柵につかまって寝返りされていますか？
- ❑本日は、○○の理由で実際に寝返りは行っていただけなかったのですが、日頃、寝返りはどのようにされていますか？
- ❑過去1週間で、痛みのため自分で寝返りできなくなったことが何回（何日）位ありましたか？

調査時に試行した場合にも、必ず日頃の状況を聞き取りします。

日頃の習慣ではなく、定義とする動作の能力を確認します。

調査時の試行時と日頃の状況が異なるとき、日頃の状況で違いがある時などは、詳細や頻回な状況を聞き取ります。

就寝中の寝返りの回数を確認するのは難しいと思いますが、横になり寝返りが発生する時間帯が、夜だけなのか、日中も横になって過ごすのかなどを確認し、横にはなっているが覚醒している時に、身体の向きを変える頻度を確認します。

定時に体位交換の介助がされている時は、その頻度の確認も忘れないように聞き取りします。

ポイント⑦⑧
就寝時の体位・左右差

聞き取り例

- ❑日頃は、どちら向きで休むことが多いですか？
- ❑腰が痛いとのことですが、日頃はいつも横を向いて寝ていますか？うつ伏せはできますか？
- ❑今、左向きにはできましたが、右向きはいかがでしょうか？

1-2拘縮の「その他」で、胸椎や腰椎に伸展制限があると評価した場合、1-4起き上がりの状況とともに必要な情報になるので聞き取りします。

左右どちらかの寝返りができない、困難さがある場合は、その理由も含め詳細を聞き取ります。

判断のポイント

認知症等で声かけをしない限りずっと同じ姿勢をとり寝返りをしないが、声をかければゆっくりでもつかまらずに寝返りを自力でする。	声かけのみでできれば 「1. つかまらないでできる」を選択。

仰向けに寝ることが不可能な場合に、横向き（側臥位）のまま就寝しているが、何もつかまらずうつ伏せ（腹臥位）ができる。	「1. つかまらないでできる」を選択。
下半身麻痺などで、きちんと横向きにならなくても横たわったまま左右どちらか（片方だけでよい）に、何もつかまらずに向きを変えられる。	「1. つかまらないでできる」を選択。
仰臥位のまま就寝し、寝返りはできないと聞くが、起き上がる時はベッド柵につかまり横向きになり起き上がる。	「2. 何かにつかまればできる」を選択。

自分の身体の一部（膝の裏や寝巻きなど）をつかんで寝返りを行う（つかまらないとできない）。	「2. 何かにつかまればできる」を選択。

円背がひどく、常時側臥位で就寝し寝返りはできない。腹臥位もできない。一度起き上がり向きを変えている。	「3. できない」を選択。

日頃は、ふとんをかけており寝返りができないと聞き取った。	ふとんをかけていない状態での寝返りの様子を確認し判断。

特記事項のポイント

試行の有無 **福祉用具の有無** **調査時の能力** **日頃の能力** **頻度**

11ページの「能力」のポイント参照。

就寝場所 日頃生活している場所から就寝場所が遠いなど、支障があり、試行できなかった理由を記載する。

就寝時の体位 仰臥位のまま就寝、側臥位のまま就寝などの個別性がある場合は、その理由と共に詳細を記載する。

左右差 左右差がある場合は、その理由と共に詳細を記載する。

★側臥位で就寝し仰臥位ができない場合。腹臥位の状況を書き忘れないようにします。

★完全な寝返りはできないが、自分で少し体の向きを変えることができる場合。
自分でどの部位をどの程度動かせるのか、安定した状態になれるのかを明確に表現しましょう。曖昧な表現は、審査会に伝わりにくくなります。

例文

つかまらないでできる

① ふとんで就寝。調査時、何もつかまらずに左右とも寝返りができる。日頃も同様。

② ベッドで就寝。調査時、右側には何もつかまらず寝返りができる。左側には肩の痛みがあり、ベッド柵につかまればできる。日頃も同様。

③ ふとんで就寝。調査時、足を浮かせて反動をつけ何もつかまらず、左右に寝返りができる。日頃も同様。

④ ベッドで就寝。調査時、認知力の低下のため、指示が通らず試行できない。日頃は、何もつかまらずに左右に自分で体の向きを変えていると立会者に聞き取り「つかまらないでできる」選択。

何かにつかまればできる

① ベッドで就寝。調査時、腰痛のため、ベッド柵につかまれば左右とも寝返りができる。日頃も同様。

② ふとんで就寝。調査時・日頃ともに、右側へはコタツの脚をつかんで寝返りができる。左肩の強い痛みのため、左側への寝返りはできない。

③ 調査時、めまいの訴えあり試行できない。ふとんで就寝。日頃から、めまいがあり仰臥位のまま寝返りは行わないが、起き上がり時はすえ置き型の手すりをつかんで側臥位になっていると立会者に聞き取る。能力で「何かにつかまればできる」を選択。

④ ベッドで就寝。調査時、つかまらずに左右に寝返りができた。日頃は、週5日はめまいがひどくベッド柵につかまれば左右ともに寝返りができると立会者より聞き取り、より頻回な状況に基づき「何かにつかまればできる」選択。

⑤　ベッドで就寝。調査時、本人の拒否があり試行できない。日頃は、手すりにつかまり向きを変えるよう一つ一つ声をかけ指示すれば、なんとか左右ともに寝返りができると立会者より聞き取る。日頃の状況により「何かにつかまればできる」選択。

⑥　ベッドで就寝。調査時、意欲なく試行できない。日頃は、夜間就寝中にはベッド柵につかまり体の向きを変えていると立会者より聞き取る。能力で「何かにつかまればできる」選択。

できない

①　ベッドで就寝。調査時、試行するが、筋力低下のため、ベッド柵につかまっても自力では左右とも寝返りができない。日頃も同様。

②　調査時、ベッドにて側臥位で就寝。円背があり寝返りができず、一旦起き上がってから体の向きを変える。腹臥位もできない。日頃も同様。

③　ベッドで就寝。調査時、ベッド柵につかまれば左右に寝返りができる。日頃は、週4日ほどは腰痛がひどく、つかまっても左右に寝返りができないと立会者に確認。より頻回な状況に基づき「できない」選択。

テキスト2009版 P 43 ～ P 44

1-4 起き上がり《身体機能・起居動作》

定義

「起き上がり」の能力を評価する項目である。

ここでいう「起き上がり」とは、身体の上にふとんをかけないで寝た状態から上半身を起こすことができるかどうかの能力である。

身体の上にふとん等をかけない時の状況で選択する。

調査対象者に実際に行ってもらう、あるいは調査対象者や介護者からの日頃の状況に関する聞き取り内容から、選択する。

選択肢

「1. つかまらないでできる」「2. 何かにつかまればできる」「3. できない」

起き上がりは以下の「**4つの基本的なポイント**」と「1つの補足的なポイント」に留意し聞き取り特記事項に記載します。

①試行の有無　②調査時の能力　③日頃の能力　④頻度

補足的ポイント　⑤福祉用具の有無

ポイント①　試行の有無

ポイント⑤　福祉用具の有無

ポイント②　調査時の能力

ポイント③④　日頃の能力・頻度

この順番が
聞き取りやすいよ

聞き取り調査・判断・特記事項のポイントは「能力」P10 ～P13も参照してね。

聞き取り調査のポイント

ポイント①
試行の有無

聞き取り例

❏実際に、起き上がりの様子を見せて頂きたいのですが、よろしいですか？

試行・試行しない・試行しない時の理由、全て、調査対象者や立会者の同意を得ます。

ポイント⑤
福祉用具の有無

聞き取り例

❏日頃は、ベッド・ふとんのどちらで休みますか？
（寝返り時に確認している際は不要）

❏ベッド柵やすえ置き型の手すりは、介護保険でのレンタルですか？

❏ふとん・ベッドに、しっかり手や肘をつけば起き上がりできますか？

ベッド柵・すえ置きの手すり等の福祉用具がある。

ベッドのギャッチアップを使用している場合は、誰が操作しているかも確認する必要があります。

ポイント②
調査時の能力

聞き取り例

❏（仰臥位になってもらい）いつもと同じように、起き上がって頂いてよろしいですか？

❏（側臥位でしか就寝していない方には）横向きからうつ伏せに向きを変えることはできますか？

麻痺した腕や足を巻き込んでいないかなど、麻痺・拘縮の状況を確認します。
痛みを伴う場合は、無理せず中止。できる範囲で確認動作を実施します。

ポイント③④

日頃の能力・頻度

聞き取り例

❑日頃も、先ほどと同じようにベッドにしっかり肘をつき起き上がりますか？

❑本日は、居間での調査だったので確認ができませんでしたが、日頃はどのように起き上がりますか？

❑過去１週間で、痛みのため自分で起き上がりができないことが何回（何日）位ありましたか？

調査時に試行した場合にも、必ず日頃の状況を聞き取りします。

日頃の習慣ではなく、定義とする動作の能力を確認します。

調査時の試行時と日頃の状況が異なるとき、日頃の状況で違いがある時などは、詳細や頻回な状況を聞き取ります。

起き上がりは起床時のみとは限りません。日中も横になって過ごしているかなど確認し、日頃の起き上がりの様子も確認します。

判断のポイント

身体の上にふとん等をかけない時の状況で選択する。

手や肘でふとんに加重はするが、軽く（習慣的に）加重する程度で起き上がる。	体を支える目的ではないため「1. つかまらないでできる」を選択。
身体を支える目的で手や肘でふとんにしっかりと加重して起き上がる（加重しないと起き上がれない）。	体を支える目的であれば「2. 何かにつかまればできる」を選択。

反動をつけて起き上がる（反動をつけないと起き上がれない）が、自分の身体をつかむなど、身体の一部を**支えにしていない**。	「1. つかまらないでできる」を選択。
自分の膝の裏をつかんで、反動をつけて起き上がる場合、自分の身体の一部を**支えにしてできる**（支えにしないと起き上がれない）。	「2. 何かにつかまればできる」を選択。

一旦うつ伏せになってから起き上がる。	うつ伏せになるまでの動作は1-3寝返りで評価し、起き上がりの経路については限定しないため、うつ伏せになってから起き上がる動作に対し評価する。 両手でしっかり加重し起き上がっていれば 「2. 何かにつかまればできる」を選択。
仰臥位のまま就寝し、起き上がる時に上半身を横向きにし、ベッド柵につかまり起き上がる。	上半身を横向きにする動作は1-3寝返りで評価し、横向きになってから起き上がる動作に対し評価する。 ベッド柵をつかみ起き上がっていれば 「2. 何かにつかまればできる」を選択。

心疾患による呼吸苦があり、電動ベッドで、**常時、**30度程**ギャッチアップした状態**で就寝。その状態からベッド柵につかまり起き上がる。	**常時、ギャッチアップの状態**にある場合は、**その状態から評価**する。 「2. 何かにつかまればできる」を選択。
腰痛があり、電動ベッドで、**常時、**30度程**ギャッチアップした状態**で就寝。その状態からでも痛みのため自力では起き上がりができない。介護者がギャッチアップ操作をし起き上がる。	「3. できない」を選択。

電動ベッドで就寝し、水平位からベッド柵につかまれば自分で起き上がれるが、腰痛が悪化しないように用心のため、自分でギャッチアップ機能の操作をし、起き上がる。	「2. 何かにつかまればできる」を選択。 ⬇ 起き上がる能力はあるが、便利だから・無理をしないようになどの理由でギャッチアップ機能を使用している場合の判断は気をつけましょう。
電動ベッドで就寝し、水平位から**自力では起き上がれない**ため、**自分で**ギャッチアップ機能の操作をする。 電動ベッドで就寝し、水平位から**自力では起き上がれない**ため、**介護者が**ギャッチアップ機能の操作をする。	福祉用具などを使用している場合は、使用している状況で選択。**ギャッチアップ機能**がついている電動ベッド等の場合は**これらの機能を使わない状況で評価**する。 どちらも「3. できない」を選択。

日頃、自分でふとんをめくることができないなどと聞き取った。	身体の上にふとん等をかけない時の状況で起き上がりの様子を確認し判断。 ふとんをかけたり、めくるなどの介護の手間が発生している場合は特記事項に記載する。

特記事項のポイント

試行の有無 福祉用具の有無 調査時の能力 日頃の能力 頻度
11ページの「能力」のポイント参照。

★ギャッチアップ機能を使っている場合
誰が操作するのか、いつ使うのかを明確に記載しましょう。

例文

つかまらないでできる

① 調査時、何もつかまらずに起き上がりができる。日頃も同様。

② 調査時、ふとんに軽く手をつく程度で起き上がりができる。日頃も同様。

③ 調査時、本人に同意を得られず試行できない。日頃は、仰臥位の状態から足を上げて振り下ろし反動をつけ、何もつかまらずに起き上がりができると本人、立会者より聞き取る。

④ 調査時、円背があり常に20度程ギャッチアップしている。その状態から何もつかまらずに起き上がりができる。日頃も同様。ベッドをフラットにすると自分で起き上がりができないと本人、立会者より聞き取る。

何かにつかまればできる

① 調査時、体幹筋力低下のため、ふとんに手や肘をつき十分加重して自分で起き上がりができる。日頃も同様。

② 調査時、腰痛のためベッド柵につかまり自分で起き上がりができる。日頃も同様。

③ 調査時、試行する。腰痛あり、ベッドフレームに結んだ紐を両手でつかみ自分で引っ張りながら起き上がることができる。日頃も同様と立会者より聞き取り「何かにつかまればできる」選択。

④ 調査時、両肩痛のため、ベッド柵に足を引っかけて何とか起き上がりができる。日頃も同様。「何かにつかまればできる」選択。自分では掛けふとんをかけたり・めくることができず、職員が毎回介助する。

⑤ 調査時、腰痛があるため、ベッドは常に30度程ギャッチアップしており、その状態からベッド柵につかまり起き上がりができる。日頃も同様。

⑥ 調査時、背部痛がひどく試行できない。日頃はふとんで常に側臥位で就寝。一旦腹臥位になり、ふとんに手や肘をつき十分加重すれば、自力で起き上がりができると立会者より聞き取り「何かにつかまればできる」選択。

⑦ 調査時、ベッド柵をつかみ起き上がりができる。日頃も日中や夜間（3～4回/日）は同様にできるが、朝の起床時（1回/日）は、手や肘の関節の強張りが強くベッド柵がつかめず自分では起き上がりができない。娘が背部を抱える介助を行う。より頻回な状況に基づき「何かにつかまればできる」選択。

できない

① 調査時、ベッド柵につかまっても自力で起き上がりができない。職員が体を支えて起こす。日頃も同様。

② 調査時、試行できない。ベッド柵をつかむことはできるが、自分では起き上がりができない。現在、寝たきりの生活で離床機会はなく起き上がることはないと職員。

③ 調査時、腰痛がひどく試行できない。毎回自分で45度程度ベッドをギャッチアップし、その状態から柵につかまりゆっくり起き上がると本人。

④ 調査時、試行できない。腰椎圧迫骨折で、医師より安静指示があり起き上がりができないと立会者に聞き取る。

⑤ 調査時、試行できない。認知力の低下があり意思の疎通が困難。日頃、四肢麻痺があり長女が身体を抱え起こすと立会者に聞き取る。

1-5 座位保持《身体機能・起居動作》

定義

「座位保持」の能力を評価する項目である。

ここでいう「座位保持」とは、背もたれがない状態での座位の状態を10分間程度保持できるかどうかの能力である。

調査対象者に実際に行ってもらう、あるいは調査対象者や介護者からの日頃の状況に関する聞き取り内容で選択する。

選択肢

「1. できる」「2. 自分の手で支えればできる」「3. 支えてもらえればできる」「4. できない」

座位保持は以下の「**4つの基本的なポイント**」と「1つの補足的なポイント」に留意し聞き取り特記事項に記載します。

①試行の有無　②調査時の能力　③日頃の能力　④頻度

⑤福祉用具の有無

ポイント①②　試行の有無・調査時の能力

ポイント⑤　福祉用具の有無

ポイント③④　日頃の能力・頻度

この順番が
聞き取りやすいよ

聞き取り調査・判断・特記事項のポイントは「能力」P10～P13も参照してね。

聞き取り調査のポイント

ポイント①②
試行の有無・調査時の能力

聞き取り例

※事前に、座位の動作確認を行うことを声かけすると「もたれないとできない」と回答する方が多いため、椅子やベッドがある場合は、調査開始時にできる限り座っていただくよう誘導し、他の項目を聞き取り確認しながら自然に確認する。

❑いつものように、椅子やベッドに座って頂いてよろしいでしょうか？

調査時、調査対象者や立会者に同意を得て、椅子やベッドでの座位姿勢を促す。試行できない場合は、詳細理由を聞き取ります。

身体の痛みや傾斜がないか、確認しながら調査対象者に負担のないように確認動作を行う。

痛みや強い傾斜がある場合は、無理せずもたれたり臥床を促す。

寝たきり生活の方や不安定等の理由で、10分の座位保持が危険な場合は、無理に実施せず、日頃の状況を聞き取ります。

ポイント⑤
福祉用具の有無

聞き取り例

❑日頃も、車いすの背にもたれていますか？

❑ベッドにベッド柵はついていますか？

❑ベッドをギャッチアップしもたれると座れますか？

車いす・介護用ベッド・ベッド柵・杖・すえ置き型の手すりがあるか聞き取ります。

福祉用具でなくても、家具・柱・壁等につかまる場合は、詳細を聞き取ります。

ポイント③④
日頃の能力・頻度

聞き取り例

❑日頃も、先ほどと同じようにもたれることや、つかまることなく10分程度椅子に座ることができますか？

❑本日は、腰痛が強く、継続して椅子に座ることができなかったですが、日頃は家具等につかまったり背もたれにもたれれば、10分程度保持することができますか？

❑（椅子がなく、畳上の生活の場合）トイレの便座や病院受診時の椅子に座る時はどうされていますか？

❑ベッドやリクライニング車いすを、どの位ギャッチアップして、10分程度保つことができますか？

❏過去1週間で痛みのため何かにつかまったりもたれないと座れないことが何回（何日）位ありましたか？

調査時、試行した場合でも、必ず日頃の状況を聞き取ります。

調査時、ソファや車いすを使用しているから背もたれが必要と判断するのではなく、日頃、食事摂取時の姿勢や病院受診時の椅子・便座の様子等の10分程度座る場所を聞き取ります。

テキストには、ベッド・リクライニング車いすの角度の記載はなく調査員判断となるため、調査時や日頃の角度も確認し聞き取ります。

不安定さや傾斜が強くクッション等を使用している様子があれば、詳細を聞き取ります。

調査時の試行時と日頃の状況が異なるとき、日頃の状況で違いがある時などは、詳細や頻回な状況を聞き取ります。また、場面により座位保持の様子に違いがあれば、詳細を聞き取ります。

背もたれにもたれている場合、なぜ支えが必要かを聞き取ります。特に軽度者の方は根拠を明確に聞き取ります。

判断のポイント

下肢の欠損等により床に足をつけることが不可能な場合であっても何も支えなく座位保持ができる。	「1. できる」を選択。

下肢が欠損しているが日頃から補装具を装着しており、何も支えなくできる。	「1. できる」を選択

畳上の生活で、いすに座る機会がない。	畳上の座位や、洋式トイレ、ポータブルトイレ使用時の座位の状態で選択。
畳上や座椅子で、あぐらの姿勢で、何も支えなく10分程度座位保持できる。	「1. できる」を選択。
畳上や座椅子で、あぐらの姿勢で、座位保持できるが、腰痛がひどく畳に手をしっかりつき、加重して10分程度座位保持できる。	「2. 自分の手で支えればできる」を選択。

長座位、端座位など、座り方は問わない。 ※1-8立ち上がりの、膝をほぼ直角に屈曲している状態からの確認と混同しない。	
膝痛はあるが、畳上で、長座位の姿勢で、何も支えなく10分程度座位保持できる。	「1. できる」を選択。
ベッド端座位で、ベッドに手をつき、しっかりと加重し10分程度座位保持できる。	「2. 自分の手で支えればできる」を選択。

「大腿部に手で支えて加重する」と、「大腿部の裏側に手を差し入れて太ももを掴むようにする」は選択肢が違います。気をつけましょう。	
大腿部（**膝の上**）に**手で支えてしっかりと加重**して座位保持をしている場合等、**自分の体の一部を支えにして**できる（加重しないと座位保持できない）。	「2. 自分の手で支えればできる」を選択。
大腿部の裏側に手を差し入れて太ももを掴むようにする等、**上体が後傾しないように座位を保持**している（手を差し入れるなどしないと座位保持できない）。	「3. 支えてもらえればできる」を選択。

「3. 支えてもらえればできる」を選択する。	習慣ではなく、能力で支えが必要なのかを良く見極めて判断する。特に、軽度者の場合は、なぜ支えが必要かまでを含み判断する。

ビーズクッション等で支えていないと座位が保持できない。	「3. 支えてもらえればできる」を選択。
電動ベッドや車いす等の背もたれを支えとして座位保持できている。	「3. 支えてもらえればできる」を選択。

介護者の手で支えていないと座位が保持できない。	「3. 支えてもらえればできる」を選択。

背もたれを用いても座位が保持できない。具体的には、以下の状態とする。 ・長期間（おおむね1カ月）にわたり水平な体位しかとったことがない。 ・医学的理由（低血圧等）により座位保持が認められていない。 ・背骨や股関節の状態により体幹の屈曲ができない。	「4. できない」を選択。

寝た状態から座位に至るまでの行為は含まない。	1-4起き上がりで評価する。座位の姿勢になって10分程度保持する能力で評価する。

特記事項のポイント

試行の有無 福祉用具の有無 調査時の能力 日頃の能力 頻度

11ページの「能力」のポイント参照。

「1. できる」	「何も支えなく」の一言を記載する。
「2. 自分の手で支えればできる」	「自分の手で」の一言を記載する。 「自分で支える」などの表現は、読み手が「3. 支えてもらえればできる」と迷います。 「自分の手で支え」という表現の方が確実に伝わります。
「2. 自分の手で支えればできる」「3. 支えてもらえればできる」「4. できない」	なぜできないのか？　理由を記載する。
リクライニング車いすやチルト式車いすを使用している。	いつ使用し、どの程度の角度で対応しているのか記載する。全体像が伝わりやすくなります。

例文

できる

① 調査時、何も支えがなくても10分程度座位保持ができる。日頃も同様。

② 調査時、椅子の背にもたれて座り、日頃も同様と本人。食事中は椅子に座り何も支えなく10分程度座位保持できていると立会者より聞き取る。能力で「できる」選択。

③ 調査時、すぐに立ち上がり確認できなかった。日頃、常に徘徊しておりじっとしていることはほとんどないが、食事の時だけは椅子で支えなく10分程度座位保持できると立会者より聞き取り、能力で「できる」選択。

自分の手で支えればできる

① 腰痛があり、調査時、自分で家具につかまったり、椅子のひじ掛けに肘をつき支えれば10分程度座位保持ができる。日頃も同様。

② 調査時、何も支えなく座るが、２～3分で身体が傾く。肘掛につかまり自分で支えれば10分程度座位保持ができる。

③ 調査時、麻痺によりバランスが悪く、座面等に両手をしっかりつき自分で支えれば10分程度座位保持ができる。日頃も同様。

④ 畳上での生活で、椅子に座る機会がない。調査時、腰痛あり畳に手をつき長座位で10分程度保持ができた。日頃も同様だが、10分以上は保持出来ず日中は横になって過ごしている。

支えてもらえればできる

① 調査時、畳に手をついて座ったが、倦怠感が強く２～３分で横になった。日頃、椅子の背もたれにもたれれば10分程度は座位保持できると立会者に確認し、日頃の状況に基づき「支えてもらえればできる」選択。

② 調査時、ベッドで臥床しており本人の希望により試行しなかった。日頃から体幹筋力低下があり食事摂取時は70度程度ベッドギャッチアップし、介護者が両脇にクッションを入れて支えれば10分程度座位保持ができると本人・立会者に確認。

③ 調査時、車椅子の背もたれにもたれて10分程度座位保持ができる。日頃も同様。15分程すると体勢が崩れるため、座り直す介助を行っている。

④ 調査時、ベッドに臥床しており試行できない。日頃、食事も経管栄養のため30度程度ベッドをギャッチアップするだけで、自分で座位をとることはないが、週１回ショートステイの送迎時にはリクライニング車いすで70度程度背上げし10分程度は座位保持ができると立会者に確認。能力により選択。

⑤ 調査時、両手で大腿部の裏をつかんで、しっかり支えて10分程度座位保持ができる。日頃も同様。

できない

① 調査時、股関節の拘縮があり、電動ベッドの頭部を少し挙上する程度しかできない。日頃も同様と立会者に聞き取る。

② 調査時、腰痛のため、電動ベッドを20度程度のギャッチアップしかできない。日頃も同様で、食事も臥床したまま行っていると本人、立会者に確認。

③ 調査時・日頃も、起立性低血圧のため、医師の指示で30度以上に頭部を起こすことが禁止されており、座位保持はできないと立会者より確認。

テキスト2009版P 48～P 49

1-6 両足での立位保持《身体機能・起居動作》

「両足での立位保持」の能力を評価する項目である。

ここでいう「両足での立位保持」とは、立ち上がった後に、平らな床の上で立位を10秒間程度保持できるかどうかの能力である。調査対象者に実際に行ってもらう、あるいは調査対象者や介護者からの日頃の状況に関する聞き取り内容で選択する。

「1. 支えなしでできる」「2. 何か支えがあればできる」「3. できない」

両足での立位保持は以下の「**4つの基本的なポイント**」と「1つの補足的なポイント」に留意し聞き取り特記事項に記載します。

基本的ポイント	①試行の有無	②調査時の能力	③日頃の能力	④頻度
補足的ポイント	⑤福祉用具の有無			

ポイント①②　試行の有無・調査時の能力

ポイント⑤　福祉用具の有無

ポイント③④　日頃の能力・頻度

この順番が
聞き取りやすいよ

聞き取り調査・判断・特記事項のポイントは「能力」P10～P13も参照してね。

聞き取り調査のポイント

ポイント①②
試行の有無・調査時の能力

聞き取り例

❑実際に、両足で立っている様子を確認させて頂いてよろしいでしょうか？

❑（不安定であれば）無理せず家具等につかまってでも大丈夫です。

❑（一旦立ち上がってもらい）そのまま10秒程度立ち続けられますか？　無理をせず、いつも通りで大丈夫です。

試行・試行しない・試行しない時の理由、全て、調査対象者や立会者の同意を得ます。

痛みを伴っていないか、拘縮した膝関節は屈曲したままで転倒の危険がないかなど、確認しながら試行します。

片足が欠損しており、義足を使用していない人や拘縮で床に片足がつかない場合は、片足での立位保持の状況で聞き取ります。

ポイント⑤
福祉用具の有無

聞き取り例

❑日頃は、杖を使用しますか？ レンタルですか？

❑すえ置き型の手すりは、介護保険でのレンタルですか？

杖・すえ置き型の手すり・ベッド柵のレンタルがある。手すり等の設置は、介護保険での住宅改修か確認します。

福祉用具でなくても、家具・柱・壁等の支えがある場合は、詳細を聞き取ります。

ポイント③④
日頃の能力・頻度

聞き取り例

❑日頃も、先ほどと同じように杖につかまれば、10秒間程度、両足で立ち続けることができますか？

❑過去１週間に、痛みで立位ができなくなったことが何回（何日）位ありましたか？

調査時に試行した場合にも、必ず日頃の状況を聞き取りします。日頃の状況に違いがある場合は、詳細を聞き取ります。

調査時の試行時と日頃の状況が異なるとき、日頃の状況で違いがある時などは、詳細や頻回な状況を聞き取ります。

判断のポイント

右下肢大腿部から欠損。義足の使用はなく、左下肢のみで手すり等につかまり10秒程度立位保持できる。	「2. 何か支えがあればできる」を選択。片足が欠損しており、義足を使用していない人や拘縮で床に片足がつかない場合は、片足での立位保持の状況で選択する。
自分の身体の一部を支えにして立位保持する場合や、身体を支える目的でテーブルや椅子の肘掛等にしっかりと加重して立位保持する（加重しないと立位保持できない）。	「2. 何か支えがあればできる」を選択。
「3. できない」を選択。	2-1移乗、2-5排尿、2-6排便、2-7口腔清潔、2-8洗顔、2-11ズボン等の着脱などの動作との関係性に気をつける。 ・動作は座位で行っており立位を保っていない ・立位を保っても5秒がやっとで10秒はできない などの情報も含め判断する必要がある。 情報収集・分析・判断
自分ではものにつかまっても立位を保持できないが、介護者の手で常に身体を支えれば立位保持できる。	「3. できない」を選択。
立ち上がるまでの行為は含まない。	立ち上がるまでは1-8立ち上がりで評価し、立ち上がった後の立位の状況で判断する。

特記事項のポイント

試行の有無 福祉用具の有無 調査時の能力 日頃の能力 頻度

11ページの「能力」のポイント参照。

例文

支えなしでできる

① 調査時、何も支えなく10秒程度両足立位保持ができる。日頃も同様。

② 調査時、右股関節の拘縮で、床に左足しかつけないが、左足で何もつかまらず10秒程度立位保持ができる。日頃も同様。

③ 調査時、認知力の低下で指示が通らず試行できなかった。日頃は何もつかまらず10秒程度両足立位保持ができると立会者に聞く。

何か支えがあればできる

① 調査時、両下肢筋力低下があり、手すり等につかまり10秒程度両足立位保持ができる。日頃も同様。

② 調査時、円背で筋力低下があり、両膝に手をつきしっかり加重すれば10秒程度両足立位保持ができる。日頃も同様。

③ 調査時、4秒程度は何も支えなく立位できたが、それ以上はふらつくため、壁などを支えに10秒程度両足立位保持ができる。日頃も同様。

④ 調査時、拒否があり試行できない。日頃は右半身麻痺があり装具をつけ、家具等につかまれば不安定だが10秒程度両足立位保持ができると立会者に聞き取る。

できない

① 両膝・股関節の拘縮がひどく、調査時・日頃とも、介護者の支えがあっても両足立位は全くできない。

② 調査時、試行できない。日頃は両下肢筋力の低下があり、手すり等につかまっても膝折れして自力ではできない。介護者が両腕を前からしっかり支えれば10秒程度両足の立位保持ができると立会者に聞く。

③ 調査時、めまいがありテーブルに手をつき、しっかり加重し3秒程度しか両足立位保持ができない。日頃も同様で、家具につかまり、介護者が身体を支えれば10秒程度の両足立位保持ができると立会者に聞き取る。

④　調査時、両膝上より欠損があり、義足はなく、立位をとることが全くできない。日頃も同様。

⑤　調査時、左半身麻痺があり、手すりにつかまり10秒程度の両足立位保持ができる。日頃は、ふらつきがひどく手すりにつかまっても3秒程度しか両足立位保持ができないと立会者に聞く。より頻回な状況に基づき「できない」選択。

1-7 歩行《身体機能・起居動作》

定義

「歩行」の能力を評価する項目である。

ここでいう「歩行」とは、立った状態から継続して歩くことができるかどうかの能力である。

立った状態から継続して（立ち止まらず、座り込まずに）5m程度歩ける能力があるかどうかで選択する。調査対象者に実際に行ってもらう、あるいは調査対象者や介護者からの日頃の状況に関する聞き取り内容で選択する。

選択肢

「1. つかまらないでできる」「2. 何かにつかまればできる」「3. できない」

歩行は以下の「**4つの基本的なポイント**」と「1つの補足的なポイント」に留意し聞き取り特記事項に記載します。

①試行の有無　②調査時の能力　③日頃の能力　④頻度

⑤福祉用具の有無

ポイント①②　試行の有無・調査時の能力

ポイント⑤　福祉用具の有無

ポイント③④　日頃の能力・頻度

この順番が
聞き取りやすいよ

聞き取り調査・判断・特記事項のポイントは「能力」P10～P13も参照してね。

聞き取り調査のポイント

ポイント①②
試行の有無・調査時の能力

聞き取り例

❑実際に歩く様子を確認させて頂きたいので、いつもと同じように（トイレ・玄関等の目標を決め）○○まで歩いて頂いてよろしいでしょうか？

❑痛みなどがあれば、無理せずできる範囲で歩く様子を確認させて頂けますか？

試行・試行しない・試行しない時の理由、全て、調査対象者や立会者の同意を得ます。

痛みを伴っていないか、拘縮した膝関節は屈曲したままで転倒の危険がないかなど、確認しながら試行します。

補装具を使用している場合は、使用している状況を聞き取ります。

ポイント⑤
福祉用具の有無

聞き取り例

❑日頃は、杖を使用しますか？

❑杖・歩行器は、介護保険でのレンタルですか？

杖・多点杖・歩行器・シルバーカー・シニアカー等はレンタルであるか聞き取ります。

福祉用具でなくても、家具・柱・壁等の支えがある場合は、詳細を聞き取ります。

ポイント③④
日頃の能力・頻度

聞き取り例

❑日頃も、先ほどと同じように５ｍ程度立ち止まらずに歩くことができますか？

❑日頃も、先ほどと同じように杖や家具等につかまり、５ｍ程度立ち止まらずに歩くことはできますか？

❑過去１週間に、痛みで歩行ができなくなったことが何回（何日）位ありましたか？

調査時に試行した場合にも、必ず日頃の状況を聞き取りします。

調査時の試行時と日頃の状況が異なるとき、日頃の状況で違いがある時などは、詳細や頻回な状況を聞き取ります。

判断のポイント

習慣で腰に手をまわし５m程度継続して歩行する。	自分の体を支える目的で自分の体につかまっていないことから「1. つかまらないでできる」を選択。
円背がひどく、前屈姿勢でバランスが悪い。身体を支える目的で自分の膝につかまっている。	膝につかまるなど、自分の体につかまり歩行する場合（つかまらないと歩行できない場合）は「2. 何かにつかまればできる」を選択。

視力障がい者の伝い歩きや体を支える目的ではなく方向を確認する目的で杖（白杖）を用いている。	「1. つかまらないでできる」を選択。 視力障がいと合わせ、筋力低下などがあり、**体を支える目的**での伝い歩きや杖を用いている場合は、その状況での判断となる。

片方の腕を杖で、片方の腕を介護者が支えれば歩行できる。	「2. 何かにつかまればできる」を選択。

小幅でゆっくりと歩行する。自然と右に傾いていくため、家族が手を引き５m程度継続して歩行する。	歩幅や速度、方向感覚や目的等は問わない。「2. 何かにつかまればできる」を選択。

生活リハビリでトイレまで５m程度継続して杖歩行している。	生活リハビリは、リハビリの歩行訓練とは考えない。 「2. 何かにつかまればできる」を選択。
日頃、歩行の機会はないが、リハビリの歩行訓練時には、平行棒の間を５m程度継続して歩行できている。	リハビリの訓練中は一般的には日頃の状況ではないと考える。 日常的な歩行はできず「3. できない」を選択。

「２mから３m」しか歩けない。	「歩行」とはとらえず、「3. できない」を選択。

心肺機能の低下のため、主治医より軽い労作も禁じられている等で、医療上の必要により歩行制限が行われている。５m程度の歩行を試行することができない。	「3. できない」を選択。

両足切断しており、両手で移動する、臀部を床にすって移動する、這って移動する。	両足切断のため、屋内の移動は両手で行うことができても、立位をとることができない場合。「3. できない」を選択。 ※2-2移動では判断の仕方が違うので注意する。

特記事項のポイント

試行の有無 **福祉用具の有無** **調査時の能力** **日頃の能力** **頻度**

11ページの「能力」のポイント参照。

例文

つかまらないでできる

① 調査時、何もつかまらずに5mの継続歩行ができる。日頃も同様。

② 調査時、5m程度であれば何もつかまらずに継続歩行ができる。すり足でふらつきがあり歩行不安定なため、5m以上となると手すり等につかまり歩く。日頃も同様。

③ 調査時、手すりにつかまり5mの継続歩行ができる。前傾姿勢でバランスが悪く歩行不安定だが、日頃は5m程度であれば、何もつかまらずに歩行できると立会者より聞き取る。より頻回な状況に基づき「つかまらないでできる」選択。

④ 視覚障害があり、調査時、自宅内は家具等に手をつき5mの継続歩行ができる。日頃も同様だが、身体を支える目的ではなく方向を確認するため家具等に手をついて歩くと本人より聞き取る。

⑤ 調査時、理解力低下があり、職員が手つなぎして5mの継続歩行ができる。日頃、5m程度は何もつかまらずに歩くことができると立会者に聞き取り、能力により「つかまらないでできる」選択。

何かにつかまればできる

① 両膝の痛みがあり調査時、杖につかまり5mの継続歩行ができる。日頃も同様。日頃、何もつかまらなければ、2～3m程度した歩行できないと立会者に聞く。

② 調査時、手すり等につかまりゆっくりと５ｍの継続歩行ができる。すり足でふらつきがあり歩行不安定。日頃も同様。

③ 調査時、試行し、右下肢に麻痺があり装具を使用。膝折れしやすく不安定だが、四点杖につかまり一歩一歩ゆっくりと５ｍの継続歩行ができる。日頃も同様。

④ 調査時、本人の同意が得られず試行ができない。右下肢欠損で常に義足を使用。日頃は、両手で松葉杖につかまれば５ｍの継続歩行ができる。左下肢筋力の低下があり長距離歩行は行えないと立会者より聞き取る。

⑤ 調査時、試行する。視覚障害と下肢筋力低下があり、家族の腕につかまり、歩幅が狭くゆっくりとだが５ｍの継続歩行ができると立会者に聞き取る。日頃も同様。

できない

① 調査時・日頃とも、両膝の拘縮が強く歩行は全くできない。「できない」を選択。

② 調査時、安全を考慮し試行していない。日頃は歩行器につかまり歩行するが、疲労が強く２ｍ程度で一旦立ち止まる。５ｍの継続歩行はできない。

③ 調査時、実用的な歩行ができず車椅子を使用すると聞き取り、試行しなかった。「できない」選択。歩行訓練中で、平行棒に両手でしっかりつかまればゆっくりと５ｍ程度の歩行ができると立会者。

④ 調査時、本人の不安感が強く試行できなかった。日頃は、両下肢筋力低下のためシルバーカーにつかまっても３ｍ程度しか歩行はできない。「できない」選択。

⑤ 調査時・日頃とも、心肺機能の低下があり医師の指示により歩行は禁じられている。入院後１週間以上ベッド臥床している。

⑥ 両足切断のため、立位をとることができず歩行は全くできない。「できない」を選択。

テキスト2009版P 53～P 54

1-8 立ち上がり《身体機能・起居動作》

定義

「立ち上がり」の能力を評価する項目である。

ここでいう「立ち上がり」とは、いすやベッド、車いす等に座っている状態から立ち上がる行為を行う際に（床からの立ち上がりは含まない）、ベッド柵や手すり、壁等につかまらないで立ち上がることができるかどうかの能力である。

膝がほぼ直角に屈曲している状態からの立ち上がりができるかどうかで選択する。

調査対象者に実際に行ってもらう、あるいは調査対象者や介護者からの日頃の状況に関する聞き取り内容で選択する。

選択肢

「1. つかまらないでできる」「2. 何かにつかまればできる」「3. できない」

立ち上がりは以下の「**4つの基本的なポイント**」と「1つの補足的なポイント」に留意し聞き取り特記事項に記載します。

基本的ポイント　①試行の有無　②調査時の能力　③日頃の能力　④頻度

補足的ポイント　⑤福祉用具の有無

ポイント①②　試行の有無・調査時の能力

ポイント⑤　福祉用具の有無

ポイント③④　日頃の能力・頻度

この順番が聞き取りやすいよ

聞き取り調査・判断・特記事項のポイントは「能力」P10～P13も参照してね。

聞き取り調査のポイント

ポイント①②
試行の有無・調査時の能力

聞き取り例

- ❏実際に立ち上がる様子を見せて頂きたいのですが、よろしいでしょうか？
- ❏立ち上がる様子を確認させて頂いてよろしいでしょうか？　無理なく、いつもと同じようにお願いします。

試行・試行しない・試行しない時の理由、全て、調査対象者や立会者の同意を得ます。

痛みを伴っていないか、不安定で転倒の危険がないかなど、状況を確認しながら試行します。

ダイニングテーブル等が目の前にあると、自然と手を突き立ち上がる方が多いので、できる限り目の前には何もない状態で試行します。

ポイント⑤
福祉用具の有無

聞き取り例

- ❏日頃は、ベッド柵につかまりますか？
- ❏歩行器につかまり立ち上がりますか？

ベッド柵・杖・多点杖・歩行器等はレンタルであるか聞き取ります。

福祉用具でなくても、家具・柱・壁等の支えが必要な場合は、詳細を聞き取ります。

ポイント③④
日頃の能力・頻度

聞き取り例

- ❏日頃も、先ほどと同じように何もつかまらずに、立ち上がりができますか？
- ❏過去１週間に、痛み等の理由にて自分で立ち上がりができなくなったことが何回（何日）位ありましたか？

調査時に試行した場合にも、必ず日頃の状況を聞き取ります。

調査時の試行時と日頃の状況が異なるとき、日頃の状況で違いがある時などは、詳細や頻回な状況を聞き取ります。

判断のポイント

寝た状態から座位に至るまでの行為は含まない。	1-4起き上がりで評価する。

何度も反動をつけて何とか自分で立ち上がりできる。	手すり等につかまっていないのであれば「1. つかまらないでできる」を選択。

自分の体の一部を支えにして立ち上がる場合や、習慣的ではなく体を支える目的でテーブルや椅子の肘掛等にしっかりと加重して立ち上がる（加重しないと立ち上がれない)。	「2. 何かにつかまればできる」を選択。

体の一部を介護者が支える、介護者の手で引き上げるなど、介助がないとできない。	「3. できない」を選択。

畳上の生活で、いすに座る機会がない。	洋式トイレ、ポータブルトイレ使用時や、受診時の待合室での状況等の状態で選択。

ソファなど、やわらかい座面、座面が低い状況では判断できない。	膝がほぼ直角に屈曲している状態からの立ち上がりを評価する。 ※1-5座位保持と混同しないように気をつける。

環境によって立ち上がりの状況が違う。	例 便座からの立ち上がり 自宅では手すり設置しておらず自分では立てない。家族が体を支え引き上げている。 通所介護では設置された手すりにつかまり自分で立ち上がりできる。 ➡能力で判断し「2. 何かにつかまればできる」を選択。
本人の体調によって立ち上がりの状況が違う。	例 ベッドからの立ち上がり 週1回は倦怠感が強く自分では立ち上がりできない。家族が体を支え引き上げている。 他は、ベッド柵につかまり自分で立ち上がりできる。 ➡より頻回な状況に基づき「2. 何かにつかまればできる」を選択。

特記事項のポイント

試行の有無 **福祉用具の有無** **調査時の能力** **日頃の能力** **頻度**

11ページの「能力」のポイント参照。

★「手をつき加重する」➡「習慣的」「軽く」なのか、「(体を支える目的で) しっかり」なのかの一言を必ず記載するようにしましょう。

★床からの立ち上がりや、座面が低いソファなどからの立ち上がりに支障があると聞き取った時は、介護の手間を含め、特記の文末に補足情報として書き足すようにしましょう。

例文

つかまらないでできる

① 調査時、座面に軽く手をつき立ち上がるが、加重はしていない。日頃も何もつかまらずに立ち上がりができると立会者に確認。

② 調査時、何もつかまらずに立ち上がりができる。日頃も同様。

③ 調査時、認知機能低下に伴い指示が通じず試行できない。日頃、椅子等からは何もつかまらずに立ち上がると立会者より聞き取り「つかまらないでできる」を選択。

④ 調査時、自宅では床での生活で椅子等はなく試行できなかった。通所職員によると、日頃、両下肢筋力の低下はあるが、椅子からは何もつかまらずにゆっくり立ち上がると聞き取り「つかまらないでできる」を選択。床からは近くの家具まで這って行き、家具をつかみながらゆっくり立ち上がっていると本人。

何かにつかまればできる

① 調査時、座面に手をつき十分加重してゆっくり立ち上がる。日頃も同様。

② 調査時は、何もつかまらずに立ち上がりができた。日頃は、ふらつきがありテーブルにしっかり手をついて立ち上がりができると立会者より聞き取り「何かにつかまればできる」を選択。

③ 調査時、円背のため、両膝に両手をしっかりつき加重して立ち上がる。日頃も何かつかまるものがなければ立ち上がりができないと家族。

④　調査時、体調不良の訴えがあり試行できない。日頃、体調に波があり、午前中は自力でできず職員が腕を引き上げる（3回/日)、午後以降は手すり等につかまり自力で立ち上がる（8回/日）と聞き取る。より頻回な状況に基づき「何かにつかまればできる」を選択。

⑤　調査時、手すりをつかみ何度も弾みをつけて立ち上がる。日頃も同様に立ち上がるが、週に1〜2回、自力で立ち上がれず家族が腰を支えることがある。

できない

①　調査時・日頃とも、両下肢筋力低下により職員が支えても立ち上がることはできない。

②　調査時、両下肢の痛み強く試行できなかった。日頃、何かにつかまっても、自力では立ち上がることができない。介護者が両腕をつかみ引き上げれば立ち上がりができる。

③　調査時、指示が通じず試行できない。日頃は、両下肢筋力低下があり、介護者が両腕を引き上げて立ち上がる。週に1回夜間徘徊時は、ベッド柵をつかみ自力で立ち上がると聞き取る。頻回な状況に基づき「できない」を選択。

④　右足欠損で義足を使用している。調査時は、ベッド柵をつかみ自力で立ち上がりができた。日頃は、バランスを崩して倒れ掛かることが多く、職員が腰を支え引き上げて立ち上がると聞き取る。能力より「できない」選択。

1-9 片足での立位《身体機能・起居動作》

定義

「片足での立位」の能力を評価する項目である。

ここでいう「片足での立位」とは、立ち上がるまでに介助が必要か否かにかかわりなく、平らな床の上で、自分で左右いずれかの片足を上げた状態のまま立位を保持する（平衡を保てる）ことができるかどうかの能力である。

平らな床の上で、自分の左右いずれかの片足を上げた状態のまま1秒間程度、立位を保持できるかどうかで選択する。

調査対象者に実際に行ってもらう、あるいは調査対象者や介護者からの日頃の状況に関する聞き取り内容で選択する。

選択肢

「1. 支えなしでできる」「2. 何か支えがあればできる」「3. できない」

片足での立位は以下の「**4つの基本的なポイント**」と「2つの補足的なポイント」に留意し聞き取り特記事項に記載します。

①試行の有無　②調査時の能力　③日頃の能力　④頻度

⑤福祉用具の有無　⑥左右差

ポイント①②　試行の有無・調査時の能力

ポイント⑤　福祉用具の有無

ポイント③④　日頃の能力・頻度

ポイント⑥　左右差

この順番が
聞き取りやすいよ

聞き取り調査・判断・特記事項のポイントは「能力」P10～P13も参照してね。

聞き取り調査のポイント

アドバイス

「片足立位ができますか？」と聞き取りを行うと、不安定さや転倒の危険がある方は「できない」と回答することが多いため、「片足立位」という言葉を使用せず聞き取りを行うとスムーズに確認できます。

ポイント①②
試行の有無・調査時の能力

聞き取り例

- ❑（調査員が見本となり）同様にゆっくり足踏みを行うことができますか？
  ※不安定であれば、無理に実施しない。
- ❑ 玄関や浴室の段差は、どのように跨いでいますか？

試行・試行しない・試行しない時の理由、全て、調査対象者や立会者の同意を得ます。
転倒の危険があるので、十分配慮します。
痛みを伴っていないかなど、確認しながら試行します。

ポイント⑤
福祉用具の有無

聞き取り例

- ❑ 日頃は、杖や歩行器を使用していますか？
- ❑ 介護保険で、レンタルの使用はありますか？

杖・多点杖・歩行器・ベッド柵・すえ置き型の手すりはレンタルであるか、自宅内に手すり等の設置がある場合は、住宅改修であるか聞き取ります。
福祉用具でなくても、家具・柱・壁等の支えがある場合は、詳細を聞き取ります。

ポイント③④

日頃の能力・頻度

聞き取り例

- ❑日頃は、先ほどと同じように、１秒間程度、片足で立つことができますか？
- ❑過去１週間内に、片足で立つことや跨ぐことができないことが何回（何日）位ありましたか？

※確認動作ができなかった場合で、片足での立位を尋ねると「できない」と回答する方が多いです。続けて、日頃は浴室やトイレ入口・玄関の段差を跨ぐときは、どうされていますか？など詳細を聞き取ります。

調査の試行時と日頃の状況が異なるとき、日頃の状況で違いがあるときなどは、頻回な状況を聞き取ります。

ポイント⑥

左右差

聞き取り例

- ❑（半身麻痺や膝の痛み等で）左右どちらかの足に上がりにくさがありますか？

片方の足に上がりにくさがある時は、詳細を聞き取ります。

疾患の後遺症で半身麻痺や膝の痛み等の確認を行った上で、常に目を離さず確認します。

判断のポイント

自分で立ち上がりができないなど、立ち上がるまでの能力については含まない。	1-8立ち上がりで評価する。
片麻痺、拘縮、欠損などにより、手すりにつかまり、右足を軸にすれば、片足立位ができる。左足を軸には立位ができない。	「2. 何か支えがあればできる」を選択。
介護者によって支えられた状態でなければ片足を上げられない。	「3. できない」を選択。

屋内は何も支えなく歩行できている方から、片足立位は、つかまらないとできないと聞き取った。	歩行状態は➡すり足？ 玄関など屋内の段差は➡手すりにつかまる？ 外出時は➡杖の使用もなく一人で外出し、買い物や病院に行く？ ※屋外での段差など、片足を上げる場面はどうしているのかなども考慮し能力で判断する。

馬蹄型歩行器に上半身をしっかり加重し歩行しているような。	上半身を安定したものにしっかり加重すれば片足を上げられる場合があります。歩行時に足があがっているのか、すり足になっていないかなどの状況も含み能力で判断する。

特記事項のポイント

試行の有無 **福祉用具の有無** **調査時の能力** **日頃の能力** **頻度**
11ページの「能力」のポイント参照

左右差 片麻痺、拘縮、欠損などにより左右差がある時は、詳細を記載する。

★歩行の状況とリンクする部分があります。すり足での歩行などの補足が必要な時は追記しましょう。

例文

支えなしでできる

① 調査時、何も支えなく左右とも安定して１秒程度片足立位保持ができる。日頃も同様。

② 調査時、右足軸では何も支えなく１秒程度片足立位保持ができる。軽度の左半身麻痺がありふらつくため、左足軸では手すりにつかまりできる。日頃も同様。

③ 調査時、不安感が強く家具につかまり左右とも１秒程度片足立位保持ができる。日頃は、何も支えなく１秒程度できると立会者より聞き取る。日頃の状況より「支えなしでできる」を選択。

④ 調査時、認知機能の低下のため指示が通らず、試行できない。日頃は何も支えなく上がり框を上がっていると立会者より聞き取る。

⑤ 調査時、体重を支える目的ではないが、視覚障害があり安全のため白杖を持ち、左右とも１秒程度片足立位保持ができる。日頃も同様。

何か支えがあればできる

① 調査時、腰痛のため家具につかまり左右とも１秒程度片足立位保持ができる。日頃も同様。

② 調査時、膝痛がひどいため試行できない。日頃は四点杖につかまれば、なんとか左右とも１秒程度片足立位保持ができると立会者より聞き取る。

③ 調査時、何も支えなく１秒程度片足立位ができる。日頃はめまいがあり（週５日）、手すりにつかまらなければできないと立会者より聞き取る。より頻回な状況に基づき「何か支えがあればできる」を選択。

④ 調査時、左足軸では手すりにつかまり１秒程度片足立位保持ができる。右股関節の術後のため医師より加重を禁止されており、右足軸ではできない。日頃も同様。

できない

① 両膝と股関節の著しい拘縮のため、試行できなかった。日頃より介護者の支えがあっても片足立位は全くできない。

② 調査時、本人の同意を得られず試行できない。日頃は、両下肢筋力低下のため自力ではできない。職員が前からしっかり両腕を支えれば、左右とも１秒程度片足立位保持ができる。

③ 調査時、両下肢筋力低下と膝痛のため、手すりにつかまり職員が腋下をしっかり支えても、一瞬しか片足を挙上できず、左右とも１秒程度の片足立位保持はできない。日頃も同様。

1-12 視力《身体機能・起居動作》

定義

「視力」（能力）を評価する項目である。
ここでいう「能力」とは、見えるかどうかの能力である。
認定調査員が実際に視力確認表の図を調査対象者に見せて、視力を評価する。

選択肢

「1. 普通（日常生活に支障がない）」「2. 約1m離れた視力確認表の図が見える」
「3. 目の前に置いた視力確認表の図が見える」「4. ほとんど見えない」
「5. 見えているのか判断不能」

視力は以下の「**3つの基本的なポイント**」と「2つの補足的なポイント」に留意し聞き取り特記事項に記載します。

①試行の有無　②調査時の能力　③日頃の能力

④福祉用具の有無　⑤その他

ポイント①②　試行の有無・調査時の能力

ポイント③　日頃の能力

ポイント④　福祉用具の有無

ポイント⑤　その他

この順番が
聞き取りやすいよ

聞き取り調査・判断・特記事項のポイントは「能力」P10～P13も参照してね。

聞き取り調査のポイント

ポイント①②
試行の有無・調査時の能力

聞き取り例

❏視力の確認を行いたいのですが、（視力確認表を提示し）表の図は見えますか？

❏（新聞の活字を提示し）小さい活字が見えますか？ 読んで頂いてよろしいでしょうか？

試行・試行しないことは、全て調査対象者や立会者の同意を得ます。

部屋の明るさは、部屋の電気をつけた上で、利用可能であれば読書灯などの補助照明器具を使用し十分な明るさを確保します。

新聞程度の活字が見えた場合、1ｍ離れた視力確認表の確認が必要な場合と必要としない場合があります。

視力に支障があると聞き取った場合は、どの程度の支障なのかを視力確認表で確認します。

視力確認表は、まず1ｍ先から確認し、次に目の前の順で確認します。先に目の前で見てしまうと残像があり、1ｍ先の確認が正確にできなくなります。

新聞の活字より先に、視力確認表の図を確認すると聞き取りがスムーズになります。

新聞を読まない方も多いです。調査時に新聞の切り抜きを準備するとスムーズに確認できます。

ポイント③
日頃の能力

聞き取り例

❏日頃も、新聞の小さい活字は見えますか？

❏見えにくさ、日常生活に支障はありますか？

調査時に試行した場合にも、必ず日頃の状況を聞き取ります。日頃の状況に違いがある場合は、詳細を聞き取ります。

視力低下による、食事・整容等の日常生活の支障についても聞き取ります。

ポイント④
福祉用具の有無

聞き取り例

❏（調査時の様子を確認しつつ）日頃は、眼鏡・コンタクト・ルーペなどの使用はありますか？

眼鏡・コンタクト・ルーペ等の使用を聞き取ります。

ポイント⑤

その他

聞き取り例

❏見えにくさや、視野狭窄などはありますか？
❏過去に白内障等の眼疾患や手術はありましたか？
❏左右差はありますか？

視野狭窄等があった場合、経緯や時期について詳細を聞き取ります。
眼疾患の既往歴や、左右差があれば、聞き取ります。

判断のポイント

聞き取り時とは違い、
新聞雑誌程度の活字 ➡ 1ｍ離れた視力確認表の図 ➡ 目の前に置いた視力確認表の図
の順番で判断する。

裸眼では新聞程度の活字が見えない。１ｍ離れた視力確認表の図が見える。➡ 老眼鏡を使用すれば新聞の活字が見える。日頃も新聞を読むときは老眼鏡を使用する。	眼鏡・コンタクトレンズ等を使用している場合は、使用している状況で選択する。 「1. 普通」を選択。

聴力障害がありジェスチャーで、新聞の活字が見えることを確認できた。日頃も新聞を読んでおり日常生活に支障はないと立会者に確認できた。	見えるかどうかを選択するには、会話のみでなく、手話、筆談等や、調査対象者の身振りに基づいて視力を確認する。 「1. 普通」を選択。
認知力の低下が著しく指示が通りにくい。調査時、新聞の活字・１ｍ先の視力確認表ともに「うん、うん」とうなずくのみで見えているかどうかの確認ができない。日頃も介護者の問いかけには常に「うん、うん」とうなずくのみで意思疎通が困難。どの程度見えているかの確認ができないと立会者に確認した。移動、食事摂取など日常生活動作は全て職員が介助している。	「5. 見えているのか判断不能」を選択。

弱視の方。 調査時➡新聞程度の小さい活字は何とか見えた。 日頃➡少し距離があるとぼやけてしまい屋内での移動時につまずくことが日常的にある。食事も配膳が良く見えないため家族が皿の置き換えをするなど日常生活に支障がある。 など、新聞雑誌程度の活字が見えても、日常生活に支障がある。	「2. 約1m離れた視力確認表の図が見える」を選択。 ※「外出時に支障がある」などは、「日常生活に支障がある」とまでは捉えないケースもある。

視力確認表の図を、右手・左手や人差し指などの表現が上手くできず「黒い棒」「山」「壺」などと回答することもある。	見たものについての理解等の知的能力を問う項目ではない。 視力確認表の図が見えていると確認できれば、「2. 約1m離れた視力確認表の図が見える」を選択。

上部に視野欠損があり正面に置いた新聞、視力確認表とも見えない。目の前で下のほうにずらせば何とか見えることが確認できた。	広い意味での視力を問う質問であり、視野狭窄・視野欠損等も含まれる。 「4. ほとんど見えない」を選択。 ※目の前でも正面で見えれば「3. 目の前に置いた視力確認表の図が見える」を選択。

全く見えないことが確認できる。	「4. ほとんど見えない」を選択。
過去に全く見えないことが確認できていたが、現在は意思疎通困難で確認できない。	「5. 見えているのか判断不能」を選択。

特記事項のポイント

試行の有無 試行の有無、試行しなかった（できなかった）理由を必ず記載する。

福祉用具の有無 老眼鏡・眼鏡・コンタクトレンズ・拡大鏡の使用がある場合は記載する。また、いつ使うのかも書き忘れないようにする。

調査時の能力 調査時、試行した結果を記載する。

日頃の能力 調査時と同じ場合もその旨を記載する。調査時と状況が異なる時は詳細を記載する。

その他 視野狭窄、視野欠損、白内障、緑内障、その他眼の疾患の簡単な経緯や時期、左右差などがあれば、審査会への情報提供として記載する。

「1. 普通（日常生活に支障がない）」	「小さい活字」又は「新聞程度の小さい活字」などと統一した表現が読みやすくなる。 日常生活での支障の有無も記載する。
「2. 約１m離れた視力確認表の図が見える」	「小さい活字が見えない」を書き忘れないようにする。
「3. 目の前に置いた視力確認表の図が見える」	「小さい活字、１m離れた視力確認表は見えない」を書き忘れないようにする。
「4. ほとんど見えない」	「小さい活字、１m先、目の前に置いた視力確認表は見えない」を書き忘れないようにする。 「全く見えない」「明暗がわかる程度」「人の輪郭がぼんやり見える程度」など、どの程度の視力なのかの情報を記載する。
「5. 見えているのか判断不能」	「小さい活字・視力確認表とも確認できない」ことを書き忘れないようにする。 なぜ確認できないのか理由も合わせて記載する。

例文

普通

① 調査時、日頃ともに新聞などの小さい活字が見え、日常生活に支障はない。両目とも白内障の手術を行っている。

② 調査時、眼鏡や拡大鏡を使用して新聞等の小さい活字が見え、日常生活に支障はない。日頃も同様。

③ 視野狭窄はあるが、調査時、眼鏡をかけ本人の正面に置いた新聞等の小さい字が見える。移動時にぶつかる等の支障もない。日頃も同様。

約１m離れた視力確認表の図が見える

① 調査時、新聞等の小さい活字は見えない。１m先の視力確認表の図は見える。日頃も同様。書類などは妻に読んでもらう。

② 左側に視野狭窄がある。調査時、正面に置いた新聞等の小さい活字は見えないが、１m離した視力確認表は見える。日頃も同様で、食事などに支障がある。

③ 調査時、日頃とも新聞等の小さい活字は見えない。明るいところで１m先の視力確認表は見える。眼底の疾患のため暗いところでは、視力が極端に低下し、見えないと本人。

目の前に置いた視力確認表の図が見える

① 調査時、新聞等の小さい活字、１m先の確認表は見えない。目の前の視力確認表の図は見える。日頃も同様。外出時段差が分からない等の支障がある。

② 調査時、認知力の低下があり新聞等の小さい活字や１m離した視力確認表を提示しても反応がない。確認表を目の前に置けば指の形をなぞる。「目の前に置いた視力確認表の図が見える」を選択。日頃も同様。

ほとんど見えない

① 幼少期より両目とも失明しており、明暗も分からない。自室内は手探りで生活。外出は必ず付き添いを要する。

② １年程前に見えなくなり、明るさが分かる程度と本人。調査時、目の前の視力確認表も見えない。目の前の人影程度しか認識できず、日常生活は全て手探りで行うと妻。

見えているのか判断不能

① 調査時、開眼しているが意思疎通困難で、小さい活字や、視力確認表の図が見えているか判断できなかった。日頃も同様と職員より聞く。

② 調査時、意思疎通困難で確認できない。日頃は、開眼しているものの、追視もなくどの程度見えているかわからないと看護師に聞く。

③ 調査時、視力確認表で確認しても返答はない。日頃、家族が声をかけると返答はあるが、顔を向けることはなく視力の確認ができない。

テキスト2009版P 67～P 68

1-13 聴力《身体機能・起居動作》

定義

「聴力」（能力）を評価する項目である。
ここでいう「聴力」とは、聞こえるかどうかの能力である。
認定調査員が実際に確認して評価する。

選択肢

「1. 普通」「2. 普通の声がやっと聞き取れる」「3. かなり大きな声なら何とか聞き取れる」
「4. ほとんど聞こえない」「5. 聞こえているのか判断不能」

聴力は以下の「**2つの基本的なポイント**」と「2つの補足的なポイント」に留意し聞き取り特記事項に記載します。

基本的ポイント	**①調査時の能力**	**②日頃の能力**
補足的ポイント	③福祉用具の有無	④その他

ポイント①②　調査時の能力・日頃の能力

ポイント③　福祉用具の有無

ポイント④　その他

この順番が
聞き取りやすいよ

聞き取り調査・判断・特記事項のポイントは「能力」P10～P13も参照してね。

聞き取り調査のポイント

ポイント①②
調査時の能力・日頃の能力

聞き取り例

❏（普通の声の大きさで話かけ）私の声は聞こえにくくありませんか？
❏日頃も、この位（調査員の声量）の声が聞こえますか？

調査開始の挨拶時に、どのくらいの声量で聞こえるか確認すればスムーズに確認できます。
調査時に確認した聴力と、日頃の聴力に差がある場合があるので、必ず日頃の状況を聞き取ります。
日頃の状況に違いがある場合は、詳細を聞き取ります。
聴力低下による、声かけや会話等の日常生活に支障があるか聞き取ります。
調査の妨げとなるような大きな雑音がある場所での調査は避けます。
普通に話しかけても聞こえない調査対象者に対しては、耳元で大きな声で話す、音を出して反応を確かめる等の方法に基づいて聴力を評価します。

ポイント③
福祉用具の有無

聞き取り例

❏（調査時、身体状況を確認しつつ）日頃は、補聴器や集音器などの使用はありますか？

補聴器・集音器等の使用を聞き取ります。

ポイント④
その他

聞き取り例

❏聞き取りにくさがあり、日常生活に支障はありますか？
❏左右差はありますか？

聴力低下による、日常生活の支障を聞き取ります。
耳の疾患や左右差があれば、経緯や時期について詳細を聞き取ります。

判断のポイント

内容は理解できず問いかけに対しての返答はないが、普通の声に反応は示し聞こえていることが確認できる。	聞こえるかどうかは、会話のみでなく、調査対象者の身振り等も含めて評価する。失語症や構音障害があっても、声や音が聞こえているかどうかで評価する。 知的能力を問うものではない。 「1. 普通」を選択。

日常的に補聴器を使用するが、普通の声では聞き返しが多く、少し大きめの声で聞こえる。	日常的に補聴器を使用している場合は使用している状況で評価する。 「2. 普通の声がやっと聞き取れる」を選択。
調査時は、補聴器を使用し、少し大きめの声で聞こえる。日頃も来客時など特別な時は補聴器を使用し、少し大きめの声で聞こえる。日常的に補聴器は使用しておらず、耳元での大きな声が何とか聞こえる。	「3. かなり大きな声なら何とか聞き取れる」を選択。 ※日常的には補聴器を使用していない場合は、より頻回な状況で評価する。

特記事項のポイント

福祉用具の有無 補聴器、集音器などの使用がある場合は記載する。また、いつ使うのかも書き忘れないようにする。

調査時の能力 調査時、試行した結果を記載する。

日頃の能力 調査時と同じ場合もその旨を記載する。
調査時と状況が異なる時は詳細を記載する。

その他 耳の疾患、経緯や時期、左右差などがあれば、審査会への情報提供として記載する。

「1. 普通」	「普通の声が聞こえる（聞き取れる）」と記載する。 **NG▶**「普通に聞こえる」
「2. 普通の声がやっと聞き取れる」	「普通の声では聞き直しがある」程度の文章になっていませんか？ 「少し大きめの声が聞こえる（聞き取れる）」など、どの程度の声なら聞こえるのかを必ず記載する。
「3. かなり大きな声なら何とか聞き取れる」	「耳元で」「大きな声」「かなり大きな声」など、明確な表現で記載する。 「大きめの声」などは「2. 普通の声がやっと聞き取れる」と迷う表現になる。
「4. ほとんど聞こえない」	かなり大きな声（音）でも聞こえていないことがわかるように記載する。 全く聞こえない場合もその旨を記載する。
「5. 聞こえているのか判断不能」	なぜ、判断不能なのか、理由を明確に記載する。

例文

普通

① 調査時、普通の声の大きさで聞き返しなく聞こえる。日頃も同様。

② 難聴あり、右耳は全く聞こえず、左耳は常に補聴器を使用する。調査時、正面から普通の声でゆっくり話せば聞こえる。日頃も同様。

③ 調査時、日頃も集音器を使用し、普通の声で聞き取りできる。日常生活に支障はないと立会者。

④ 失語症のため発語はできないが、調査時は普通の声で呼名すると聞こえており、口を動かす反応がある。日頃も同様と看護師より聞き取る。

普通の声がやっと聞き取れる

① 調査時、普通の声で聞き返しがあり、少し大きめの声で聞き取りできる。日頃も同様。

② 認知力の低下があり、意思疎通困難。調査時、普通の声では反応がない。そばで少し大きめの声であれば反応し聞こえている。日頃も同様。耳元で大きな声で話すまではない。

③　調査時、普通の声で話すと、何度も聞き返しがある。やや大きな声でゆっくり話すと聞き取ることができる。日頃も同様。

④　重度の難聴で常に両耳に補聴器使用。調査時、日頃も普通の声では聞き取れず、少し大きな声で話すと聞こえる。

かなり大きな声なら何とか聞き取れる

①　調査時、少し大きめの声でも聞き返しがあり、耳元ではっきり大きな声で話しかければ聞こえる。日頃も同様。

②　調査時、対面で大きな声で話しかけても反応はない。耳元でかなり大きな声でゆっくり話すと、何とか聞き取りできる。日頃も同様。

③　日頃より傾眠傾向で、調査時は確認できない。日頃、覚醒時は耳元で大きな声で話しかけると、返事をしたりうなずく反応があると職員より聞き取り「かなり大きな声なら何とか聞き取れる」を選択。

④　調査時、右耳に補聴器を使用し、対面で少し大きな声で話すと聞き取りできた。日頃、補聴器はデイサービス利用時（2回/週）のみ使用する。自宅では使用しておらず、かなり大きな声であれば聞こえると妻。より頻回な状況に基づき「かなり大きな声なら何とか聞き取れる」を選択。

ほとんど聞こえない

①　重度の難聴だが補聴器の使用はなく、調査時、日頃も耳元で大きな声で話しかけても聞こえず筆談で対応する。

②　幼少期より聴覚障害で、両耳とも全く聞こえない。調査時、日頃も筆談やジェスチャー、手話で意思疎通を行う。

③　重度の難聴で、調査時のみ左耳に補聴器使用。左耳元で大きな声が、聞こえる時と聞こえず反応ない時がある。日頃は補聴器の使用なく、耳元で大きな声が聞こえず、筆談で意思疎通を行うと妻。より頻回な状況に基づき「ほとんど聞こえない」を選択。

聞こえているのか判断不能

①　意思疎通困難。調査時、日頃とも耳元で大きな声で話しかけても、全く反応がない。「聞こえているのか判断不能」を選択。

② 調査時、耳元で大きな声で呼名するが反応はない。職員が肩を軽く叩きながら大きめの声で声かけすると「あー」と発語はあるが、意思疎通困難で、声かけへの反応か分からない。日頃も同様で、どの程度聞こえているか分からないと職員。「聞こえているのか判断不能」を選択。

③ 意思疎通困難。調査時、日頃も耳元で大きな声で話しかけても全く反応がない。3日前の防火訓練時、火災報知器のベル音に開眼する反応見られたが、どの程度聞こえているかは不明と職員。「聞こえているか判断不能」を選択。

MEMO

テキスト2009版P 76～P 77

2-3 えん下《生活機能》

定義

「えん下」の能力を評価する項目である。

ここでいう「えん下」とは、食物を経口より摂取する際の「えん下」（飲み込むこと）の能力である。

能力の項目であるが、必ずしも試行する必要はない。頻回に見られる状況や日頃の状況について、調査対象者や介護者からの聞き取りで選択してもよい。

選択肢

「1. できる」「2. 見守り等」「3. できない」

えん下は以下の「**2つの基本的なポイント**」と「3つの補足的なポイント」に留意し聞き取り特記事項に記載します。

①えん下能力　②頻度

③食事形態　④見守りの有無　⑤トロミの有無

ポイント③　食事形態

ポイント①②⑤　えん下能力・頻度・トロミの有無

ポイント④　見守りの有無

この順番が
聞き取りやすいよ

聞き取り調査・判断・特記事項のポイントは「能力」P10～P13も参照してね。

聞き取り調査のポイント

ポイント③
食事形態

聞き取り例

❑主食は、ご飯ですか？　お粥ですか？　おかずはやわらかめにしたり、一口大に切るなどしていますか？

食事形態により、えん下に支障となっている可能性があるため聞き取ります。
病院・施設においては、食事形態が様々。ソフト食・きざみ食等の詳細を聞き取ります。

ポイント①②⑤
えん下能力・頻度・トロミの有無

聞き取り例

❑自然に飲み込めますか？
❑1日何回、食事をしますか？
❑トロミ剤の使用はありますか？

場面や時間帯によって、えん下能力に違いがある場合は頻度で判断するため、食事摂取の回数を聞き取ります。

「むせ込みがありますか？」と質問すると「はい」と回答されることが多いため、調査時に「むせ込み」というワードを控えながら聞き取るように工夫しましょう。

汁物・水分等、トロミ剤の使用状況を聞き取ります。

トロミ剤の使用により、えん下状態に変化がある場合は、トロミ剤の開始時期や使用前後のえん下状況等の詳細を聞き取ります。

ポイント④
見守りの有無

聞き取り例

❑（えん下に支障がある場合）そばで見守りを行いますか？

えん下に支障があり、むせ込むなどの状況や介護者の対応等、詳細を聞き取ります。

判断のポイント

咀しゃく（噛むこと）や口腔内の状況を評価するものではない。	飲み込み（えん下）の能力を評価する。
食物を口に運ぶ行為。	2-4 食事摂取 で評価する。

固形物か、液体かどうか等、食物の形状（普通食、きざみ食、ミキサー食、流動食等）によって異なる。	一定期間（調査日より概ね過去1週間）の状況において、より頻回に見られる状況や日頃の状況で選択する。

えん下機能に低下があり、普通食からきざみ食に変更した。きざみ食でえん下は支障なくできる。	「1. できる」を選択。

週1回程度、麺類や酢の物でむせることがある。	えん下機能の低下があるとまではなく「1. できる」を選択。
週1回程度、ひどくむせ込むことがある。	より頻回な状況に基づき「1. できる」を選択。
えん下機能に低下があり、毎食のようにひどくむせ込む。	「できる」「できない」のいずれにも含まれない状況として「2. 見守り等」を選択。
誤えんの恐れがあるため経管栄養（胃ろうを含む）や中心静脈栄養等が行われている。	「3. できない」を選択。

特記事項のポイント

食事形態 **トロミの有無**

食事の形状やトロミ剤使用により状況が異なる場合は、その日頃の状況等について、具体的な内容を記載する。

えん下能力 **頻度** **見守りの有無**

えん下に支障がある場合は、誤嚥の恐れがあるのか、見守りをされているのか等の詳細を記載する。

上手く飲み込めずむせ込みがある場合は、頻度とともにその状況を具体的に記載する。介護者が背中をさするなどの介護の手間が発生している場合もある。

★咀嚼や口腔内に支障がある場合は頻度や手間とともに特記事項に詳細を記載します。

例文

できる

① 普通食をむせなく自然にえん下できる。

② 普通食を摂取する。最近むせることが多くなった（2日に1回程度）が、軽く咳払いしてすぐ落ち着く程度と聞き取り「できる」を選択。

③ 普通食ではむせやすい為、全粥・ミキサー食を提供しており、概ね自然にえん下できる。職員は他の入所者も含めて常に遠目で見守り、むせた時（週2～3回）は、背中をさすり落ち着くまで付き添う。より頻回な状況に基づき「できる」を選択。

④ 食道狭窄があり、流動食を摂取する。一口は極少量だが、飲み込みは自然にできる。

見守り等

① えん下に支障があり全粥・ミキサー食を摂取する。毎日3食のうち2食は途中でひどくむせ込む為、看護師がそばで見守り、その都度、背中をさすっている。

② 普通食を摂取する。飲み込みづらさがあり、よく咀嚼して少量ずつ飲み込んでもむせ込みが毎食あると本人に聞く。独居のため見守りは行われていないが、えん下に支障がある為「見守り等」を選択。調査時も唾液でむせ込みが見られた。

③ 1日3回胃ろうでの経管栄養を実施していたが、2週間ほど前より、経管栄養は1日2回となり、1日1回ゼリーを摂取しえん下はできている。誤嚥性肺炎で入院しており、誤嚥の危険があるため看護師がえん下状況を毎回見守りする。「できる」「できない」のいずれにも含まれない状況で「見守り等」を選択。

できない

① 意識障害あり、えん下は全くできない。

② えん下困難で、胃ろう造設している。経口摂取は一切行われていない。

③ えん下障害あり経鼻経管栄養が実施されている。言語聴覚士によるえん下訓練時（週2日）にのみ、ゼリーを一口二口飲み込むが、日常生活ではえん下はできない。

3-1 意思の伝達《認知機能》

定義

「意思の伝達」の能力を評価する項目である。
ここでいう「意思の伝達」とは、調査対象者が意思を伝達できるかどうかの能力である。

選択肢

「1. 調査対象者が意思を他者に伝達できる」「2. ときどき伝達できる」
「3. ほとんど伝達できない」「4. できない」

意思の伝達は以下の「**2つの基本的なポイント**」と「3つの補足的なポイント」に留意し聞き取り特記事項に記載します。

基本的ポイント	**①調査時の能力**	**②日頃の能力**	
補足的ポイント	③内容の合理性	④伝達方法	⑤その他

ポイント①②④　調査時の能力・日頃の能力・伝達方法

ポイント③⑤　内容の合理性・その他

この順番が
聞き取りやすいよ

聞き取り調査・判断・特記事項のポイントは「能力」P10～P13も参照してね。

聞き取り調査のポイント

調査時の能力・日頃の能力・伝達方法

聞き取り例

❑日頃も、自分で言いたいことは、言葉で伝えることができますか？
❑日頃は、筆談やジェスチャーで、言いたいことを伝えることができますか？

調査中の会話で、意思伝達の様子を確認します。

しばらく聞き取りした上で、日頃の様子を尋ねるとスムーズに聞き取ることができます。

失語症など言葉の出難さがある方には、ゆっくり答えてもらうなど配慮し聞き取ります。

意思伝達に困難さがある場合。どんなことが伝達でき、またはできないのか、具体的なエピソードも忘れないように聞き取ります。

重度の方など、意思伝達に困難さが予測される場合、調査前に立会者より、どの程度の会話が可能か確認することも有効です。

ポイント③⑤

内容の合理性・その他

聞き取り例

❑（立会者へ）調査時・日頃も、話の内容に合理性はありますか？
❑意思伝達に困難さがあり、困ることがありますか？

調査中の会話で合理性を確認する。合理性がなくても、否定せず受容的態度で傾聴します。

日頃の困りごとを確認・聞き取ります。

意思疎通（会話のキャッチボール）ができないことを主張される場面が多くあります。

伝達する内容の合理性は選択肢の判断根拠と問われていないが、調査対象者の全体像把握のためには必要な情報です。

判断のポイント

意思疎通 ≠ 意思の伝達 を理解し判断する。

聴覚障害があり手話で伝達する。	伝達の**手段は問わない**。手話であれば、言いたいことが言えている。 ➡「1. できる」を選択。 ※言葉・手話・筆談・文字盤・ジェスチャーなど
失語症が原因で会話が成立しなくとも、本人の意思が伝達できる。	会話によるものか、身振り等によるものかは問わない。

介護者が問いかけた時、認知力の低下から、すぐには回答が得られず、全く無関係な回答をする等合理性がない。 例 「お風呂に入りますか？」に「ご飯はおいしかったです」などと回答。	伝達する意思の内容の**合理性は問わない**。調査対象者が言いたいことを伝達できていることから「1. 調査対象者が意思を他者に伝達できる」を選択。

その内容や状況等によってはできる時と、できない時がある。	「2. ときどき伝達できる」を選択。
ある事柄や特定の人（例えば認定調査員）に対してであれば、まれに「意思の伝達」ができる。	「3. ほとんど伝達できない」を選択。
認知症等があり、「痛い」「腹が減った」「何か食べたい」等、限定された内容のみ「意思の伝達」ができる。	「3. ほとんど伝達できない」を選択。
「意思の伝達」が全くできない、あるいは、「意思の伝達」ができるかどうか判断できない。	「4. できない」を選択。

特記事項のポイント

調査時の能力 調査時の様子を記載する。

日頃の能力 聞き取りした日頃の様子を記載する。

内容の合理性 **5-3日常の意思決定や認知症高齢者の日常生活自立度の判断根拠**の一部になります。どの程度合理性に支障があるのかがわかるように記載する。

伝達方法 個別の状況があるときは、審査会への情報提供として、具体的な内容を記載する。認知症高齢者の日常生活自立度の判断根拠の一部になる場合もある。

その他 多弁・早口等、特出すべき個別性があれば、審査会への情報提供として記載する。

★どんなことが伝達でき、どんな風に伝達できないのか、どの程度伝達でき、伝達できないのかなどの記載があると伝わりやすくなります。

★合理性がないこと、意思疎通に支障があることなどは必ず追記しましょう。

例文

調査対象者が意思を他者に伝達できる

① 調査時、誰にでも、常時自分の言いたいことを伝えることができる。日頃も同様。

② 調査時、認知力の低下があり合理性がない時もあるが、常に自分の言いたいことを伝達できる。日頃も同様。

③ 聴覚障害があり、調査時、筆談で質問すると、常に手話や筆談で返答できる。日頃も同様。

ときどき伝達できる

① 調査時、簡単な質問に対して回答ができる。認知力の低下があり複雑な内容は言葉が続かず、伝えることができない。日頃も同様。

② 調査時、精神疾患の影響により、囁くような小声で発語不明瞭。日頃は「はい・いいえ」「違う」等簡単な単語や数字は言葉で伝達できるが、長文になると伝達できない。

③　神経系疾患で、日内変動がある。調査時、オン状態では言いたいことを伝達できる。日頃、日に3回服薬前の1～2時間はオフ状態で、全く発語ができないと立会者に聞く。

④　失語症があり、調査時、簡単な問いかけにはうなずきで返答できるが、複雑な問いかけは、返答できない。日頃、家族には身振り、手振りや筆談を交えて、言いたいことを伝達できるが、慣れない人にはうまく伝達できないと立会者に聞く。

ほとんど伝達できない

①　調査時、意思の伝達はほとんどできないが呼名にはうなずくことができた。日頃も、発語はないが、表情変化で「痛い」等、限定された内容のみ伝達できる。

②　認知力の低下があり、調査時、全ての質問に「うるさい」と返答する。日頃も同様。

③　調査時、わかりやすく質問しても、うなずきや単語で2割程度しか回答できない。日頃は、食事介助時に「嫌だ」と発語がある程度で、限定されたことしか伝達できないと立会者に聞く。

④　認知力の低下があり、調査時、声かけに反応なく表情の変化もなかった。日頃は、食前の声かけに「ごはん、食べる」と笑顔で言う（3回/日）。それ以外の声かけには表情の変化や反応はないと立会者に聞く。

できない

①　調査時、声かけに発語や反応もなく表情の変化もない。意思伝達は全くできない。日頃も同様と立会者に聞く。

②　認知力の低下が著しく、調査時、うめき声があるのみで、表情の変化、反応はない。日頃も同様で、意思伝達は全くできないと立会者に聞く。

③　認知力の低下が著しく、調査時、閉眼しており呼名しても全く反応がなかった。月に1回程は、介護者が呼名すると開眼し「あー」と声を出すが、呼名に反応しての発声かは不明と立会者に聞く。意思伝達ができているとは言えず「できない」を選択。

テキスト2009版P 103

3-2 毎日の日課を理解《認知機能》

定義

「毎日の日課を理解する」能力を評価する項目である。

ここでいう「毎日の日課を理解」とは、起床、就寝、食事等のおおまかな内容について、理解していることである。厳密な時間、曜日ごとのスケジュール等の複雑な内容まで理解している必要はない。

選択肢

「1. できる」「2. できない」

毎日の日課を理解は以下の「**3つの基本的なポイント**」と「3つの補足的なポイント」に留意し聞き取り特記事項に記載します。

①調査時の能力　②日頃の能力　③頻度

④調査時の日課（時間）の確認　⑤朝晩の理解　⑥声かけの有無

ポイント①④　調査時の能力・調査時の日課（時間）の確認

ポイント②　日頃の能力

ポイント③⑤⑥　頻度・朝晩の理解・声かけの有無

この順番が
聞き取りやすいよ

聞き取り調査・判断・特記事項のポイントは「能力」P10～P13も参照してね。

聞き取り調査のポイント

ポイント①
調査時の能力・調査時の日課（時間）の確認

聞き取り例

- ❑ 何時ごろ起きますか？ 何時ごろ寝ますか？
- ❑ 朝起きてから寝るまで、どのように過ごしていますか？

「日によって誤差があると思いますが」「おおよその時間でよろしいですよ」などと前置きして質問するとスムーズに回答が得られやすいです。
調査時の回答を参考に、調査対象者に理解があるか立会者に確認します。
理解がない場合は、全く見当違いな回答をすることがありますが、否定せずに受容的態度で傾聴します。

ポイント②
日頃の能力

聞き取り例

- ❑ 日頃から、１日の流れを理解していますか？

調査時に調査対象者から聞き取った起床等の時間が合っているかを、立会者に確認します。
理解がないことや曖昧な様子があった場合、詳細を聞き取ります。

ポイント③
頻度・朝晩の理解・声かけの有無

聞き取り例

- ❑ （調査時、誤答や回答できない方の立会者へ）日課の理解がある時とない時の、どちらが多いですか？
- ❑ （調査時１日の流れを回答できない方の立会者へ）日頃、朝・夕の理解はありますか？
- ❑ （日課の理解がない方の立会者へ）起床時や食事の時間など、都度声かけが必要ですか？

調査時・日頃等、頻度の多い状況が判断基準になるので確認・聞き取ります。

時間の感覚がない調査対象者の立会者へ、朝晩等のおおまかな１日の流れを理解しているかを確認・聞き取ります。

日課の理解がない調査対象者に対し、都度介護者の声かけや誘導等、介護にかかる手間を聞き取ります。

判断のポイント

起床、就寝、食事等の時間を回答できたが、多少のずれがあった。	起床や就寝、食事の時間等を質問して選択してもよい。厳密な時間まで理解している必要はない。 大まかに理解できていれば「1. できる」を選択。
独居で、自由に寝起きし、自分の気が向いたときや空腹時に食事している。	性格や習慣なのか、理解できなくなっているのかなどを聞き取り判断する。
デイサービス利用日や入浴日を理解していない。	週間のスケジュールは定義に該当しない。1日の大まかな流れを理解しているかどうかで判断する。

いつまでも寝ており、声かけしないと起きないので日課はできないと立会者より聞き取った。	• 起床、就寝、食事時間以外にも、2-7口腔清潔、2-8洗顔、2-9整髪、2-10上衣の着脱、2-11ズボン等の着脱など、日課となる行為の状況も考慮し判断します。 • 食事の時間が近くなると自ら食卓に座る • 就寝時間が近くなったら自ら就寝準備ができる • 朝食、昼食、夕食の理解がある • 食後の歯磨きは声かけなく自分で行う • 起床後は、自ら洗面所に行き顔を洗う など、一日を通し聞き取りした内容を総合的に分析し判断する。

特記事項のポイント

調査時の能力 **日頃の能力** **頻度**

12～13ページの「能力」のポイント参照。

調査時の日課(時間)の確認 **朝晩の理解** **声かけの有無**

状況によって、詳細を記載する。全体像を伝えるために必要です。

5-3日常の意思決定や認知症高齢者の日常生活自立度の判断根拠の一部になる。

例文

できる

① 調査時、起床から就寝までの1日の流れを正答できる。日頃も同様。

② 調査時、細かい時間までは分からないが、日課を概ね正答できる。日頃も同様。デイサービス等の曜日ごとのスケジュールは理解できない。

③ 言語障害があり、調査時、うまく回答できなかった。日頃は家族の声かけなく過ごしており、日課の理解はできると立会者に聞く。日頃の状況に基づき「できる」選択。

できない

① 調査時、日課を回答できない。日頃も同様。朝晩の区別もできない。

② 調査時、起床や就寝などの大まかな日課を回答できた。日頃は日課の理解がなく、その都度職員が声かけを行う。日頃の状況に基づき「できない」選択。

③ 調査時、質問に無関係な話をして日課は回答できない。日頃、週1回程度は理解できるが、他は理解できないと長女に聞く。より頻回な状況に基づき「できない」選択。

評価軸「能力」　テキスト2009版P 104

3-3 生年月日や年齢を言う《認知機能》

定義

「生年月日や年齢を言う」能力を評価する項目である。

ここでいう「生年月日や年齢を言う」とは、生年月日か年齢かのいずれか一方を答えることができることである。

選択肢

「1. できる」「2.できない」

生年月日や年齢を言うは以下の「**3つの基本的なポイント**」に留意し聞き取り特記事項に記載します。

基本的
ポイント

①調査時の能力　②日頃の能力　③頻度

ポイント①　調査時の能力

ポイント②　日頃の能力

ポイント③　頻度

この順番が
聞き取りやすいよ

聞き取り調査・判断・特記事項のポイントは「能力」P10～P13も参照してね。

聞き取り調査のポイント

ポイント① 調査時の能力

聞き取り例

- ❏ 生年月日・年齢を教えて頂けますか？
- ❏ 生年月日はいつですか？　年齢はおいくつですか？

調査開始時に、「確認のため、生年月日・年齢を教えて頂けますか？」と前置きがあるとスムーズに聞き取ることができます。

年齢はデリケートな質問なので、調査対象者に配慮し回答したくない方には、無理強いはせず対応します。

調査時の回答を参考に、理解があるか立会者に確認します。

ポイント② 日頃の能力

聞き取り例

- ❏ 日頃から、生年月日・年齢の理解はありますか？

日頃の生年月日・年齢の理解について、立会者に確認します。

ポイント③ 頻度

聞き取り例

- ❏（調査時、誤答や回答できない方の立会者へ）理解があるときとないときの、どちらが多いですか？

調査時・日頃等、頻度の多い状況が判断基準になるので確認します。

判断のポイント

実際の生年月日と数日間のずれがある。	「1. できる」を選択。
満年齢や数えの年齢であっても、答えることができる。	「1. できる」を選択。
年齢は、2歳までの誤差で答えることができる。	「1. できる」を選択。
年齢が回答できず､生年月日の｢年(元号含む)｣や｢月｣も回答できない。	「2. できない」を選択。
生年月日の数日間のずれとは？	何日との指定はない。 調査時の状況と聞き取りした日頃の状況において総合的に判断する。

特記事項のポイント

調査時の能力 **日頃の能力** **頻度**

12～13ページの「能力」のポイント参照。

★生年月日、年齢、どちらの状況も記載が必要です。生年月日だけ、年齢だけしか記載していない特記事項になっていないでしょうか？ 再確認しましょう。

★生年月日は個人情報です。例え正しくなくても、生年月日の記載はしないようにします。
例 調査時、「昭和5年1月19日」と誤答。など

★年齢は「87歳」など表記しても、審査会では、その年齢が正しいかどうかの判断ができません。「－10歳」など、どのくらいの誤差で答えたかが伝わるように記載します。

例文

できる

① 調査時、生年月日・年齢とも正答できる。日頃も同様。

② 調査時、生年月日は正答し、年齢は「－１歳」で回答できる。日頃も生年月日は正答。年齢は規定の範囲内で回答できる。

③　調査時、生年月日は正答できる。年齢は回答できない。日頃も同様。

④　調査時、生年月日は２日の誤差、年齢は「+2歳」で回答する。日頃は、生年月日や年齢は理解できていると立会者より聞く。日頃の状況に基づき「できる」選択。

できない

①　調査時、生年月日・年齢を回答できない。日頃も同様。

②　調査時、生年月日は回答できない。年齢は40歳少なく回答する。日頃も同様。

③　調査時、年齢と生年月日の年は回答できないが、月日のみ正答する。日頃も毎日確認するが、年齢は回答できない。生年月日は月１～２回しか正答できないと立会者。より頻回な状況に基づき「できない」選択。

④　調査時、生年月日・年齢を回答できない。日頃は生年月日・年齢を尋ねることがなく、回答できるか不明と立会者。調査時の状況より「できない」選択。

評価軸「能力」　テキスト2009版P 105～P 106

3-4 短期記憶《認知機能》

定義

「短期記憶」（面接調査の直前に何をしていたか思い出す）能力を評価する項目である。

ここでいう「短期記憶」とは、面接調査日の調査直前にしていたことについて、把握しているかどうかのことである。

選択肢

「1. できる」「2. できない」

短期記憶は以下の「**3つの基本的なポイント**」と「2つの補足的なポイント」に留意し聞き取り特記事項に記載します。

基本的ポイント　①調査時の能力　②日頃の能力　③頻度

補足的ポイント　④調査直前の確認　⑤3つの物についての質問の有無と回答

ポイント①④⑤　調査時の能力・調査直前の確認・3つの物についての質問の有無と回答

ポイント②　日頃の能力

ポイント③　頻度

この順番が
聞き取りやすいよ

聞き取り調査・判断・特記事項のポイントは「能力」P10～P13も参照してね。

聞き取り調査のポイント

アドバイス

調査時、調査対象者に実際に直前のことを質問し確認します。

独居等で直前のことを確認できない場合や、曖昧な回答の場合に3つの物についての質問を実施します。日頃の様子と異なる場合があるため、立会者に聞き取りを行いましょう。

認知症高齢者の日常生活自立度の判断に深く関わる項目となります。

ポイント①④⑤
調査時の能力・調査直前の確認・3つの物についての質問の有無と回答

聞き取り例

❑私が来る前は、何をされていましたか？

❑（3つの物についての質問の説明）
視力確認表・時計・ペンを提示し、何があるか復唱してもらい「この3つの物を覚えて頂き、しばらくして2つを提示するので、残り1つを答えてください」と説明。5～10分後に2つを提示し、提示していない物を回答してもらう。

視力確認のため、視力確認表を提示した後に、続けて3つの物についての質問を説明するとスムーズかもしれません。
視覚的に把握できない場合は、3つの物を口頭で説明する等、調査対象者に質問の内容が伝わるように工夫します。
自尊心を傷つけないように質問します。回答できなかったときは、さらに、調査対象者や立会者にフォローが必要な場合があります。
調査時の回答を参考に、理解があるか立会者に確認します。

ポイント②
日頃の能力

聞き取り例

❑日頃も、5～10分前のことを覚えていますか？

日頃の短期記憶について、立会者に確認します。

ポイント③
頻度

聞き取り例

❑ 5～10分前のことを覚えているときと忘れているときのどちらが多いですか？

調査時・日頃等、頻度の多い状況が判断基準になるので確認します。

「物忘れ」や「短期記憶ができない」は、家族関係や住環境、生活環境によって、負担感や不安感に差が生じます。ゆっくりと傾聴し、適切に判断する必要があります。
「大変・大変」という家族の言葉に流されない冷静さも必要です。

判断のポイント

「面接調査の直前に何をしていたか思い出す」＝「短期記憶」	
面接調査直前又は当日行ったことについて具体的に答えることができる。	「1. できる」を選択する。
上記の質問で確認が難しい。	「ペン」「時計」「視力確認表（紙又は手の絵など平易な言い方をする）」で確認し、その回答で判断する。
面接調査直前のこととはどの程度の時間？	テキストに明確な時間の記載はない。 「ペン・時計・視力確認表」での確認については5分以上との提示があることから、5～10分程度とするケースが多い。 30分以内、1時間程度などを目安にすることもあるため、先輩調査員に、事前に確認することをお勧めします。
午後からの調査で、「朝食を8時に食べた。今日はパン1枚と野菜スープ、目玉焼きにサラダ」と朝食時間やメニューを正しく回答できた。	朝食の時間やメニューではなく、直前に行っていたこと、例えば「昼食は食べたか」「昼食後に何をしていたか」などを聞き取り、日頃の状況も含めて判断する。
短期記憶と物忘れの違いを理解する。 立会者に「日頃は短期記憶できない」と聞き取った。	「日頃は短期記憶できない」だけでは判断できない。 ・短期記憶はできないこともあるが、できることが多い。 ・前日のことは忘れているなどの物忘れはあるが、短期記憶はできることが多い。 ・直前のことは全く覚えていない。 など、詳細な状況によって判断が変わる。

特記事項のポイント

調査時の能力 **日頃の能力** **頻度**

12～13ページの「能力」のポイント参照。

調査直前の確認 **3品確認の有無と回答**
調査直前の回答が正しいのか正しくないのかを必ず記載しましょう。
3つの物についての質問を実施した時は、なぜ質問が必要だったのか分かるように記載すると全体像が伝わり易くなります。
物忘れの状況は4-12「ひどい物忘れ」などの項目に記載しましょう。

例文

できる

① 調査直前のことは「テレビを見ていた」と正答できる。日頃も短期記憶はできる。

② 調査直前のことは「寝ていた」と回答するが、独居のため、正誤の確認ができない。3つの物についての質問を実施し「時計」と正答できる。日頃は短期記憶が概ねできると立会者より聞き取り「できる」選択。

③ 調査直前のことは「食事をしていた」と正答できる。日頃は短期記憶ができないこともあるが、できることが多いと立会者より聞き取り、より頻回な状況に基づき「できる」選択。

④ 調査直前はラジオを聞いていたが「テレビを視ていた」と返答する。3つの物についての質問を実施し、時計を「紙」と誤答する。日頃は覚えていることが多いと立会者に聞き、より頻回な状況に基づき「できる」選択。

できない

① 調査直前は寝ていたが「散歩していた」と誤答する。日頃も、短期記憶はできないと立会者。

② 調査直前のことは「ずっとここにいた」としか返答できず、正誤の確認ができなかった。3つの物についての質問を実施したが、質問自体を忘れている。日頃も短期記憶はできないと立会者。

③ 意思疎通が困難なため確認できない。日頃も同様。

④ 調査直前のことは「何もしていない」と回答する。視覚障害があるため、規定の3つの物について口頭で説明し質問したが、ペンを「時計」と誤答する。日頃も同様と立会者。

3-5 自分の名前を言う《認知機能》

定義

「自分の名前を言う」能力を評価する項目である。
ここでいう「自分の名前を言う」とは、自分の姓もしくは名前のどちらかを答えることである。

選択肢

「1. できる」「2 できない」

自分の名前を言うは以下の「**3つの基本的なポイント**」に留意し聞き取り特記事項に記載します。

①調査時の能力　②日頃の能力　③頻度

ポイント①　調査時の能力

ポイント②　日頃の能力

ポイント③　頻度

この順番が
聞き取りやすいよ

聞き取り調査・判断・
特記事項のポイントは
「能力」P10 ～P13も
参照してね。

聞き取り調査のポイント

ポイント① 調査時の能力

❑確認のため、名前を教えて頂けますか？

簡単な質問のため失礼のないように配慮する。誤答した場合も、否定せずそのまま傾聴する。調査開始時に、「確認のため」などと前置きして質問するとスムーズに回答が得られやすいです。

ポイント②

日頃の能力

聞き取り例

❏ 日頃から、姓名の理解はありますか？

日頃の姓名の理解について、立会者に確認します。

ポイント③

頻度

聞き取り例

❏（調査時、誤答や回答できない方の立会者へ）理解があるときとないときの、どちらが多いですか？

調査時・日頃等、頻度の多い状況が判断基準になるので確認します。

判断のポイント

姓のみ、名のみを正しく回答。	「1. できる」を選択する。
旧姓で回答。（名は回答できない）	旧姓が正しいと確認できる。 ➡「1. できる」を選択。 旧姓とは思われるが、誰も旧姓を知らず正誤の確認ができない。 ➡「2. できない」を選択。
名前は言えないが、自分の名前であるということを確実に理解している。	ジェスチャーやうなずきなどで理解できていることが確認できる。 ➡「1. できる」を選択。 顔は向けるが、うなずきなどはなく、理解できているかどうかの確認ができない。 ➡「2. できない」を選択。 ※名前を呼ばれた？ 声？ 音？ 人の気配に反応？ など、何に対し反応しているのかで判断が変わる。

特記事項のポイント

調査時の能力 **日頃の能力** **頻度**

12～13ページの「能力」のポイント参照。

★姓名を言えない場合 ➡ 呼名反応や理解の有無の記載を忘れがちです。気をつけましょう。日頃の様子は記載しましたか？

★調査時の回答と理解の有無を記載します。個人が特定できる記載はしない。

例文

できる

① 調査時、姓名を正答できる。日頃も同様。

② 調査時、旧姓と名を正答できる。日頃も同様で、旧姓であれば姓名を正答できる。

③ 調査時、姓名を回答できず、呼びかけても返事なし。日頃は名を呼ぶと「はい」と返事し、名は理解していると立会者より聞き取り「できる」選択。

④ 調査時、姓名を回答できないが、呼ぶとうなずく。日頃も同様で理解できると立会者より聞き取り「できる」選択。

⑤ 調査時、名のみ正答できる。姓は回答できず呼びかけても返事はなかった。日頃、姓は言えたり言えなかったりするが、名は理解できることが多いと立会者より聞き取り、より頻回な状況に基づき「できる」選択。

できない

① 調査時、姓名を尋ねても回答できず、呼びかけにも反応なし。日頃も同様で理解できない。

② 調査時、姓名を回答できないが、姓を呼ぶとうなずく。日頃も同様だが、別の姓名でもうなずくことがあり、理解はないと職員より聞き取る。「できない」を選択。

③ 意思疎通困難で、自分で姓名を言えない。調査時、名前を呼ぶと開眼したが、視線を向けることはなかった。日頃も名前を呼ぶと開眼し、日に1回は視線を向けることもあるが、うなずきなどはないと聞く。理解できるか判断できず「できない」を選択。

3-6 今の季節を理解する《認知機能》

定義

「今の季節を理解する」能力を評価する項目である。
ここでいう「今の季節を理解」とは、面接調査日の季節を答えることである。

選択肢

「1. できる」「2. できない」

今の季節を理解するは以下の「**3つの基本的なポイント**」に留意し聞き取り特記事項に記載します。

基本的ポイント　①調査時の能力　②日頃の能力　③頻度

ポイント①　調査時の能力

ポイント②　日頃の能力

ポイント③　頻度

聞き取り調査・判断・特記事項のポイントは「能力」P10～P13も参照してね。

聞き取り調査のポイント

ポイント① 調査時の能力

聞き取り例

❑今の季節は判りますか？　今は何月ですか？

簡単な質問のため失礼のないよう配慮する。誤答した場合も、否定せずそのまま傾聴します。「簡単な質問になりますが、皆様に確認しているので」などと前置きして質問するとスムーズに回答が得られやすいです。

月日は定義とは異なるが、季節をたまたま正答することもあるため、確認のため「何月ですか？」と月日を聞き取ることで判断根拠にしやすいです。

ポイント② 日頃の能力

聞き取り例

❏日頃から、季節の理解はありますか？

日頃の季節の理解について、立会者に確認します。

ポイント③ 頻度

聞き取り例

❏（調査時、誤答や回答できない方の立会者へ）理解があるときとないときの、どちらが多いですか？

調査時・日頃等、頻度の多い状況が判断基準になるので確認します。

判断のポイント

旧暦での季節でも、「今の季節を理解する」ことができる。	「1. できる」を選択。
季節に多少のずれがあってもよい。	例えば、1月であれば「冬」あるいは「春の初め」と回答するなど。
「9月」で、残暑厳しく、猛暑日に調査し、「夏」と回答した。	暦の上では「秋」ではあるが、気温は30℃以上あり、月日も「9月○日」と正しく理解できている。日頃も同様。 ➡「1. できる」を選択。 月日は「7月○日」と誤答し理解していない。日頃の状況も、季節感はなく問いかけには適当に答えている様子と聞き取った。 ➡「2. できない」を選択。

日頃、季節を聞くことがなく、理解しているかわからないと聞いた。	日頃の様子の聞き取りの中で、季節に関わることがないかを把握する。それでもわからない時は、調査時の状況で判断する。

特記事項のポイント

調査時の能力 **日頃の能力** **頻度**

12～13ページの「能力」のポイント参照。

★季節は曖昧な回答となることが多いです。それに伴い、特記事項も曖昧な表現となることがあります。調査時の様子や月日はどう答えたのか、季節に応じた衣類の選択や季節行事の話、季節の食べ物や花の話など、日頃のエピソードを書き足したうえで、どう判断したのかを明確に記載するようにしましょう。

例文

できる

① 調査時、「秋」と正答できる。日頃も季節の理解ができる。

② 調査時、「夏、8月」と正答できる。日頃も季節や月日を理解していると妻より聞き取る。

③ 調査時、季節を正答できる。日頃も同様だが、月日は分からないと立会者に聞き取る。

④ 調査時、季節は「春の初め」と回答し、月は「1月」と正答。日頃から自分で季節の花を育てており理解できていると立会者より聞き取り「できる」選択。

できない

① 調査時、「春」と正答したが、日頃はいつ尋ねても「春」と回答し、季節は理解できないと職員より聞き取り「できない」選択。

② 調査時、「秋」と誤答し、月は回答できない。日頃も季節の理解はできない。

③ 調査時、「夏、7月」と正答したが、日頃は職員が暦を見せて説明しても、季節は分からないと聞き取る。日頃の状況に基づき「できない」選択。

④ 調査時、「冬」と誤答し「5月」と正答。独居で、日頃は季節の理解ができているかの確認ができず、調査時の状況で判断。「できない」選択。

⑤ 失語症あり、調査時、文字盤を提示しても首をかしげ、季節を回答できない。日頃も同様。

テキスト2009版P 109

3-7 場所の理解《認知機能》

定義

「場所の理解」（自分がいる場所を答える）に関する能力を評価する項目である。
ここでいう「場所の理解」とは、「ここはどこですか」という質問に答えることである。

選択肢

「1. できる」「2. できない」

場所の理解は以下の「**3つの基本的なポイント**」に留意し聞き取り特記事項に記載します。

①調査時の能力 ②日頃の能力 ③頻度

ポイント① 調査時の能力

ポイント② 日頃の能力

ポイント③ 頻度

この順番が
聞き取りやすいよ

聞き取り調査・判断・特記事項のポイントは「能力」P10 ～P13も参照してね。

聞き取り調査のポイント

ポイント① 調査時の能力

❑ 今いる場所は判りますか？

簡単な質問のため失礼のないよう配慮する。誤答した場合も、否定せずそのまま傾聴します。
「簡単な質問になりますが、皆様に確認させているので」などと、前置きして「今いる場所は自宅・病院・施設のどちらでしょうか？」と限定して質問するとスムーズに回答が得られやすいです。

ポイント②

日頃の能力

聞き取り例

❑日頃から、場所の理解はありますか？

日頃の場所の理解について、立会者に確認します。

ポイント③

頻度

聞き取り例

❑理解があるときとないときの、どちらが多いですか？

調査時・日頃等、頻度の多い状況が判断基準になるので確認します。

判断のポイント

所在地や施設名をたずねる質問ではない。	質問に対して「施設」「自宅」などの区別がつけば「1. できる」を選択。
「自宅」を「病院」や「施設」と回答。	「2. できない」を選択。
「会社の寮」「体育館」「図書館」など明らかに違う場所と認識している。	「自宅」「施設」「病院」など、どこにいても「2. できない」を選択。
「自宅」に居るのに、毎日、「家に帰る」と帰宅願望がある。	「自宅」の理解がなく、「2. できない」を選択。 ※帰宅願望の頻度によっては判断が変わる。帰宅願望がない時はどこと認識しているのかも考慮し判断する。
「病院」に入院中で、「自宅」と回答。	「2. できない」を選択。
「施設」に入所中で、「自宅」と回答。	施設の種類や自宅はどうしているのかなど全体像を考慮し判断する。

「病院」を「施設」、「施設」を「病院」と回答。	どの程度入院（入所）しているのか、どのような病院（施設）なのか、全体の認知力はどの程度なのかなどを考慮する必要がある。 ①自宅ではないことの理解は？ ②どこにいると思っているのか？ ③今の場所で生活しているということの理解は？ 最低でも上記の内容は把握し総合的に判断する。
「施設」と「病院」の違いが理解できない ➡「できない」を選択する。 「自宅ではない」との理解ができている ➡「できる」を選択する。 など、多少見解の違いが発生することがあります。事前に先輩調査員に確認しましょう。	

特記事項のポイント

調査時の能力 **日頃の能力** **頻度**

12～13ページの「能力」のポイント参照。

★調査時と日頃の状況が違う場合や、多少の認知力の低下がある調査対象者の場合などは、調査時にどう答えたのかなどを明確に記載しましょう。審査会に全体像が伝わり易くなります。

例文

できる

①　調査時、「自宅」と正答できる。日頃も同様。

②　調査時、施設にいることが理解できており「今はここが家」と回答する。日頃も理解できると職員より聞き取り「できる」選択。

③　失語症で発語できないため、調査時、「自宅・病院・施設」の3択で質問し、「病院」でうなずく。日頃も同様で、この場所が病院であることの理解はできると立会者。

できない

① 調査時「会社」と誤答する。日頃も場所の理解はできない。

② 調査時「分からない」と回答する。日頃から自宅か病院か分からず、病院に入院していることを理解していない。

③ 調査時、場所を尋ねても回答できず「自宅・病院・施設」と3択で質問し、病院を「自宅」と誤答する。日頃は場所の確認をする機会がなく理解しているか分からないと看護師。調査時の状況より「できない」選択。

④ 調査時「自宅」と正答できる。日頃は毎日帰宅願望があり、デイサービスを自宅と思うこともあり、場所の理解はできないと立会者より聞き取り「できない」選択。

MEMO

評価軸「能力」

テキスト2009版P 137～P 138

5-3 日常の意思決定《社会生活への適応》

定義

「日常の意思決定」の能力を評価する項目である。

ここでいう「日常の意思決定」とは、毎日の暮らしにおける活動に関して意思決定できる能力をいう。

選択肢

「1. できる（特別な場合でもできる）」「2. 特別な場合を除いてできる」
「3. 日常的に困難」「4. できない」

日常の意思決定は以下の「**2つの基本的なポイント**」と「2つの補足的なポイント」に留意し聞き取り特記事項に記載します。

①日頃の意思決定の能力　②支援の方法

補足的ポイント

③意思決定の場面　④意思決定の妥当性

ポイント①③　日頃の意思決定の能力・意思決定の場面

ポイント②④　支援の方法・意思決定の妥当性

この順番が
聞き取りやすいよ

聞き取り調査・判断・特記事項のポイントは「能力」P10～P13も参照してね。

聞き取り調査のポイント

ポイント①③

日頃の意思決定の能力・意思決定の場面

聞き取り例

❑日頃は、入院・手術などの医療のことや、介護保険において認定調査などの特別なことは誰が決めていますか？

❑トイレに行く・ご飯を食べる・テレビを見るなど、日常的なことは、自分で決めますか？

❑（日常的な意思決定も困難な場合）
食事介助するときに、自分で口を開けますか？

3群の回答や2-5.6尿・便意の有無、2-7.8.9整容、2-4食事摂取等の意思決定する場面を特定し、総合的な能力を判断した上で、特別なことや日常的なことの選択を聞き取りすれば、スムーズに回答が得られやすいです。

特別な場合の意思決定においては、冠婚葬祭式事、町内会行事等への参加を本人自身が検討し決定しているか聞き取ります。

ポイント②④

支援の方法・意思決定の妥当性

聞き取り例

❑特別なこと・日常的なことの意思決定を行う際に、誰が決めますか？

❑意思決定を行った上で、妥当性がありますか？

日頃、意思決定に支援がある場合は、誰が選択支援を行っているか、立会者に確認します。

入院中や入所中の方は、特別なこと・日常的なことの選択支援が異なる場合があるため、詳細を聞き取ります。

独居等、介護者不在で特別なことの意思決定を自分で行っている場合等、妥当性においても判断基準となるので、聞き取ります。

判断のポイント

意思疎通が困難で、日常生活において介助が必要であっても、食事介助時に自ら開口する。	食べるという意思決定はできており「3. 日常的に困難」選択。

内容を理解し決定できているのかを考えましょう。

3-1意思の伝達は、合理性は問わないとなっていますが、5-3日常の意思決定は、内容を理解し決定できるかで判断します。

3-1意思の伝達、3-2毎日の日課を理解や、介助の方法などで関連する項目が多くあります。調査対象者の全体像を見て総合的に判断する必要があります。

特記事項のポイント

日頃の意思決定の能力 支援の方法 意思決定の場面 意思決定の妥当性

冠婚葬祭や地域行事等の複雑なことや、慣れ親しんだ日常生活のことを誰が選択しているのか記載しましょう。
意思決定の妥当性の有無や、選択支援が必要な理由を詳細に記載しましょう。全体像を伝えるために必要です。
介助の方法等、日常の意思決定の場面において勘案し記載しましょう。**認知症高齢者の日常生活自立度の判断根拠**となります。

軽度者の方	特別な場合とはどんな場面か、記載しましたか？ 冠婚葬祭や地域行事、ケアプランや治療方針など、個人の生活環境で内容が変わります。
重度者の方	食事介助の時に、自ら口を開けますか？ 声かけがないと開けられませんか？ 3-1意思の伝達は、全くできない？ 少しは伝達できる？ 受け答えは？ 問いかけに反応があるのに、意思決定が全くできないと記載していませんか？ 4-7介護に抵抗へ記載する行動は「抵抗」や「拒否」ですか？「反射的行動」ですか？
各項目との整合性を確認し、特記事項を記載しましょう。 何が決定できて、何が決定できないのかが伝わる特記になっていますか？	

例文

できる

① 日常的なことから特別なことまで、常時内容を理解して自分で意思決定ができる。

② 日常的なことは自分で決める。地区の行事への出席等は、家族と相談し最終的に自分で決める。

③ 日常的なことは自分で選択する。医療・介護保険などに関することは理解しにくいが、妻が判り易く説明すれば、最終的に自分で選択し決める。

特別な場合を除いてできる

① 慣れ親しんだ日常生活のことは自分で意思決定できる。理解力の低下あり、ケアプラン作成や治療方針等の意思決定は息子が支援する。

② 日常的なことは自分で意思決定できる。介護保険利用等の複雑なことや、新しいことは、自分で判断ができず、職員が選択支援を行う。

③ 日常的なことは自分で意思決定できる。冠婚葬祭への出席等については、自分で判断ができず、長女が選択支援する。

日常的に困難

① 理解力の低下あり、日常的に職員が意思決定を支援している。配膳された食事を自分で食べるという決定はできる。

② 職員が二者択一で服の選択を促すと、週に1回程、自分で着たい服を選択できることがあるが、日常の習慣化された事は決めることができず、職員が選択支援する。

③ 重度の認知力の低下に伴い、日常的に支援が必要だが、職員が着脱等の体に触れる介助を行う際に、全身に力を入れて強く拒否する。全く意思決定できないまではなく「日常的に困難」を選択。

できない

① 意思疎通困難で常に介助が必要。痛みなどで表情変化もなく、意思決定は全くできない。

② 寝たきり状態で意思疎通困難。看護師が口腔ケアを行う際、月に1 ～2回表情が険しくなるが、抵抗なのか反射的なのかは不明。「できない」を選択。

③ 常に意味不明な独語はあるが、意思疎通は困難。日常生活全てに職員の介助を受けており、自分で意思決定できない。

MEMO

「介助の方法」で評価する調査項目

評価軸「介助の方法」の共通事項

「実際に行われている介助（適切な介助）」を評価する。
「介助されていない」・「介助されている」の軸で評価する。

1-10	洗身	1-11	つめ切り						
2-1	移乗	2-2	移動	2-4	食事摂取	2-5	排尿	2-6	排便
2-7	口腔清潔	2-8	洗顔	2-9	整髪	2-10	上衣の着脱		
2-11	ズボン等の着脱								
5-1	薬の内服	5-2	金銭の管理	5-5	買い物	5-6	簡単な調理		

実際に行われている介助で選択した場合	具体的な「介護の手間」・「頻度」を特記事項に記載する。より介護の手間が「かかる」「かからない」の評価をする。

より頻回な状況で選択した場合	多くの要介護者の介護状況は「多様」。常に同じ介助が行われているわけではない。 場面毎の介助の状況を特記事項に記載することが重要。 必ず「一次判定で評価しきれない介助」が存在する。審査会の二次判定で特記事項が必要となる。必ず記載する。

実際の介助の状況が不適切であると調査員が判断する場合	その理由を特記事項に記載の上、介護認定審査会の判断を仰ぐことができる。（一次判定修正） その理由とどんな介助が必要なのか、具体的な介助の方法も合わせて記載する。

判断に迷った場合	具体的な状況と認定調査員の判断根拠を特記事項に記載し、介護認定審査会の一次判定修正・確定の手順において判断を仰ぐことができる。

記載する内容が選択肢の選択基準に含まれていないことであっても、**介護の手間**に関係する内容であれば、特記事項に記載する。	介護認定審査会における二次判定（介護の手間にかかる審査判定）で評価される。

聞き取り調査のポイント

★個人差が大きい項目 ➡ 具体的な介護の手間と頻度をより詳しく聞き取る。

該当項目（動作と選択根拠） **頻度** とともに、各項目に記載のポイントにも留意し聞き取る。

「見守り」や「介助」が発生している場合、「理由」も確認。
身体的な理由なのか、認知能力などが理由なのか ➡「能力」との整合性が図れる。
★「見守り」しているときに、「声かけ」はされていませんか？ 確認を忘れないようにする。

判断のポイント（選択肢）

一定期間（調査日より概ね過去１週間又は１カ月）の状況において、より頻回に見られる状況や日頃の状況で選択します。

基本的な考え方

① 各項目の定義に規定されている一連の行為や複数の行為のうち、実際に発生する行為をはじめに特定する。

その行為に介助が行われている？　行われていない？

《1-10洗身の場合》
- 洗身行為は**自分で**行う。 ➡「1. 介助されていない」
- 洗身行為は**介護者が**行う。 ➡「3. 全介助」

② そのうち介助が行われている（又は介助が行われていない）頻度がもっとも多い状況で選択を行うことが原則である。

その行為が何回発生しているのか？

例 「1. 介助されていない」＝週２回、 「3. 全介助」＝週３回　発生。
➡ **より頻回な状況に基づき「3. 全介助」**を選択。

③ 発生頻度が少ない行為においては、週のうちの介助のある日数で評価するのではなく、発生している行為量に対して、どれだけ頻回に介助が行われているかを評価する。

例 1-10洗身

週３回、洗身を行う場合		
○正しい	週３回　施設職員が全身の洗身介助をする。	「3. 全介助」を選択。
×誤り	週３回　施設職員が全身の洗身介助をする。 週４回　入浴機会がないため、介助はされていない。	より頻回な状況に基づき「1. 介助されていない」を選択。

見守り判断の基準

	部分的な付き添いや見守り（「常時」の記載なし）	行為に対する常時の付き添いや見守り	転倒予防の見守り	部分的な確認・指示・声かけ	認知症高齢者に対する確認・指示・声かけ	特殊パターン	
洗身					—		
つめ切り					—		
移乗						車いすの差し入れ、清拭、褥瘡予防目的の体位交換、シーツ交換	
移動							
食事摂取					—	皿の置き換え	
排尿・排便					○ 誘導のみ		
口腔清潔					—	磨き残しの確認	
洗顔					—	衣服の濡れの確認	
整髪					—		
上衣・ズボン					○		
薬の内服					—		
買い物					—		
簡単な調理					—		

※（各保険者により判断基準が異なるので、自分の調査先を整理し記入してみよう）

「見守り」とは

そばに付き添い、当該行為の見守りをする。	該当する。
遠位で見守りをする。	該当しない。特記事項には「介護の手間」として頻度とともに記載する。

「声かけ」とは

行為に対し、終始傍に付き添い声かけする。	該当する。
行為を行うきっかけや、場所への誘導のため、初動の声かけをする。	該当しない。特記事項には「介護の手間」として頻度とともに記載する。 ※2-5・2-6　排尿、排便における行動開始の声かけは「2. 見守り等」を選択する。

◎適切な介助について（適切・不適切を考える場合）

- 独居や日中独居等による介護者不在のために適切な介助が提供されていない場合
- 介護放棄、介護抵抗のために適切な介助が提供されていない場合
- 介護者の心身の状態から介助が提供できない場合
- 介護者による介助が、むしろ本人の自立を阻害しているような場合

など、調査対象者が不適切な状況に置かれていると認定調査員が判断する様々な状況が想定される。

不適切な状況があれば、調査時・日頃の状況ともに情報収集します。参考にしてください。

1－10　洗身	掻痒感、体臭、皮膚の状態、浴室の状況など
1－11　つめ切り	爪が伸びていないか、不揃いになっていないかなど
2－1　移乗	尻もちや転倒の有無や頻度など
2－2　移動	転倒の有無や頻度など
2－4　食事摂取	摂取量、著しい食べこぼしがあるなど
2－5・6　排尿・排便	下着・パッド・紙オムツや便座等の汚染状況、尿臭（便臭）など
2－7　口腔清潔	口腔内の残渣物の有無、口臭、歯や歯茎の状態など
2－8　洗顔	目脂の状況、肌の状態など
2－9　整髪	髪の状態（乱れやべたつき）など
2－10　上衣の着脱 2－11　ズボン等の着脱	衣類の乱れ（前後、引き上げ下げが不十分、着る順番、不適切な重ね着）など
5－1　薬の内服	残薬の状況（飲み忘れ・過剰摂取）、医師の意見、体調変化など
5－2　金銭の管理	紛失、使用状況、日常生活への支障の有無など
5－5　買い物	選ぶ品物や購入する量、支払いの状況など
5－6　簡単な調理	炊飯器や電子レンジの使用状況、日常生活への支障の有無など

★適切な介助を選択するときは、

認知力 **身体機能** などの能力や **生活環境、本人の置かれている状況**
介護力の有無 なども含めて、総合的に判断する。

主な身体的能力とは			
• 両上肢（上腕）	• 両下肢	• 座位	• 視力　など
• 肩関節・肘関節	• 膝関節・股関節	• 立位・立ち上がり	
• 手指（巧緻性・握力・拘縮）	• 前屈姿勢	• 歩行	

◎詳細が不明な場合　　情報の収集・分析・判断を忘れずに！

＊独居や立会者が日頃の状況を十分に把握していないなど、該当項目の状況・頻度の詳細が分かりにくい場合がある。関係者が実際に確認できている状況とその頻度を聞き取り、判断する。

（1） 調査対象者と実際に対面する頻度とその時の該当項目に関わる状況。
- ■ 家族：調査対象者宅への訪問や病院・施設への面会時など
- ■ 担当ケアマネジャーやヘルパー：調査対象者宅への訪問時など
- ■ 住宅型有料老人ホームなどの職員：訪室時や食事、入浴、配薬等で本人に対面した時など
- ■ 病院職員：食事や配薬・検温、リハビリ時など

（2） 実際に確認できている頻度を考慮し、調査時や日頃の状況も含め、適切・不適切を判断。
（3） 関係者が憶測で話している状況は、選択肢の判断根拠にはできない。
（4） どうしても頻度が確認できない時は、特記事項に（頻度不明）など頻度が分からないことを記載し、確認し得る事実に基づいて判断し、詳細を特記事項に記載する。
※「聞いたけどわからなかった」と「聞いていないからわからない」は違うので注意します。

◎適切な介助についての例文は、各項目に記載しています。

特記事項のポイント

「介助の方法（選択肢）」の根拠　＋　「具体的な介護の手間」「頻度」　を必ず記載する。

★同じ選択肢であっても、介護量には幅がある。介護の手間の多い、少ないが明確に伝わることが重要です。
※「時間がかかる」「大変」など、具体的な介護の手間を読み取ることができない場合は一次判定を変更できない。
例 「時間がかかる」➡「○○のため、1時間ほどかけ…」
など、具体的に表現する。

★より頻回な状況、場面を想定、適切な介助、類似の行為で代替評価し判断した場合は、「より頻回な状況で～を選択」「場面を想定して～を選択」「適切な介助で～を選択」「類似の行為で代替評価し～を選択」まで記載しましょう。審査会に伝わりやすくなります。
★見守りや介助が行われている理由も記載する。
★選択肢の選択基準に含まれないことであっても、日常生活においての支障や介護の手間に関する内容であれば、関連する項目の特記事項に「手間」と「頻度」とともに状況を記載する。
※掃除や洗濯等の家事援助なども、軽度者の場合、介護の手間にかかる審査判定において議論になることがある。

保険者によって書き順にルールがあり、書き方が異なる場合があります。以下の例文を参照

例 2-5　排尿

例1　尿意の有無 ＋ 福祉用具の有無 ＋ 昼夜の違い ＋ どこで ＋ 排泄方法 ＋ 頻度 ＋ 失敗の有無 ＋ 頻度 ＋ 頻度 ＋ 失敗に対する介護 ＋ 選択肢 ＋ その他

尿意あり。布パンツにパッド使用。昼夜とも　自らトイレに行き　一連の行為は自分で行う（昼7回、夜1回/日）。外出時に間に合わずパッド内に少量の尿漏れがある（1回/週）。毎回、自分で交換する。「介助されていない」を選択。２か月程前の腰痛悪化時は1回/日程尿漏れし、その都度、自分でパッド交換をしていた。

例2　選択肢 ＋ 尿意の有無 ＋ 福祉用具の有無 ＋ 昼夜の違い ＋ どこで ＋ 排泄方法 ＋ 頻度 ＋ 失敗の有無 ＋ 頻度 ＋ 頻度 ＋ 失敗に対する介護

「介助されていない」　尿意あり。布パンツにパッド使用。昼夜とも　自らトイレに行き、一連の行為は自分で行う（昼7回、夜1回/日）。外出時に間に合わずパッド内に少量の尿漏れがある（1回/週）。毎回、自分で交換する。

例3　排泄方法 ＋ 頻度 ＋ 失敗の有無 ＋ 頻度 ＋ 頻度 ＋ 失敗に対する介護 ＋ 尿意の有無 ＋ 昼夜の違い ＋ どこで ＋ 福祉用具の有無 ＋ その他

一連の行為は自分で行う（昼7回、夜1回/日）。外出時に間に合わずパッド内に少量の尿漏れがある（1回/週）。毎回、自分で交換する。尿意あり、昼夜とも　自らトイレに行き排泄。布パンツにパッド使用。２か月程前の腰痛悪化時は1回/日程尿漏れし、その都度、自分でパッド交換をしていた。

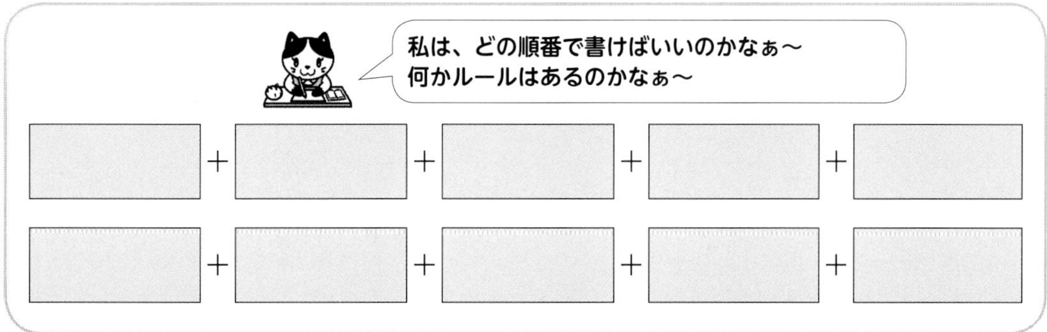
私は、どの順番で書けばいいのかなぁ～
何かルールはあるのかなぁ～
＋
＋
＋
＋
＋
＋
＋
＋

評価軸「介助の方法」　テキスト2009版P 57～P 59

1-10 洗身《身体機能・起居動作》

定義

「洗身」の介助が行われているかどうかを評価する項目である。

ここでいう「洗身」とは、浴室内（洗い場や浴槽内）で、スポンジや手拭い等に石鹸やボディシャンプー等を付けて全身を洗うことをいう。

選択肢

「1. 介助されていない」「2. 一部介助」「3. 全介助」「4. 行っていない」

洗身は以下の「**2つの基本的なポイント**」と「5つの補足的なポイント」に留意し聞き取り特記事項に記載します。

基本的ポイント：①洗身方法（動作と選択根拠）　②頻度

補足的ポイント：③どこで　④福祉用具の有無　⑤声かけの有無　⑥行っていない場合　⑦その他

ポイント②　頻度

ポイント③　どこで

ポイント①④　洗身方法（動作と選択根拠）・福祉用具の有無

ポイント⑤　声かけの有無

ポイント⑥　行っていない場合

ポイント⑦　その他

聞き取り調査・判断・特記事項のポイントは「介助の方法」P102～P107も参照してね。

聞き取り調査のポイント

ポイント②
頻度

聞き取り例

❑この１週間に、何回入浴されましたか？
❑週何回、入浴されますか？

「この１週間に」と限定して質問すると、回答が得られやすいです。

ポイント③
どこで

聞き取り例

❑どこで入浴されますか？
（デイサービス・デイケアの利用がある場合）
❑同じフロアですか？　別階になりますか？
（施設・病院の場合）

在宅の方で、デイサービス・デイケア等の利用がある場合は、詳細を聞き取ります。

入所・入院中の方は、浴室の場所は、2-2移動の判断や介助の場面と関連するので、詳細を聞き取ります。

ポイント①④
洗身方法（動作と選択根拠）・福祉用具の有無

聞き取り例

❑自分で洗身タオル等を泡立て、全身を洗いますか？
❑身体を自分で洗いますか？　誰かの手伝いはありますか？
❑身体を洗う時、介護者に手伝ってもらうことがありますか？

自分で全身の洗身を行っている場合でも、独居等で不適切な状況がある可能性もあるため、調査時に身体の汚れや痒み等、様子観察も重要です。

介護の手間に違いがあるため、介助がある場合は詳細な状況を聞き取ります。

物品の準備や整髪は、定義に含まないが、介護の手間として勘案し受容的態度で聞き取り、洗身の項目であることを説明します。

上肢の筋力低下や肩の拘縮があり、手が届きにくい場合は、どのような工夫で洗身を行っているか、詳細を聞き取ります。

ポイント⑤ 声かけの有無

聞き取り例

❏自発的に、身体を洗いますか？
❏一つ一つの動作に声かけが必要ですか？

認知力低下により、一つ一つの動作に声かけが必要な場合は「一部介助」の、「見守り等が行われている場合も含まれる」に該当するため、詳細を聞き取ります。

ポイント⑥ 行っていない場合

聞き取り例

❏清拭等で体を拭くことはありますか？
❏（立会者に）日頃、洗い残しで汚れや痒みなどはありますか？

洗身を行っていない場合でも、全体像・背景の把握のため理由や詳細を聞き取ります。
清拭介助があれば、介助の手間として詳細を聞き取ります。
洗身を行わないことで、汚れや痒み等があり生活に支障や皮膚疾患があると聞き取った場合は、不適切な状況を考える必要があります。調査時身体状況の確認や日頃の詳細を聞き取ります。

ポイント⑦ その他

聞き取り例

❏浴槽に入るときに、支えるなどの介助はありますか？
❏その他に、入浴・身体を洗うことについて困っていることはありますか？

「浴槽に一人で入れないため、介護者が支えている」や、「浴槽に入った後、立てなくなったが、妻が抱き起こすことができず、仕事中の娘を呼び、娘が引き上げた」など、一連の行為以外で、支障になっていることや発生している介護の手間は、理由・頻度とともに詳細を聞き取ります。

判断のポイント

聞き取った情報をもとに、定義に沿って判断し選択肢を選択します。
フローチャートを参考にして下さい。207ページ参照

日によって入浴の方法・形態が異なる場合も含めて、一定期間（調査日より概ね過去1週間）の状況において、より頻回に見られる状況や日頃の状況で選択する。

立位や歩行が不安定なため、介護者が傍で見守りする。※**洗身行為に対して評価する。**	立位や歩行に対する見守りのみで、洗身は自分で行う。 ➡「1. 介助されていない」を選択。
	立位が不安定で、洗身が不十分なため介護者がそばで見守り・声かけをする。 ➡「2. 一部介助」を選択。

介護者がタオルに石鹸をつけ手渡せば、全身自分で洗う。	身体を洗う行為について評価する。 石鹸等をつける行為そのものに介助があるかどうかではない。 ➡「1. 介助されていない」を選択。
皮膚疾患があり、石鹸をつけずに自分でスポンジを使い全身を洗う。	石鹸やボディシャンプーがついていなくても、あくまで体を洗う行為そのものについて介助が行われているかどうかで選択。 ➡不適切な状況がなければ「1. 介助されていない」を選択。
介護者がタオルに石鹸をつけ背部や足先を洗う介助をすれば、胸や腹部は自分で洗う。	「2. 一部介助」を選択。

自分で洗身のみする。不十分で介護者が洗いなおす。	不十分な部分を洗いなおす。 ➡「2. 一部介助」を選択。
	本人が洗った部分も含め全身を洗いなおす。 ➡「3. 全介助」を選択。

洗身と清拭が行われている。 ・週２回、全身看護師が介助する。 ・週５回、看護師が清拭を介助する。	発生している洗身行為のみで判断。 ➡「3. 全介助」を選択。
清拭のみが行われている。	「洗身」行為には含まない。 ➡本人が行っているか介護者が行っているかに関わらず、「4. 行っていない」を選択。

入浴場所や入浴の種類等の環境は問わない。	
自宅の浴室は狭いため入浴できず、近くの銭湯に行き入浴する。	銭湯で入浴した時の洗身の状況で判断。
浴槽に入れないためシャワー浴で入浴する。	何故浴槽に入れないかの理由と共に特記事項に記載すると全体像が伝わりやすい。 ※訪問入浴・器械浴など。

洗髪行為に介助が行われている。	洗髪行為は含まない。 一次判定には含まれない介護の手間として、何故介助が行われているかの理由と共に特記事項に記載。
洗顔行為について。	2-8洗顔で評価。

浴室までの移動、衣類の着脱、脱衣所から浴室までの移動などについて。	入浴行為には含まない。 2-2移動、2-10上衣の着脱、2-11ズボン等の着脱などの項目で評価する。

◎行為自体が発生していない場合

日常的に、洗身を行っていない場合は、「4.行っていない」を選択し、その日頃の状況等について具体的な内容を「特記事項」に記載する。

◎適切な介助

「適切な介助について」にポイントをまとめています。105～106ページを参照

特記事項のポイント

まずは一定期間（調査日より概ね過去1週間）の状況を記載します。

一定期間以前のことを、特記の初めや途中に記載すると、伝わりにくい特記事項となるので、注意しましょう。

以下の点にも留意して特記事項を記載します。

どこで 自宅・デイサービス等の入浴場所を記載する。
特に施設の場合は、自室の浴室か、共有の浴室かがわかるよう記載する。

頻度 毎日、週3回等の詳細な頻度を記載する。

声かけの有無 いつ、誰が、どんな理由で声かけしているか記載する。
※**3-2毎日の日課を理解、5-3日常の意思決定の判断根拠**となります。

福祉用具の有無 福祉用具の使用がある場合は、いつ、誰が使うのか必ず記載する。

洗身方法(動作と選択根拠) 自分で行う行為、介護者が介助する行為や理由を記載する。

行っていない場合 行っていない理由や、最後に洗身した時期、その時の洗身の状況などわかる範囲で記載する。

その他 文章の後半に記載するよう心がける。

例文

介助されていない

① 自宅で入浴(毎日)。タオルを使用して自分で全身の洗身を行う。

② 自宅で入浴(4回/週)。軽度の左半身麻痺があり、右手でタオルとボディブラシを使用し、自分で全身の洗身を行う。調査時・日頃とも、不適切な状況はない。

③ 病院でシャワー浴(3回/週)。自分で全身の洗身を行う。「介助されていない」選択。看護師が転倒予防のため、そばで見守りを行う。

④ 自宅で入浴(3回/週)。視覚障害があり、妻がタオルに石鹸を付けて促し手渡すと、自分で全身の洗身を行う。

⑤ 自宅で入浴(5回/週)し、長いタオルを使用し自分で全身の洗身を行う。痒みがあるなど、不適切な状況はない。デイサービス(2回/週)での入浴時は、手の届きにくい背部を職員が介助する。より頻回な状況に基づき「介助されていない」選択。

一部介助

① 自宅で入浴(3回/週)。肩痛のため、ヘルパーが背部の洗身介助を行う。他の部位は自分で洗身を行う。

② 施設で入浴(3回/週)。職員がタオルを準備し手渡せば、自分で洗身する。同じ部位を繰り返し洗うため、職員がそばで見守り、洗う部位を指示する。

③ 週3回入浴予定だが拒否が強く、入浴できるのは週1回程度。職員がタオルを準備し手渡せば、自分で全身の洗身を行うが、足先などは洗えていないため、職員は不十分な部位を洗い直す。

全介助

① 施設で、ストレッチャーを使用し器械浴（3回/週）。両肩や肘関節の拘縮があり、職員が２人で全身の洗身介助を行う。

② 自宅で入浴（3回/週）。ヘルパーが声かけしても指示が通らず、全身の洗身介助を行う。

③ 自宅で入浴（3回/週）。座位が不安定でシャワーチェアの肘掛を両手でしっかり握っているため、長女が全身の洗身介助を行う。

④ 施設で入浴（3回/週）。石鹸を付けたタオルを手渡し声かけすれば、自分で全身を洗う。意欲がなく撫でる程度で不十分なため、洗い直しを含め職員が全身の洗身介助を行う。

行っていない

① 調査3週間前の術後より医師の指示で、入浴は行っていない。看護師がベッド上で全身清拭（4回/週）とドライシャンプー（2回/週）を行う。

② 呼吸苦で１年前より入浴できず、洗身は行っていない。訪問看護師が全身清拭（2回/週）を行う。

③ 長年の生活習慣により入浴は行わない。自分で全身清拭（毎日）を行う。皮膚の掻痒感等はなく、不衛生な状況もない。

適切な介助の方法

① 自宅で入浴（2回/週）。洗身は自分で行うが、背部に手が届き難くうまく洗えないと本人。背部に掻痒感や湿疹があるが独居のため介助されておらず、不適切な状況と判断。背部を洗う介助が必要。適切な介助の方法で「一部介助」選択。

② 自宅で入浴（2回/週）。娘が良かれと思い全身の洗身を介助している。本人の自立を阻害しており、不適切な状況と判断。麻痺や拘縮等はなく、手の届かない背部や足先以外は指示があれば洗えるため、適切な介助の方法で「一部介助」選択。

テキスト2009版P 60～P 62

1-11 つめ切り《身体機能・起居動作》

定義

「つめ切り」の介助が行われているかどうかを評価する項目である。

ここでいう「つめ切り」とは、「つめ切り」の一連の行為のことで、「つめ切りを準備する」「切ったつめを捨てる」等を含む。

選択肢

「1. 介助されていない」「2. 一部介助」「3. 全介助」

つめ切りは以下の「**2つの基本的なポイント**」と「4つの補足的なポイント」に留意し聞き取り特記事項に記載します。

①つめ切り方法(動作と選択根拠)　②頻度

補足的ポイント

③福祉用具の有無　④声かけの有無　⑤類似行為による代替評価　⑥その他

ポイント①②　つめ切り方法（動作と選択根拠）・頻度

ポイント③④　福祉用具の有無・声かけの有無

ポイント⑥　その他

ポイント⑤　類似行為による代替評価

この順番が
聞き取りやすいよ

聞き取り調査・判断・特記事項のポイントは「介助の方法」P102～P107も参照してね。

聞き取り調査のポイント

ポイント①②
つめ切り方法(動作と選択根拠)・頻度

聞き取り例

- ❏両手足の爪は、自分で切っていますか？
- ❏手や足の爪を切る時は、誰かに手伝ってもらいますか？
- ❏この１か月内に何回切りましたか？

自分でつめ切りを行っている場合でも、爪が不揃いや伸びている状況等があり、不適切な状況の判断基準になるため、調査時目視での確認や立会者に、日頃の状況を聞き取ります。特に足趾は、靴下に隠れて見落としがちになるので、爪の状況や欠損等も含めて、聞き取ります。

選択根拠にある、切った爪を誰が捨てているかも聞き取ります。

ポイント③④
福祉用具の有無・声かけの有無

聞き取り例

- ❏つめ切りの準備は誰がしますか？
- ❏（立会者に）つめ切りの際に声かけは必要ですか？

ニッパーややすり等を使用している場合もあり、道具の詳細も聞き取ります。

つめ切りの項目は、「つめ切りを準備する」も定義に該当するため聞き取ります。

つめ切りに対し声かけが必要な場合、「初動」や「一つ一つの動作」等の詳細情報を聞き取ります。

「切った爪を捨てる」行為についても一緒に聞くと聞き取りやすいです。

ポイント⑥
その他

聞き取り例

- ❏つめ切りで、困っていることはありますか？

肥厚・巻き爪等の、爪の状態も確認・聞き取ります。

手指の巧緻性の低下等で、つめ切りに困難さがある場合、工夫があれば詳細を聞き取ります。

介護者の介助がある場合は、介助が必要な理由を聞き取ります。

ポイント⑤ 類似行為による代替評価

聞き取り例

❏清拭はどなたが介助されていますか？

全指を切断している等で爪がない場合は、手先や足先の清拭行為で代替評価します。清拭の様子を聞き取ります。

1-10洗身で、聞き取りしているときは、重複して聞き取りしないように注意します。

判断のポイント

聞き取った情報をもとに、定義に沿って判断し選択肢を選択します。

フローチャートを参考にして下さい。208ページ参照

一定期間（調査日より概ね過去**1カ月**）の状況において、より頻回に見られる状況や日頃の状況で選択する。

切ったつめを捨てる以外の、つめを切った場所の掃除等は含まない。	自分で準備し手足の爪は切る。切った爪も自分で捨てるが、床に飛び散った爪には気付かないため、家族がその都度床を掃除している。 ➡「1. 介助されていない」を選択。

介護者がつめを切りなおす。	部分的に切りなおす。 ➡「2. 一部介助」を選択。
	介護者が全てのつめを切りなおす。(準備や片付けは、介護者が行うものとする) ➡「3. 全介助」を選択。

◎行為自体が発生していない場合

類似の行為で代替して評価する。➡ 四肢の清拭等の状況で判断する。

◎適切な介助

「適切な介助について」にポイントをまとめています。105～106ページを参照

特記事項のポイント

まずは一定期間（調査日より概ね過去１カ月）の状況を記載します。

一定期間以前のことを、特記の初めや途中に記載すると、伝わりにくい特記事項となるので、注意しましょう。

以下の点にも留意して特記事項を記載します。

頻度 毎日、週３回等の詳細な頻度を記載する。

声かけの有無 いつ、誰が、どんな理由で声かけしているか記載する。
初動の声かけ、つめ切り動作への声かけ、そばに付き添う等の詳細を記載する。
※**3-2毎日の日課を理解、5-3日常の意思決定の判断根拠**となります。

福祉用具の有無 福祉用具の使用がある場合は、いつ、誰が使うのか必ず記載する。

つめ切り方法(動作と選択根拠) 自分で行う行為、介護者が介助する行為や理由や、左右・手足の爪で介助の方法が違う時は、それぞれ記載する。
介護者が「つめ切りを準備する」「切った爪を捨てる」行為を介助している時は、その状況と頻度とともに記載する。

類似行為による代替評価 定義に発生していないこと、その理由、類似行為とはどのような行為で、どのように行っているのか、その頻度など、詳細を記載する。

その他 文章の後半に記載するよう心がける。

「1. 介助されていない」を選択。	1-12視力が「3. 目の前の」や「4. ほとんど見えない」になっていないか確認する。 見えにくいが工夫して自分で適切に切れていることなど、個別性を記載する。

例文

介助されていない

① 自分でつめ切りの一連の行為を行う。不適切な状況はない。

② 自分でつめ切りの一連の行為を行う。腰痛があり前に屈みにくいため、両足の爪は、2本ずつ数日かけて切ると本人。

③ 握力低下で、台付きの爪切りを使用。自分でつめ切りの一連の行為を行う。不適切な状況はない。

④ 視覚障害で、手探りではあるが、ゆっくりと自分で爪切りの一連の行為を行う。不適切な状況はないが、床に飛び散った爪は家族が掃除すると聞く。

⑤ 両膝下から切断しており、足の爪切りは発生しない。妻が初動の声かけを行えば、両手は自分で爪切りの一連の行為を行う。

一部介助

① 爪を切るタイミングがわからない。長女が爪切りを準備し手渡せば、自分で両手足ともに爪を切って捨てる。

② 意欲なく、自らはしない。妻がそばで見守り声かけすれば、自分で爪切りを準備し、両手足の爪を切って捨てる。

③ 両手の爪は、自分で一連の行為を行う。両足の爪は巻き爪で切りにくく、皮膚科の医師が切る。

④ 両手の爪は、自分で一連の行為を行う。腰痛があり屈めず、両足の爪は長女が切って捨てる。

⑤ 視覚障害があり、手探りで両手足の爪を自分で切るが、不適切な状況はない。家族が爪切りの準備と切った爪を捨てる介助を行う。

全介助

① 腰痛があり屈めず、目もよく見えないため、自分で切れない。職員が両手足の爪を切って捨てる。

② 爪切りを手渡しても指示が通じない。看護師がつめ切りの一連の行為を介助する。

③　自分ではしないため、職員がつめ切りの一連の行為を行う。拒否が強く、１回２〜３本ずつ数日かけて行う。

適切な介助の方法

①　独居のため、両手足の爪は、自分で切ると本人。調査時、両手の爪はきれいに切れていたが、両足の爪は肥厚し変形するほど伸びており、不適切な状況と判断。娘は週1回訪問するが、足の爪を確認しておらず、また怖くて切れないと聞く。両足爪は医療従事者が切る介助を要する。適切な介助の方法で「一部介助」選択。

②　目がよく見えないが、何とか両手足の爪とも自分で切ると本人。調査時、左足の爪の一部は切れていない。日頃も同様で、伸びているが怖くて切れないと妻。不適切な状況と判断。伸びている指の爪を切る介助が必要。適切な介助の方法で「一部介助」選択。

③　両手の握力低下があり、屈む動作も困難で両手足の爪を自分で切れない。調査時は両手足の爪とも伸びている。日頃から拒否が強く、１カ月以上、両手足の爪を切る介助ができないと職員。不適切な状況と判断。前回は、一人の職員が気をそらし、もう一人の職員が両手足の爪を切る介助を行ったと聞き、適切な介助の方法で「全介助」選択。

2-1 移乗《生活機能》

定義

「移乗」の介助が行われているかどうかを評価する項目である。

ここでいう「移乗」とは、「ベッドから車いす（いす）へ」「車いすからいすへ」「ベッドからポータブルトイレへ」「車いす（いす）からポータブルトイレへ」「畳からいすへ」「畳からポータブルトイレへ」「ベッドからストレッチャーへ」等、でん部を移動させ、いす等へ乗り移ることである。

清拭・じょくそう予防等を目的とした体位交換、シーツ交換の際に、でん部を動かす行為も移乗に含まれる。

選択肢

「1. 介助されていない」「2. 見守り等」「3. 一部介助」「4. 全介助」

移乗は以下の「**3つの基本的なポイント**」と「4つの補足的なポイント」に留意し聞き取り特記事項に記載します。

基本的ポイント：①移乗の有無　②移乗方法（動作と選択根拠）　③頻度

補足的
ポイント

補足的ポイント：④どこで　⑤福祉用具の有無　⑥声かけの有無　⑦その他

ポイント①⑤⑦　移乗の有無・福祉用具の有無・その他

ポイント③④　頻度・どこで

ポイント②⑥　移乗方法（動作と選択根拠）・声かけの有無

この順番が
聞き取りやすいよ

聞き取り調査・判断・特記事項のポイントは「介助の方法」P102～P107も参照してね。

聞き取り調査のポイント

ポイント①⑤⑦
移乗の有無・福祉用具の有無・その他

聞き取り例

- ❏日頃、車いすやポータブルトイレを利用することはありますか？
- ❏椅子や便座等へ座る時に、不安定で転倒することはありますか？
- ❏乗り移るために、手すり等の設置はありますか？
- ❏その他に、困っていることはありますか？

車いすやポータブルトイレの利用がない場合は、移乗の機会がない旨を聞き取ります。

移乗時に、転倒や転倒の危険があるか聞き取る。移乗・着座時においても、不安定で転倒や打撲がある場合は、不適切な状況と判断し勘案するため詳細を聞き取ります。

車いすやベッド・すえ置き型の手すり等、福祉用具貸与・購入の有無を聞き取ります。

ポイント③④
頻度・どこで

聞き取り例

- ❏（車いすを使用している対象者）
  車いすとベッド・便座間以外に乗り移る機会はありますか？
- ❏トイレは日に何回行きますか？　日に何回ベッドに乗り移りますか？

移乗の場面と頻度を聞き取ります。

ポイント②⑥
移乗方法（動作と選択根拠）・声かけの有無

聞き取り例

- ❏車いすからベッドや便座へは、どのように乗り移っていますか？
- ❏自分で乗り移ることはできますか？　家具等につかまりますか？
- ❏誰かがそばに付いて見てもらったり、支えてもらったりしますか？
- ❏（主にベッド上での生活の方）
  寝返りはどうしていますか？　誰かに手伝ってもらいますか？
- ❏（立会者に）声かけを行いますか？

「自分で家具につかまる」「介護者が近位で見守る」「介護者が支える」等、場面の詳細を聞き取ります。

「初動」や「一つ一つ」等、声かけ方法により、判断が異なるので、詳細を聞き取ります。

判断のポイント

聞き取った情報をもとに、定義に沿って判断し選択肢を選択します。
フローチャートを参考にして下さい。209ページ参照

●該当する行為が一定期間（調査日より概ね過去1週間）にどの程度行われているかを把握したうえで、そのうち介助が行われている（又は介助が行われていない）頻度が最も多いもので選択を行うことを原則とする。

★ベッド ➡ 歩行 ➡ 便座（着座）など、歩行を介しての着座は、移乗行為ではありません。

在宅で畳中心の生活であり、いすを使用していない場合で、両手をついて腰を浮かせる行為自体だけでは移乗に該当しない。	定義は「でん部を移動させる」行為である。

◎通院時のみ車いすを使用する場合。

・ベッドそばに車いすを設置し、ベッドと車いす間で移乗行為が発生していますか？ ・玄関で車いすに着座し、自室と玄関間は歩いて移動していますか？ ・病院内で、車いすとベッドや便座間などの移乗行為は発生していますか？ ・過去1週間内に発生していますか？ ・通院の頻度は？（日常的に発生している？）	玄関まで歩いて行き車いすに移る時は、歩行を介して着座しているため、定義の行為は発生していない。 日常的には歩いて移動している場合は、総合的に判断する必要がある。 ※車いすを使用する＝定義の行為が発生しているとはならないことを理解する。

◎介護者が前から抱える介助をしている場合。

1-6両足立位や1-8立ち上がりが、「2. 何かにつかまればできる」の選択になっていませんか？	調査対象者の下肢の支持力がある（しっかり加重している）場合は「3. 一部介助」が妥当な判断となる。 調査対象者と介護者の体格差や介護者の体力などの関係で、調査対象者の下肢が床に着いてはいるが、支持力まではなく、介護者が全体重を抱えている状況なら「4. 全介助」と判断する場合もある。

◎行為自体が発生していない場合

- 移乗行為が発生した場合を想定して適切な介助の方法を選択します。
  軽度者の場合 ➡ 外出が一人でできている等、調査対象者の能力も考慮しましょう。

◎適切な介助

「適切な介助について」にポイントをまとめています、105～106ページを参照

特記事項のポイント

まずは一定期間（調査日より概ね過去１週間）の状況を記載します。

一定期間以前のことを、特記の初めや途中に記載すると、伝わりにくい特記事項となるので、注意しましょう。

以下の点にも留意して特記事項を記載します。

移乗の有無 歩行を介して着座する場合、定義の移動行為ではありません。
移乗行為が発生していない場合は、その旨を記載する。

頻度 詳細な頻度を記載する。

どこで どんな場面で移乗行為が発生しているか記載する。
例 ベッドと車いす間や、便座と車いす間など

声かけの有無 いつ、誰が、どんな理由で声かけしているか記載する。

移乗方法（動作と選択根拠） 自分で行う行為、介護者が介助する行為や理由を記載する。

福祉用具の有無 福祉用具の使用がある場合は、いつ、誰が使うのか必ず記載する。

その他 文章の後半に記載するよう心がける。

義足や装具、歩行器等の準備は介助の内容には含まない。	介助が発生している場合は、定義には該当しない介護の手間として、記載し審査会に情報提供する。

「1. 介助されていない」を選択	定義の移乗が発生して、介助なく自分で移乗しているのか、定義の移乗は発生していないが、場面を想定し適切な介助で「1. 介助されていない」を選択したのか、書き分ける。

「2. 見守り等」を選択。	いつ、誰が、どんな理由で？ を記載する。 遠位での見守りは「1. 介助されていない」選択となる。
「3. 一部介助」を選択。	自分でしていること、介護者がしていることを明確にする。 「支える」介助は、どの程度支えますか？「手を添える」「腰をしっかり支える」などの個別性を記載する。
「4. 全介助」を選択。	介護者が2人で対応している ➡ それぞれの介護者がどんな介助をしているのかを記載すると、伝わりやすい。 骨折しやすく、慎重に介助している等、個別性のある介護の手間は審査会で必要な情報となります。頻度と共に詳細を記載する。

◎「移乗」と「着座」は違います。明確に書き分けるようにしましょう。

特記事項	・定義の移乗行為が発生していない場合に着座の様子も記載する ・歩行のことは書かない ・でん部を移動する行為と記載する など表現の仕方が違う場合があります。 先輩調査員に事前に確認することをお勧めします。

例文

介助されていない

① 常時車いすを使用。車いすとベッド（2回/日）や便座（10回/日）間などは、自分で手すり等につかまり介助なく移乗する。

② 歩行困難で自宅内は這って移動する。床と椅子（3回/日）、ベッド（2回/日）、便座（8回/日）間は、自分で肘をつく、手すりにつかまるなどして、介助なく移乗する。

③ 車いす使用。車いすとベッド（2回/日）、便座（8回/日）間は、自分でベッド柵や手すりにつかまり介助なく移乗する。夜間のベッドとポータブルトイレ（2回/日）間は、ふらつきがあり、職員が身体を支える介助で移乗する。より頻回な状況に基づき「介助されていない」選択。

④ 定義の移乗行為は発生していない。介助なく歩行し、椅子や便座へは自分で手すり等に手を突き着座する。移乗の場合を想定し「介助されていない」選択。

⑤　過去１週間は、定義の移乗行為は発生していない。自分で家具等につかまり、ゆっくりと着座する。場面を想定し「介助されていない」選択。病院受診時（１回／月）の院内では車いすを使用。車いすと便座間は、自分でアームレストにつかまり介助なく移乗する。

見守り等

①　車いすとベッド・便座（10回／日）間は、自分で手すり等をつかみ移乗するが、ふらつきがあるため、毎回妻がそばに付き添い見守りを行う。

②　車いすとベッド（2回／日）・便座（6回／日）間は、自分で手すり等につかまり移乗するが、不安定なため看護師が毎回そばで指示・声かけを行う。車いすへの移乗は安全のため、看護師が車いすを臀部の下に差し入れる介助を行う。

③　定義の移乗行為は発生していない。椅子や便座等への着座は理解なく、職員が常時そばで、動作ごとに声かけ・指示・確認を行う。場面を想定し「見守り等」選択。

一部介助

①　車いすとベッド（3回／日）や便座（5～6回／日）間等は、自分でベッド柵や手すりにつかまり移乗するが、膝折れがあり不安定。毎回職員が腰をしっかり支える介助を行う。

②　車いすとベッド（2回／日）・便座（8回／日）、夜間のベッドとポータブルトイレ（3回／日）間は、立位不安定で夫が臀部を支える介助を行う。夫がそばにいない時（3～4回／日）は、自分でベッド柵や手すりにつかまり車いすへ移乗する。より頻回な状況に基づき「一部介助」選択。

全介助

①　ベッドとストレッチャー間は、職員２名で身体を抱え移乗する（２回／週）。自分で寝返りができず、褥瘡予防のため約３時間おきに職員が体位交換を行う。

②　車いすとベッド（2回／日）や便座（10回／日）間は、職員１名で両脇から身体を抱え移乗する。

③　離床の機会はない。各関節の拘縮がひどく、仙骨部には褥瘡がある。体位交換（2時間毎）や清拭（2回／週）、シーツ交換（1回／週）時は、看護師2名で臀部を動かす介助を行う。

④　下半身麻痺があり、自宅では週２回デイサービス利用時のみ離床する。ベッドと車いす間は、妻がスライドボードを臀部に差し入れ、身体を支え移乗介助する。デイサービス内の車いすと便座（3回／日）間は、立位保持できず職員が身体を抱えて移乗する。「全介助」選択。

⑤ 四肢麻痺があり、ベッドとリクライニング車いす間はリフト使用。食事（3回／日）や入浴（3回／週）時は、毎回職員がリフトを操作する。

適切な介助の方法

① 歩行できており、定義の移乗は発生していない。椅子や便座等へは、座る位置を確認せず勢いよく着座し座り損ねる（2回程／日）。半年前、転倒し動けなくなったこともあり、自宅では娘がそばに付き添い声かけを行う（10回程度／日）。デイサービス（2回／週）でも同様。移乗の場面を想定し、着座時同様の介助が必要と判断。適切な介助の方法で「見守り等」選択。

② 車いすとベッド（2回／日）・便座（7～8回／日）間は、ベッド柵や手すりをつかみ介助なく移乗するが、注意力散漫でブレーキのかけ忘れが多い。娘が在宅時はそばで見守る（4回／日）。不在時は、一人で移乗し尻餅をついたり、腕をぶつけて皮下出血の痕が多数ある。娘は就労があり常時の介護が困難で、不適切な状況と判断。そばで付き添い、見守りや声かけの介助が必要であり適切な介助の方法で「見守り等」選択。

③ 車いすとベッド（2回／日）やポータブルトイレ（7～8回／日）間は、立ち上がるまでに時間がかかるため、夫が待てず、毎回身体を抱え移乗の介助を行う。両上肢の麻痺・拘縮はなく、手すりにつかまれば立位保持ができる。本人の自立を阻害しており、不適切な状況と判断。臀部を移動させる動作は、不安定で支える介助が必要。適切な介助の方法で「一部介助」選択。

評価軸「介助の方法」　テキスト2009版P 73～P 75

2-2 移動《生活機能》

定義

「移動」の介助が行われているかどうかを評価する項目である。

ここでいう「移動」とは、「日常生活」において、食事や排泄、入浴等で、必要な場所への移動にあたって、見守りや介助が行われているかどうかで選択する。

選択肢

「1. 介助されていない」「2. 見守り等」「3. 一部介助」「4. 全介助」

移動は以下の「**2つの基本的なポイント**」と「6つの補足的なポイント」に留意し聞き取り特記事項に記載します。

①移動方法（動作と選択根拠）　②頻度

補足的ポイント

③目的の場面　④福祉用具の有無　⑤声かけの有無　⑥屋内と屋外の違い

⑦転倒の有無　⑧その他

ポイント②③　頻度・目的の場面

ポイント④　福祉用具の有無

ポイント①⑤　移動方法（動作と選択根拠）・声かけの有無

ポイント⑥　屋内と屋外の違い

ポイント⑦⑧　転倒の有無・その他

この順番が
聞き取りやすいよ

聞き取り調査・判断・特記事項のポイントは「介助の方法」P102～P107も参照してね。

聞き取り調査のポイント

ポイント②③
頻度・目的の場面

聞き取り例

❑トイレや洗面所・浴室までは、どうやって移動していますか？

日常生活において、必要な場所への移動方法を聞き取ります。

頻度において、1-10洗身や2-5・2-6排泄の場所・回数等を確認すると移動頻度がスムーズに確認できます。

外出行為は定義に該当しないが、障害高齢者の日常生活自立度の判断根拠になるため、詳細な場所・移動方法について聞き取ります。

ポイント④
福祉用具の有無

聞き取り例

❑杖や歩行器の使用はありますか？

❑（介助がある場合）車いすを使用しますか？
リクライニング車いす・ストレッチャーは使用しますか？

1-7歩行で「つかまればできる」選択の方や歩行不安定な方は、杖や歩行器等、福祉用具使用の詳細を聞き取ります。

車いす・ストレッチャー使用でも、座位保持ができるかどうかで障害高齢者の日常生活自立度の判断根拠となるため、詳細を聞き取ります。

ポイント①⑤
移動方法（動作と選択根拠）・声かけの有無

聞き取り例

❏一人で歩いて移動できますか？
❏車いすでの移動時は、自分で操作しますか？
　介護者が押して移動しますか？

声かけが必要な場合は、意欲低下や福祉用具の操作・場所の理解ができないなど、理由を聞き取ります。

「初動」や「一つ一つ」等、声かけ方法により、判断が異なるので、詳細を聞き取ります。

屋内においても、近距離・遠距離等で移動方法に違いがあるときは、場面毎に確認します。

全て移動に介助を要する方でも、介護の手間を表現するため、「介護者が〇名で…」と記載があれば伝わりやすいです。

ポイント⑥
屋内と屋外の違い

聞き取り例

❏自宅外では、杖・歩行器の使用はありますか？
❏通院や買い物時は、どうやって移動されますか？

屋内・屋外において、福祉用具の有無や使用する用具が違う場合は、詳細を聞き取ります。

外出時の交通機関やタクシー利用・介護者が付き添う等の違いが、障害高齢者の日常生活自立度の判断根拠となるため詳細を聞き取ります。

ポイント⑦⑧
転倒の有無・その他

聞き取り例

❏歩くときに、不安定さはありますか？
❏ここ１カ月内に、転倒はありませんか？
❏移動において、困っていることはありますか？

介助の有無に関わらず、転倒が多ければ不適切な状況を勘案する材料となるため、頻度などの詳細を聞き取ります。

車いす自操の場合でも、家具・壁等にぶつかることがあれば、不適切な状況の判断根拠となるため、詳細を聞き取ります。

認知力の低下で方向が分からず、常時見守りが必要な場合も詳細を聞き取ります。

判断のポイント

聞き取った情報をもとに、定義に沿って判断し選択肢を選択します。
フローチャートを参考にして下さい。209ページ参照

該当する行為が一定期間（調査日より概ね過去１週間）にどの程度行われているかを把握したうえで、そのうち介助が行われている（又は介助が行われていない）頻度が最も多いもので選択を行うことを原則とする。

移動の手段は問わない。	支えなく歩く、伝い歩きする、杖歩行、這う、床をすって、歩行器を使用、車いすを歩行器代わりに押す、車いすを使用、車いすの代わりに車輪の付いた椅子を使用、ストレッチャー、ベッドなど、様々な移動手段がある。 ※「独歩」は読み手によって、①何も支えなく一人で歩く　②一人で歩く　と、受け取り方が変わるため、使用を控えるのが望ましいです。

義足や装具等を装着している場合や、車いす・歩行器などを使用している場合は、その状況に基づいて評価する。	装着（使用）している時と装着（使用）していない時がある場合は、より頻回な状況で選択する。

車いす等を使用している場合は、車いす等に移乗したあとの移動について選択する。	移乗は2-1移乗で評価する。 下肢筋力低下があり、移乗の方向転換時に介護者が腰を支え介助するが、車いすは自分で操作し移動する。 ➡「1. 介助されていない」を選択。

調査対象者が一人で移動していることと、介護者が見守りや介助をしていることが複合的に発生している。	介護者が見守りや介助する頻度に注意が必要です。 自宅（家族が同居）➡家族の就労の有無 　　（家族が別居）➡訪問する頻度や時間 施設・病院（家族）➡面会の頻度や時間 　　　　　（職員）➡施設や病院の種類、本人と関わる頻度。 １日の中で、関わる時間が少ない場合や、過去１週間に関わりがない場合もあります。適切な頻度の分析を心がけましょう
外出について	外出行為は判断に含まない

◎行為自体が発生していない場合

●移動行為が発生した場合を想定して適切な介助の方法を選択します。

◎適切な介助

「適切な介助について」にポイントをまとめています。105 ～106ページを参照

特記事項のポイント

まずは一定期間（調査日より概ね過去１週間）の状況を記載します。

一定期間以前のことを、特記の初めや途中に記載すると、伝わりにくい特記事項となるので、注意しましょう。

以下の点にも留意して特記事項を記載します。

目的の場面 主に発生している目的の場所を記載する。
例 トイレ、洗面所、食堂、浴室など
特に病院・施設の場合は、トイレ、洗面所、浴室等が、自室なのか共有なのかわかるよう記載する。
※軽度者で移動が自立し支障がない場合、省略する場合もあります。先輩調査員に確認することをお勧めします。

頻度 詳細な頻度を記載する。

声かけの有無 いつ、誰が、どんな理由で声かけしているか記載する。
※**3-2毎日の日課を理解、5-3日常の意思決定の判断根拠**となります。

移動方法（動作と選択根拠） 自分で行う行為、介護者が介助する行為や理由を記載する。

福祉用具の有無 福祉用具の使用がある場合は、いつ、誰が使うのか必ず記載する。

屋内と屋外の違い 外出行為は、判断には含まないとなっていますが、屋外の移動の様子は**障害高齢者の日常生活自立度の判断根拠と、審査会で必要な情報**となります。頻度とともに記載する。

転倒の有無 転倒歴がある場合は、**審査会で必要な情報**となります。頻度や時期とともに詳細を記載する。

その他 文章の後半に記載するよう心がける。

「2. 見守り等」を選択。	いつ、誰が、どんな理由でを記載する。 遠位での見守りは「1. 介助されていない」選択となる。遠位なのか、そばで常時付き添うのかは明確に記載する。
「3. 一部介助」を選択。	「支える」介助は、どの程度支えるか。「脇をしっかり支える」などの個別性を記載する。 手引き介助は、「片手」か「両手」か、を記載する。 認知力の低下があり、介護者の手をつなぎ誘導する。 ➡下肢筋力低下もあり、身体を支える目的で手をつないでいれば「3. 一部介助」 身体を支えるまではないのであれば「2. 見守り等」が妥当な判断になる場合がある。 身体を支えているのか否かまで、明確に記載する。
「4. 全介助」を選択。	本人・介護者ともに立位の状態で、介護者が両脇から全体重を抱えている。本人は下肢の支持力がなく、足を自分では動かせていないような場合は「4. 全介助」が妥当な判断になる場合がある。根拠を詳細に記載する必要がある。 骨折しやすいや表皮剥離があるなどのため、慎重に介助している、２人で対応する等、個別性のある介護の手間は審査会で必要な情報となるため、頻度と共に詳細を記載する。

例文

介助されていない

① 自宅内（トイレ６回、食堂３回、洗面所３回、浴室１回／日）、デイサービス内（トイレ３回／日）は介助なく歩いて移動。外出時は用心のためＴ字杖を使用。散歩は徒歩、通院・買い物は、バスを利用して一人で移動。デイサービスへは、送迎車を利用（2回／週）。

② 自宅内（トイレ８回、食堂３回、洗面所３回、浴室１回／日）は介助なく歩いて移動。デイサービス内（トイレ４回／日）、病院内（1回／月）は場所が分からず、職員や家族が毎回付き添い誘導。より頻回な状況に基づき「介助されていない」選択。病院へは、道に迷うため、家族が必ず付き添う。デイサービスへは、送迎車を利用（3回／週）。

③ 自室内（トイレ10 回、洗面所３回／日）は伝い歩きで、なんとか介助なく移動。長歩きができず、施設内（食堂３回／日、浴室２回／週）は職員が車いすを押す。より頻回な状況に基づき「介助されていない」選択。外出機会はない。

④　自宅内（トイレ6回、居間3回、洗面所2回/日）、デイサービス内（トイレ3回、浴室1回/日）、病院内（1回/月）は車いすを自操して介助なく移動。病院へは、段差や傾斜があり、家族が車いすを押して移動。デイサービスへは、送迎車を利用（3回/週）。

⑤　視覚障害あり、自宅内（トイレ6回、食堂3回/日）は、壁や家具を伝って介助なく移動。週2回は方向が分からなくなり、妻が声かけする。デイケア内（トイレ3回、浴室1回/日）は職員が腕につかまらせて誘導。より頻回な状況に基づき「介助されていない」選択。デイケアへは、送迎車を利用（2回/週）。

見守り等

①　自宅・病院内は家具や壁を伝って移動。ふらつきがあり転倒の危険があるため、毎回長女がそばに付き添う（トイレ8回、居間3回、洗面所3回、浴室1回/日）。「見守り等」選択。屋外は、杖歩行し長女がもう片方の腕を支えて歩く。長歩きできず、病院まではタクシーを利用（1回/月）。

②　転倒の危険があり、ベッド足元にセンサーを設置。作動時には職員が対応し、歩行器を使用してそばで見守る（トイレ8回/日）。長歩きができず、食堂（3回/日）、浴室（3回/週）へは、車いすを使用し、職員が押して移動。より頻回な状況に基づき「見守り等」選択。外出時（季節行事）は車いすを使用し職員が押す。

③　場所の理解がなく、自宅内は妻がそばで声かけし歩いて移動（トイレ8回、食堂3回、洗面所2回/日）。週3回デイサービス内（トイレ4回、浴室1回/日）や月1回病院内は、声かけだけでは理解できず、職員や妻が片手引きで移動。より頻回な状況に基づき「見守り等」選択。病院へは妻の運転で移動。デイサービスへは、送迎車を利用（3回/週）。

一部介助

①　ふらつきがひどく、自宅内は杖をつき、反対側の腕を長女が支えて移動（トイレ8回・食堂3回・洗面所3回/日、浴室3回/週）。過去1週間はないが、長女に遠慮し、一人で歩いて転倒（2回/月）。外出時（通院、美容室）も同様の介助を行い、目的地まではタクシーを利用。

②　施設の居住フロア内（共用トイレ10回、食堂3回、洗面所3回/日）は、歩行器を使用。ふらつきがあり、職員が身体を支えて移動。浴室（3回/週）は別階にあり、長歩きできず車いすを使用し職員が押す。より頻回な状況に基づき「一部介助」選択。

③　自宅内では、外出時以外の移動はない。食事や整容はベッド端座位で行い、ポータブルトイレを使用。週5日、ベッドと玄関の間とデイサービス内（トイレ4回/日、浴室3回/週）は職員が両手を引いて歩いて移動。デイサービスへは送迎車利用。

④　施設内の移動は全て車いすを使用。毎回２m程は自操するが、疲れて止まるため、途中から職員が押して移動（共用トイレ10回・食堂３回/日、浴室３回/週）。外出行事は職員が車いすを押して移動。

全介助

①　自宅内は車いすを使用し、長女が押して移動（食堂３回、トイレ６回/日）。週２回デイサービス内も職員が同様の介助を行う（トイレ４回/日、浴室２回/週）。通院時は介護タクシーを利用し、職員がリフトで乗降を介助、病院内は長女が車いすを押す。

②　施設内（トイレ6回・食堂3回/日、浴室2回/週）は、全て車いすを使用して移動。週2回、便意を催した時はトイレまで自操する。他は意欲がなく、促しても自操はしないため、職員が車いすを押す。より頻回な状況に基づき「全介助」選択。通院時（1回/月）は、施設の送迎車で移動し、院内も職員が車いすを押す。

③　ほぼ終日臥床の生活。移動は浴室のみ（2回/週）。ストレッチャーを使用し、職員２名で押して移動する。

④　入院後、終日臥床の生活で移動の機会はない。場面を想定し適切な介助の方法を選択。座位保持も困難で、ベッド臥床のまま看護師が押す介助を要すると判断し「全介助」選択。

適切な介助の方法

①　自宅内（トイレ５回、食堂３回、洗面所１回/日）は伝い歩きで移動。調査時、襖が何か所も破れ、腕には生傷・内出血が数か所あった。日頃は、常にふらつきがあり、毎日１～２回転倒すると本人。独居で不適切な状況と判断。週１回、娘が訪問中は腕を支えて移動を介助（トイレ１回、浴室１回/週）。常時、同様の介助が必要。適切な介助の方法で「一部介助」選択。通院時は、娘が玄関から車まで腕を支えて歩き、院内は車椅子を使用し娘が押す。

2-4 食事摂取《生活機能》

定義

「食事摂取」の介助が行われているかどうかを評価する項目である。
ここでいう「食事摂取」とは、食物を摂取する一連の行為のことである。
通常の経口摂取の場合は、配膳後の食器から口に入れるまでの行為のことである。
また、食事摂取の介助には、経管栄養の際の注入行為や中心静脈栄養も含まれる。

選択肢

「1. 介助されていない」「2. 見守り等」「3. 一部介助」「4. 全介助」

食事摂取は以下の「**2つの基本的なポイント**」と「5つの補足的なポイント」に留意し聞き取り特記事項に記載します。

①食事摂取方法（動作と選択根拠） ②食事回数

③どこで ④福祉用具の有無 ⑤声かけの有無 ⑥食べこぼしの有無と対応 ⑦その他

ポイント②③　食事回数・どこで

ポイント④　福祉用具の有無

ポイント①⑤　食事摂取方法（動作と選択根拠）・声かけの有無

ポイント⑥⑦　食べこぼしの有無と対応・その他

この順番が
聞き取りやすいよ

聞き取り調査・判断・特記事項のポイントは「介助の方法」P102～P107も参照してね。

聞き取り調査のポイント

ポイント②③ 食事回数・どこで

聞き取り例

❏ １日に何回食事を摂りますか？
❏ どこで食べますか？

食事摂取方法に違いがある場合に、頻度が判断基準となるため食事回数を聞き取ります。
食事の場所や回数は、2-2移動の判断や介助の場面と関連するので、詳細を聞き取ります。
ベッド上で食事摂取する場合は、端座位・ギャッチアップ等の詳細を聞き取ります。ギャッチアップの場合は、角度の記載もあれば伝わりやすいため聞き取ります。

ポイント④ 福祉用具の有無

聞き取り例

❏ 箸を使用しますか？　スプーンを使用しますか？
❏ スプーン・お皿は、自助具を使用しますか？

どのような福祉用具を使用しているかを確認するとともに、手指の巧緻性の低下などの理由も聞き取ると、全体像が伝わりやすいです。
食事道具や福祉用具の違いにより、食事摂取方法に差が生じることがあるため詳細を聞き取ります。

ポイント①⑤ 食事摂取方法（動作と選択根拠）・声かけの有無

聞き取り例

❏ 自分で最後まで、食べますか？
❏（立会者に）どんな介助をしていますか？
❏（立会者に）お皿を入れ替えたり、食卓で食べやすい大きさに切ったり、魚の骨を取る事などの手伝いが必要ですか？
❏（立会者に）声かけを行いますか？

寝たきり等で食事に全て介助が必要な場合でも、5-3日常の意思決定の判断材料となるため、自分で開口できるか聞き取ります。
「初動」や「一つ一つ」等、声かけ方法により、判断が異なるので、詳細を聞き取ります。

ポイント⑥⑦

食べこぼしの有無と対応・その他

聞き取り例

❏食べこぼしはありますか？

❏その他に、食事について困っていることはありますか？

配膳・後片づけ・食べこぼしの掃除は定義に含まないが、介護の手間として詳細を聞き取ります。半分以上食事を食べこぼす等があれば、不適切な状況の判断根拠となるため、詳細を聞き取ります。

判断のポイント

聞き取った情報をもとに、定義に沿って判断し選択肢を選択します。
フローチャートを参考にして下さい。210ページ参照

該当する行為が一定期間（調査日より概ね過去1週間）にどの程度行われているかを把握したうえで、そのうち介助が行われている（又は介助が行われていない）頻度が最も多いもので選択を行うことを原則とする。

点滴のみの栄養補給。	原則、補液と捉える。 ➡「1. 介助されていない」を選択。 ※本人の状態に応じ適切な介助を選択することもある。先輩調査員に確認してください。
経管栄養、中心静脈栄養のための介助が行われている。	「4. 全介助」を選択。 特別な医療の要件にも該当する場合は、両方に選択を行う。

介護者が魚をほぐす介助をする。	「3. 一部介助」を選択。 ※ただし、毎食魚が提供されているとは考えにくいので、1日3食×7日間で、何回発生しているのか、頻度を把握し、適切に判断する。

◎適切な介助

「適切な介助について」にポイントをまとめています。105 ～106ページを参照

特記事項のポイント

まずは一定期間（調査日より概ね過去１週間）の状況を記載します。

一定期間以前のことを、特記の初めや途中に記載すると、伝わりにくい特記事項となるので、注意しましょう。

以下の点にも留意して特記事項を記載します。

どこで 食堂（食卓）、自室、ベッド上、デイサービスフロアなどの情報は、活動量などが伝わりやすくなります。特記事項に記載することをお勧めします。

声かけの有無 いつ、誰が、どんな理由で声かけしているか記載する。
※**3-2毎日の日課を理解、5-3日常の意思決定の判断根拠**となります。

食事回数 １日１食、１日２食など、個別性がある場合は、その理由とともに詳細を記載する。

福祉用具の有無 箸・スプーンなど、食事摂取時に何を使用しているかを記載する。1-1麻痺や1-2拘縮の状況との整合性を確認します。
福祉用具の使用がある場合は、いつ、誰が使うのか必ず記載する。

食事摂取方法（動作と選択根拠） 自分で行う行為、介護者が介助する行為や理由を記載する。

食べこぼしの有無と対応 食べこぼしがある場合は、どのような介護の手間が発生しているかまで、頻度とともに記載する。

その他 文章の後半に記載するよう心がける。

食事の量、適切さを評価する項目ではなく、「食事摂取」の介助が行われているかどうかを評価する項目。	摂取量が少ないなどの個別性は、具体的にどの程度で、どのような対応をしているのかなどの詳細を記載する。

調理（厨房・台所でのきざみ食、ミキサー食の準備等）、配膳、エプロンをかける、後片づけ、食べこぼしの掃除、椅子に座らせる等は含まない。	介護の手間が発生している場合は、頻度や理由と共に記載する。 椅子に座らせる➡2-1移乗に介護の手間を記載する。

栄養補助飲料などを摂取している場合。	商品名を記載しない。栄養補助食品・栄養補助飲料・高カロリー栄養剤などと表現する。

例文

介助されていない

① 食堂にて自分で箸を使用し、介助なく摂取する。

② 利き手の右に麻痺がある。左手で食べやすいように、おにぎりと刻み食を自室床頭台に配膳。スプーン・フォークを使用して自己摂取する。食べこぼしがあるためエプロンを使用。毎食後に看護師が床頭台や床の食べこぼしを片付ける。

③ 食堂で摂取。握力低下があり自助スプーン・滑り止めマットを使用。毎食テーブルに食器を置いたまま自分で食べる。週4回程は最後の方がうまくすくえず、職員がスプーンに食物を乗せる。より頻回な状況に基づき「介助されていない」選択。毎食30分以上かかる。

④ 居間で、箸を使用し自分で食べる。細かい作業ができず、週2回程度は妻が卓上で魚の骨を取る介助を行う。より頻回な状況に基づき「介助されていない」選択。

見守り等

① 食堂で箸を使用して自分で食べる。毎回隣席の人の食事まで食べようとするため、常時職員がそばで見守り・声かけを行う。

② ホールでスプーンを使用して自分で食べる。食欲なく毎回すぐに手が止まるため、常時職員がそばで声かけを行い、半分程度食べる。1割程度しか食べないときは無理に勧めず、高カロリー飲料を提供する（2回程/週）。

③ 居間で箸を使用し自分で食事摂取するが、毎食時に疲れて2～3回手が止まる。長女が都度、声かけや皿の置き換えを行う。

④ 食堂で摂取。昼・夕食は箸を使用し、自分で摂取する。視力低下で食器が見え難く、妻が終始声かけし皿の置き換えを行う。朝食はパンと飲み物を手元に置いて、初動の声かけを行えば自分で摂取。より頻回な状況に基づき「見守り等」選択。

一部介助

① 食堂でスプーンを使用して食べるが、毎食、4割程で疲れて手が止まる。職員が残りを口に入れる介助を行う。習慣で朝食は食べず、1日2食。

② 食堂でスプーンを使用して自分で摂取。かきこんで食べるため、毎食職員が付き添い、小さい器に少しずつ取り分け手渡している。

③ 理解できず、自ら食べようとしない。食堂で、職員がスプーンに食物を乗せて手渡し声かけすれば、数口は自分で口に運ぶ。すぐに手が止まるため、職員が残りを口に入れる介助を行う（2食/日）。手渡し声かけしても食べようとせず、全て職員が介助することもある（1食/日）。より頻回な状況に基づき「一部介助」選択。

④ 食堂で、スプーンを使用し自分で摂取する。毎食時に職員が卓上で食材を小さく切る・ほぐす・魚の骨を取る等の介助を行う。食物の形を見てから食べたいとの本人の強い希望で、厨房で刻み食の準備は行っていない。

全介助

① 神経系疾患で日内変動がある。朝・夕食はオフ状態で自分では摂取できず、ベッドを70度程ギャッチアップし、職員がスプーンで全て口に入れる介助を行う。昼食はオン状態となるため、食堂にて自分でスプーンを使用し介助なく摂取。より頻回な状況に基づき「全介助」選択。

② 食欲なく、声かけしても自分では食べようとしない。食堂で職員は毎食声かけしながら、スプーンで口に入れる介助を行う。一口ごとに拒否があり、体重も減少しており、1時間かけてなんとか4割程度を摂取できる。

③ 理解なく自分では全く摂取できず、開口することもない。ベッドを50度程ギャッチアップし、毎食、職員が1時間かけ、声かけしながらスプーンで口唇を刺激して、全量口に入れる介助を行う。

④ 嚥下困難なため、経鼻経管栄養を実施している。ベッドを30度程ギャッチアップし、看護師が全て注入介助する（3回/日）。

⑤ 消化管機能の低下があり、経口摂取は行っていない。看護師が24時間中心静脈栄養を実施している。

評価軸「介助の方法」 テキスト2009版P 81 ～P 83

2-5 排尿《生活機能》

定義

「排尿」の介助が行われているかどうかを評価する項目である。

ここでいう「排尿」とは、「排尿動作（ズボン・パンツの上げ下げ、トイレ、尿器への排尿）」「陰部の清拭」「トイレの水洗」「トイレやポータブルトイレ、尿器等の排尿後の掃除」「オムツ、リハビリパンツ、尿とりパッドの交換」「抜去したカテーテルの後始末」の一連の行為のことである。

評価軸「介助の方法」 テキスト2009版P 84 ～P 86

2-6 排便《生活機能》

定義

「排便」の介助が行われているかどうかを評価する項目である。

ここでいう「排便」とは、「排便動作（ズボン・パンツの上げ下げ、トイレ、排便器への排便）」「肛門の清拭」「トイレの水洗」「トイレやポータブルトイレ、排便器等の排便後の掃除」「オムツ、リハビリパンツの交換」「ストーマ（人工肛門）袋の準備、交換、後始末」の一連の行為のことである。

選択肢

「1. 介助されていない」「2. 見守り等」「3. 一部介助」「4. 全介助」

排尿・排便は以下の「**2つの基本的なポイント**」と「8つの補足的なポイント」に留意し聞き取り特記事項に記載します。

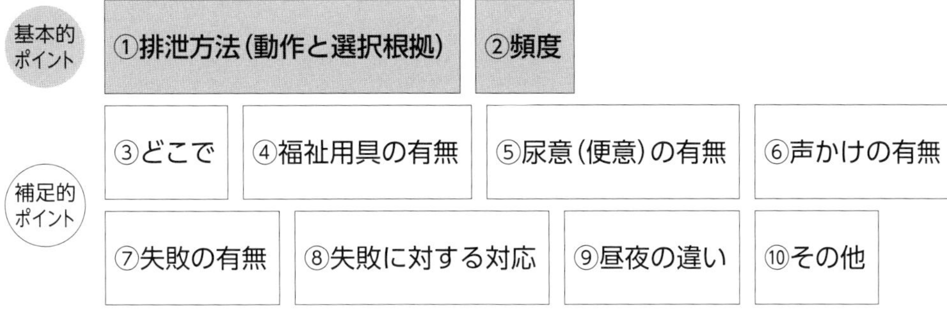

ポイント③⑨　どこで・昼夜の違い

ポイント②　頻度

ポイント①④　排泄方法（動作と選択根拠）・福祉用具の有無

ポイント⑦　失敗の有無

ポイント⑧　失敗に対する対応

ポイント⑤⑥　尿意（便意）の有無・声かけの有無

ポイント⑩　その他

この順番が聞き取りやすいよ

聞き取り調査・判断・特記事項のポイントは「介助の方法」P102～P107も参照してね。

聞き取り調査のポイント

アドバイス

順番通りに聞き取れなくても問題ありません。
場面やその他の聞き取り状況に応じ、臨機応変に聞き取ることが大切です。

【排尿】【排便】の聞き取りは、より配慮が必要な項目の一つです。

- 「お答えしにくいことをお聞きするかもしれないのですが」
- 「大変失礼なことをお伺いしますが」

など、初めに、個人の尊厳に配慮した声かけをしましょう。
「おしっこ・うんち」という言葉は、「お手洗い・トイレ・排尿」などに言い換えましょう。

★調査対象者の心身の状態や、置かれている環境、そのほかの状況などを考慮し、聞き取り方や順番を変えてみましょう。

★腰や膝が痛い・めまいがする・動作の理解が曖昧になった・指示が通じにくくなったなど調査対象者や立会者の困りごとを、調査員が理解しているということを伝えながら聞き取りましょう。

例えば **≪膝が痛い調査対象者≫**
「膝が痛くて歩くことが大変とのことですが、トイレでの立ち上がりも大変なのではないでしょうか？ どうされていますか？」 など

★調査対象者本人への聞き取りは、できていないことでも「自分でできる」などと回答する場合があります。立会者など日ごろの状況を把握している関係者から別途、聞き取ることが必要です。

ポイント㊴
どこで・昼夜の違い

聞き取り例

❑トイレは自室のトイレですか？ 共用のトイレですか？
❑ポータブルトイレはどちらに置かれていますか？
❑（立会者に）夜も、日中と同じように対応されていますか？

昼と夜や自宅と通所施設などで排泄場所が違う場合があります。
トイレ・ポータブルトイレ・ベッド上など。
施設・病院などでは、自室・共用などトイレの場所、ポータブルトイレの設置場所を聞き取ります。
➡活動量や介護量の違いの情報提供となります。
➡ポータブルトイレは設置場所により、2-1移乗又は2-2移動の判断材料となるため、詳細を聞き取ります。
昼夜で、排泄方法が変わるケースが多くあります。

ポイント②

頻度

聞き取り例

❏夜は何回位行きますか？　昼は何回位行きますか？
❏お通じは順調ですか？　お腹の調子はいかがですか？

「トイレは何回行きますか？」と質問すると「わかりません」という回答が多くなるかもしれません。

≪「わからない」と答えられた場合≫

❏就寝してから起床時までに何回位トイレに行かれますか？
　起床から昼食までは？ 昼食から就寝時まではいかがでしょうか？

など、クローズドクエスチョンで、おおよその頻度を**割り出して**みましょう。

≪排泄方法の違いがある場合≫

❏ご家族がお手伝いするのは1日に何回位ありますか？

≪尿（便）失禁があると聞いた場合≫

❏間に合わないことはトイレに行く度にありますか？
❏パッド（紙パンツ）は日に何回位交換しますか？

≪床（便器）を汚すと聞いた場合≫

❏床（便器）を汚されることはトイレに行く度にありますか？

「昼・夜」「排泄方法の違い」「失敗（失禁・便器や床汚染）」「失敗があった時の対応」
　それぞれの頻度は必須です！
「失禁・便器や床汚染」の頻度と「パッド（紙パンツ）の交換・便器や床の掃除」の頻度はイコールではありません。

失敗や手間の頻度の回答が得られにくい時は、
「ここ1カ月で1回位はありましたか？」や「トイレに行く度にありますか？」など、
それまでに聞き取った本人の状態像にあった問いかけで聞き取る配慮が大切です。
軽度の調査対象者に対し「毎日ありますか？」などの問いかけは不快な気分になることも考えられるので注意・配慮し聞き取ります。

ポイント①④ 排泄方法（動作と選択根拠）・福祉用具の有無

聞き取り例

❑ ズボンの上げ下げ・拭き取り・水洗はご自身でされていますか？
❑（立会者に）ご家族がお手伝いすることがありますか？

≪見守りや介助が発生している場合≫

❑ 右腕を動かすことが難しいとお聞きしましたが、ズボンの上げ下げなどはどうされていますか？

など、すでに聞き取った内容から、支障を想定し具体的に聞き取ると、必要な情報がよりスムーズに得られやすくなります。

≪排泄動作に支障がない場合≫

❑ 用心のために、パッドのようなものを使用することはありますか？

≪排泄動作に支障がある場合≫

❑ パッドや紙パンツを使われていますか？

テキストの調査項目の定義に記載されている一連の行為について聞き取ります。

ズボンの上げ下げ・拭き取り・（陰部の清拭、肛門の清拭）・トイレの水洗について
トイレやポータブルトイレ、尿器等の排泄直後の掃除（後始末）について
尿器使用時は、準備、尿器を持つ、尿の破棄、排尿直後の尿器の後始末について
排尿：カテーテルを留置している時は、準備、蓄尿バッグの尿の破棄、カテーテル交換や後始末について
排便：ストーマ（人工肛門）の便の破棄、パウチの準備、交換、後始末について

これらの基本情報が一つでも足りないと判断ができません。

男性の場合、排尿時の姿勢（立位・座位）も確認します。

布パンツ・パッド・紙パンツ・紙オムツ・布オムツ等の下着の形態も聞き取ります。

紙パンツ・パッド等の福祉用具については、失敗の有無を確認してから聞き取りを行うとスムーズに回答が得られやすいです。

※失禁がない方が、布パンツ以外を使用している場合などは、その理由を確認します。

例 用心のため、1年前の外出した際に間に合わなかったことがあるため、など

ポイント⑦ 失敗の有無

聞き取り例

❑ パッドや紙パンツが汚れてしまうことはありませんか？
❑ 間に合わず、ズボンなどが汚れることがありますか？

失禁のほか、便器や床の汚染・不潔行為などが含まれます。
失敗する理由も確認します。

ポイント⑧
失敗に対する対応

聞き取り例

❏パッド（紙パンツ）が汚れた時は、ご自身で交換されていますか？
❏便器や床が汚れた時は、その都度、ご自身で片付けをされていますか？
❏（立会者に）パッドや紙パンツを毎回、交換しなければならないほどですか？
❏（立会者に）お洋服まで汚れてしまいますか？
❏（立会者に）便座（床）が汚れたときは、次の人が使えないほどですか？

便器や床がどの程度汚れているかも聞き取ります。
介護者がその都度対応できない時はその理由も必要です。
適切か不適切な状況かの判断材料となります。
介護の手間は審査会で評価される重要な情報です。
★介護者が十分に対応できていない状況や介護に疲れている様子がみられた時は、介護者に対しての配慮ある言葉を一言付け加える等の思いやりも大切です。

ポイント⑤⑥
尿意（便意）の有無・声かけの有無

聞き取り例

❏（立会者に）声かけなく、トイレへ行かれますか？
❏決まった時間にトイレに行くよう声かけすればご自身でトイレに行かれていますか？

≪パッドや紙パンツ、おむつ内で排泄している方など≫

❏排尿（便）前に、尿意（便意）があることを伝えられますか？
❏排尿（便）後に、排泄があったことを伝えられますか？

認知症高齢者などをトイレ誘導する場合は理由が必要です。
排泄の状況を聞き取る中で尿意（便意）の有無が分かる場合があります。主には立会者に確認することが多くなる内容です。
トイレまでの移動や排泄動作が自立しているような調査対象者の場合は特に配慮します。
「初動」や「一つ一つ」等、声かけ方法により、判断が異なるので、詳細を聞き取ります。

ポイント⑩ その他

聞き取り例

❑他にお困りのことはありませんか？

≪過去１週間以内のことではなかった場合≫

❑具体的にいつ頃の出来事か覚えていらっしゃいますか？

≪区分変更や前回の申請から状態が変化している場合≫

❑いつ頃から様子が変わられましたか？

❑以前はどうされていらっしゃいましたか？

判断のポイント

聞き取った情報をもとに、定義に沿って判断し選択肢を選択します。
フローチャートを参考にして下さい。211 ～212ページ参照

該当する行為が一定期間（調査日より概ね過去１週間）にどの程度行われているかを把握したうえで、そのうち介助が行われている（又は介助が行われていない）頻度が最も多いもので選択を行うことを原則とする。

排尿のように、行為そのものの発生頻度が多いものは、**週の中で介助の状況が大幅に異なることがないのであれば**、通常の１日の介助における昼夜の違いなどを聞き取り、頻度で評価してもかまわない。

足元不安定で方向転換が上手くできないため、車椅子から便座へは介護者が腰を支える介助をする。 トイレでの一連の動作は自立。	トイレやポータブルトイレへの移乗に関する介助は、他の移乗行為とともに2-1移乗で評価する。 ➡「1. 介助されていない」を選択。

日に1回、ズボン引き下げが間に合わず衣類まで汚染するほどの失禁がある。トイレでの排泄動作は自立。紙パンツも自分で交換する。ズボンは履かず紙パンツのまま過ごしている。帰宅した家族がズボンを履かせる介助をする。	ズボンを履かせる介助は、2-11ズボン等の着脱で評価する。 ➡「1. 介助されていない」を選択。
失禁した場合の衣類の更衣に関する介助。	他の着脱行為とともに2-10上衣の着脱・2-11ズボン等の着脱で評価する。

排泄動作は自立。便器周囲に汚染あるが、少量でありその都度の掃除までは必要ない。日に1回、家族が拭き掃除を行う。	トイレの日常的な掃除は含まない。 ➡「1. 介助されていない」を選択。

排泄動作は自立。毎回のように便器周囲や床に尿汚染がある。家族がその都度拭き掃除を行う。	トイレやポータブルトイレ、尿器等への排尿（排便）後の掃除は含まれる。 ➡「3. 一部介助」を選択。

認知力の低下があり、トイレに行くタイミングが分からないため介護者が声かけしトイレ誘導する。	トイレ誘導の声かけが発生。 ➡「2. 見守り等」を選択。 ※トイレまで介護者が付き添っていれば2-2移動でも評価する。
歩行不安定でトイレまでの移動は介護者がそばに付き添う。	2-2移動で評価する。 排泄動作についてを評価する。

使用したポータブルトイレの後始末を一括して行う。	排尿（排便）の直後であるかどうかや、その回数に関わらず「排尿後の後始末」として評価する。
昼はトイレで排泄し一連の動作は自立（7回/日）。 夜は歩行不安定なためポータブルトイレを使用。ズボン上げ下げ、陰部拭き取りは自立（1回/日）。介護者が、朝ポータブルトイレの後始末を介助する。	昼：「1. 介助されていない」×7回 夜：「3. 一部介助」 ×1回 より頻回な状況に基づき「1. 介助されていない」を選択。
昼はトイレで排泄し一連の動作は自立（4回/日）。 夜は歩行不安定なためポータブルトイレを使用。ズボン上げ下げ、陰部拭き取りは自立（5回/日）。介護者が、朝ポータブルトイレの後始末を介助する。	昼：「1. 介助されていない」×4回 夜：「3. 一部介助」 ×5回 より頻回な状況に基づき「3. 一部介助」を選択。
ポータブルトイレで排泄し、ズボン上げ下げ、陰部拭き取りは自立（昼7回、夜1回）。 介護者が、朝、夕2回ポータブルトイレの後始末を介助する。	「3. 一部介助」を選択。

浣腸や摘便等を看護師が行う。	行為そのものは含まれないが、これらの行為に付随する排便の一連の行為は含む。

★定義の「尿器への排尿」「排便器への排便」とは、腹圧が弱いため、腹部を押すなどしないと排泄できない場合における腹部を押すなどの介助をさしている。
便座に座るだけで、排尿・排便する対象者は、一連の行為に含まない。

◎行為自体が発生していない場合

- 透析治療で自尿が全くない場合は「介助されていない」を選択します。
- 身体的能力や認知力などが低下し全てに介助が必要な方でも「介助されていない」を選択します。
- 自尿がわずかでもあれば、その状況で判断してください。

◎適切な介助

「適切な介助について」にポイントをまとめています。105 ～106ページを参照

失禁・床や便器の汚染がある場合の注意点

失禁・床や便器の汚染があるだけで「2. 見守り」や「3. 一部介助」「4. 全介助」にはなりません。**パッドや紙パンツの交換・床や便器の掃除の介助が発生しているか**どうか、**その介助がどの程度の頻度で行われているか**で判断します。

そのため、一連の動作は自立。失禁がありパッド交換も自分で行う場合は「1. 介助されていない」となります。

失禁が複数回発生し、パッド交換を毎回はしていない場合、交換をしていない理由により判断が変わります。

例えば、1日8回排尿の動作は自立。1日2回パッド交換を介護者が行っているケース。

理由1 失禁が毎回のようにあるが尿漏れ程度で、毎回交換する必要がない。
理由2 失禁が1日2回しかなく、失禁した時に交換している。

理由1、2ともに
「1. 介助されていない」×1日8回　「3. 一部介助」×1日2回　が発生している
➡より頻回な状況より「介助されていない」を選択。　となります。

理由3 失禁が多く、本来は毎回交換が必要であるが、何らかの理由で交換できていない。
状況によっては、適切な介助が行われていないと判断し、適切な介助を選択します。

特記事項のポイント

「排泄にかかる介護の手間」＝排泄方法×頻度×失敗の有無と失敗に対する介護の手間
必ず記載します。

まずは一定期間（調査日より概ね過去1週間）の状況を記載します。

一定期間以前のことを、特記の初めや途中に記載すると、伝わりにくい特記事項となるので、注意しましょう。

以下の点にも留意して特記事項を記載します。

どこで 自室や共有のトイレ、ポータブルトイレはどこに設置して、排泄場所はどこなのか詳細を記載する。

昼夜の違い 介助方法が変わらない、頻度が少ない場合でも、昼夜の違いの有無は記載することが望ましい。

頻度 排泄回数や、「失禁・便器や床の汚染」「パッド（紙パンツ）の交換・便座や床の掃除」の介護の手間についても詳細な頻度を記載する。

声かけの有無 いつ、誰が、どんな理由で声かけしているか記載する。
※**3-2毎日の日課を理解、5-3日常の意思決定**の判断根拠となります。

排泄方法（動作と選択根拠） **福祉用具の有無**
自分で行う行為、介助者が介助する行為や理由を記載する。
水洗・ポータブルトイレの後始末についても忘れずに記載する。
布パンツ・紙パンツ・紙オムツなど、調査対象者の全体像を把握するために記載する。
カテーテル留置・ストーマ造設について後始末などの詳細を記載する。

失敗の有無 軽中度者の場合、審査会において重要な判断材料になります。
適切な介助か不適切な介助かの判断材料や、**5-3日常の意思決定、障害高齢者の日常生活自立度、認知症高齢者の日常生活自立度**の判断根拠にもなるため、詳細を記載する。

失敗の有無 頻度にかかわらず、失敗があるときは、**その対応を必ず記載**する。
＋
失敗に対する対応 **審査会で評価される重要な情報**となる。
更衣の介助は2-10上衣の着脱、2-11ズボン等の着脱で評価しますが、衣類の交換が必要なことは記載する。

尿意（便意）の有無 尿意（便意）の有無は判断には含みませんが、**3-1意思の伝達、5-3日常の意思決定、認知症高齢者の日常生活自立度**の判断根拠になります。
排泄に支障がある方や事務局や審査会からの要望がある場合は記載する。

その他 文章の後半に記載するよう心がける。

調査対象者の状態や置かれている環境などは千差万別です。
特に排尿は複数の状況が発生する項目となります。
状況に応じた特記事項を記載しなくてはなりません。
そのためには、以下のように何を目的にその言葉を書いているのかを意識する必要があります。

尿意あり。紙パンツにパッド着用。自室トイレを使用。終日、ズボン・紙パンツの上

尿意の有無　福祉用具の有無　排泄場所　昼夜の違い　排泄方法（動作と選択根拠）

評価軸「介助の方法」 2-5 排尿《生活機能》／2-6 排便《生活機能》

げ下げ、拭き取りは自分で行う。腰痛がひどく手が届かないため、水洗は毎回職員が
（介助の理由）

介助する。（8回/日）。失禁等はない。
頻度　失敗の有無

何を伝えたいですか？

場面ごとに整理できましたか？

排泄動作＋頻度＋手間記載漏れはないですか？

排尿は実際の介護において「個人差」があります。
1日の中で「何度も発生する介助」でもあります。
全ての要介護度区分において「丁寧な記載」を心がけましょう。
特に、「介助されていない」「全介助」の選択を行った場合、
記載漏れがないように留意する必要があります。

排尿例文

介助されていない

① 尿意あり、布下着着用。終日、トイレで一連の行為は自立（8回/日）。失敗もない。

② 尿意あり、布下着にパッド使用。終日、トイレで一連の行為は自立（10回/日）。日に2回程度、間に合わず尿漏れがあり、パッド交換も自分で行う。

③ 尿意あり、布下着着用。日中はトイレ（8回/日）、夜間はポータブルトイレ（2回/日）を使用し、一連の行為は自立。朝、ポータブルトイレの後始末も自分で行う。

④ 尿意あり、布下着着用。日中はトイレ（10回/日）、夜間はポータブルトイレ（2回/日）を使用し、一連の行為は自立。妻が、朝まとめてポータブルトイレの後始末を行う。より頻回な状況に基づき「介助されていない」選択。

⑤ 尿意あり、紙パンツ着用。終日、トイレで一連の行為は自分で行う（8回/日）。間に合わず尿失禁し、ズボンまで汚す（2回/日）。足先に手が届かず、妻がズボン・紙パンツの交換を介助する。より頻回な状況に基づき「介助されていない」選択。

見守り等

① 尿意曖昧、布下着とパッド使用。タイミングが分からず、2～3時間おきに職員が声かけし自室トイレへ誘導（10回/日）。一連の行為は自分で行うが、尿漏れがあり職員が毎回パッドの確認を行う。日に3回程度パッド内汚染があり、職員が促せば、自分で交換する。

② 尿意曖昧、紙パンツとパッド使用。コールで職員を呼び、自室トイレでズボン等の上げ下げ・拭き取り・水洗は自分で行う（昼8回、夜3回/日）。毎回パッドに漏れあるが、自分では交換しない。職員が毎回確認し声をかければ、自分で交換する。

③ 布下着と安心のためパッド使用。終日、尿意が曖昧で娘が初動の声かけを行いトイレ利用。動作の理解がなく、娘が側で一つ一つ声かけすれば自分で一連の行為を行う（昼6回、夜2回/日）。水洗は自動。尿漏れはない。

一部介助

① 尿意あり、布下着着用。終日、自室トイレを利用。腰痛のため、職員をコールで呼び、ズボン等の上げ下げの介助を行う。拭き取りと水洗は自分で行う（8回/日）。失禁はない。

② 尿意あり、紙パンツにパッド使用。日中は自室トイレで排尿。腰痛のため、ズボン・紙パンツの上げ下げと水洗は職員が介助を行う。拭き取りは紙を渡して促せば、自分で行う（8回/日）。失敗はない。夜間は職員がベッド上でパッド交換の介助を行う（2回/日）。より頻回な状況に基づき「一部介助」選択。

③ 尿意あり、紙パンツ着用。昼夜ともに別階のトイレ利用（昼8回、夜3回/日）。トイレ内の一連の行為は自分で行う。足元不安定で間に合わず、排尿も立位のため、毎回便座・床を汚染し、その都度妻が拭き掃除を行う。週に1回は、紙パンツまで汚し、妻が交換介助する。妻は座位での排尿を勧めるが嫌がる。

全介助

① 尿意なく、紙オムツ・パッド使用。3時間おきに看護師が確認し、ベッド上でパッド交換の介助を行う。衣類やシーツまで尿汚染し、都度看護師が交換を介助する（2回/週）。

② 尿意なく、紙オムツ・パッド使用。3時間おきに職員が確認し、ベッド上でパッド交換の介助を行う。両膝・股関節の拘縮が強く、2人で慎重に行う。

③ 終日紙オムツ使用し、バルーンカテーテル留置中。看護師が尿量や性状を観察し、ウロバッグの尿の破棄をする（2回/日）。

④ 尿意曖昧、紙パンツ使用。昼は訴え時や定時に職員が自室トイレに誘導（8回/日）。毎回尿漏れがあり、立位困難で職員がパッド交換を含む一連の行為を介助する。夜は紙オムツ使用し、ベッド上で職員がパッド交換の介助を行う（3回/日）。

適切な介助の方法

① 尿意あり、紙パンツ着用。自室トイレで排尿（昼10回、夜3回/日）。自分で排尿の一連の行為を行う。汚染はないが、握力低下と立位不安定で、毎回ズボン等が上がらず臀部が半分程出ており、不適切な状況と判断。職員が訪室時（5回程/日）は、ズボン等の引き上げ介助を行っており、毎回同様の介助が必要。適切な介助の方法で「一部介助」選択。

排便例文

介助されていない

① 便意あり、布下着着用。毎回トイレ利用し、自分で一連の行為を行う（1回/日）。汚染はない。

見守り等

① 便意なし、紙パンツ使用。職員がトイレ誘導、理解できず一つ一つの動作を声かけすれば、自分で一連の行為を行う（1回/2日）。3日排便がないと、看護師が座薬を挿肛する（2回/月）。

一部介助

① ストーマ造設。自分で排泄物を捨てる（毎日）。訪問看護師がストーマ装具の準備・交換を介助する（1回/週）。

② 便意あり、安心のため紙パンツ着用。コールで職員を呼び、自室トイレで排便（1回/日）。自分で拭き取りし、立位不安定なため、職員がズボン等の上げ下げ・水洗の介助を行う。汚染はない。

全介助

① 便意なく、紙オムツ・パッド使用。ベッド上で看護師が確認し、紙オムツ・パッド交換の介助を行う（1回/日）。抵抗が強く叩こうとするため、看護師が2名で対応する。

2-7 口腔清潔《生活機能》

定義

「口腔清潔」の介助が行われているかどうかを評価する項目である。

ここでいう「口腔清潔」とは、歯磨き等の一連の行為のことで、「歯ブラシやうがい用の水を用意する」「歯磨き粉を歯ブラシにつける等の準備」「義歯をはずす」「うがいをする」等のことである。

選択肢

「1. 介助されていない」「2. 一部介助」「3. 全介助」

口腔清潔は以下の「**2つの基本的なポイント**」と「5つの補足的なポイント」に留意し聞き取り特記事項に記載します。

基本的ポイント	①口腔清潔方法（動作と選択根拠）	②頻度		
補足的ポイント	③どこで	④自歯、義歯の有無	⑤福祉用具の有無	⑥声かけの有無
	⑦その他			

ポイント②③　頻度・どこで

ポイント④⑤　自歯、義歯の有無・福祉用具の有無

ポイント①⑥　口腔清潔方法（動作と選択根拠）・声かけの有無

ポイント⑦　その他

聞き取り調査・判断・特記事項のポイントは「介助の方法」P102～P107も参照してね。

聞き取り調査のポイント

ポイント②③

頻度・どこで

聞き取り例

- ❏ １日に何回、歯磨きをされますか？
- ❏ 歯磨きは、どこで行いますか？
- ❏ 洗面所ですか？　ベッド上で行いますか？

実施方法に違いがある場合は、頻度が判断基準となるため詳細な回数を聞き取ります。

口腔清潔の回数・場所は、2-2移動の判断や介助の場面と関連するので詳細を聞き取ります。

ポイント④⑤

自歯、義歯の有無・福祉用具の有無

聞き取り例

- ❏ 歯は全て、自分の歯ですか？　部分的に欠けているところはありますか？
- ❏ 部分義歯を使用していますか？　全て義歯ですか？
- ❏ 自助具の使用はありますか？

定義の「義歯をはずす」の判断材料となるため、義歯の形態を聞き取り・確認します。

どのような福祉用具を使用しているかを確認するとともに、手指の巧緻性の低下などの理由も聞き取ると、全体像が伝わりやすい。

福祉用具の違いにより、口腔清潔の方法に差が生じることがあります。

ポイント①⑥

口腔清潔方法（動作と選択根拠）・声かけの有無

聞き取り例

- ❏ 自分で歯磨き・うがいを行いますか？
- ❏ 歯磨き・うがいに介助がありますか？
- ❏ 義歯洗浄は、誰が行いますか？
- ❏ 歯ブラシ・コップ等の準備は、誰が行いますか？

「初動」や「一つ一つ」等、声かけ方法により、判断が異なるので、詳細を聞き取ります。

無歯顎等で、歯ブラシを使用せず、スポンジブラシやガーゼで拭き取りを行っている等の工夫があれば、詳細を聞き取ります。

特に「うがい」については、聞きもらしがちです。気をつけましょう。

ポイント⑦ その他

聞き取り例

❑その他に歯磨きについて、困っていることはありますか？

洗面所で口腔清潔を行う場合に、座位・立位等の状態を聞き取り・確認を行うと全体像把握や他項目との整合性が図れます。

自歯・義歯に残渣物や磨き残し・口臭等があれば、不適切な状況を勘案する材料となるため、調査時目視での確認や、立会者に日頃の状況を聞き取ります。

判断のポイント

聞き取った情報をもとに、定義に沿って判断し選択肢を選択します。
フローチャートを参考にして下さい。213ページ参照

該当する行為が一定期間（調査日より概ね過去1週間）にどの程度行われているかを把握したうえで、そのうち介助が行われている（又は介助が行われていない）頻度が最も多いもので選択を行うことを原則とする。

歯磨き時に立位不安定にて、転倒防止のため、介護者がそばで見守りを行う。 **※口腔清潔行為に対して評価する。**	立位に対する見守りのみで、口腔清潔は自分で行う。 ➡「1. 介助されていない」を選択。
	立位が不安定で、歯磨きやうがいが不十分なため、介護者がそばで見守り・声かけをする。 ➡「2. 一部介助」を選択。

うがいしか行っていない。 **※うがいの状況で評価する。**	自分でコップに水を入れ、うがいを行う（不適切さはない）。 ➡「1. 介助されていない」を選択。
	介護者が水を準備し手渡せば、自分で口に含みうがいを行う。 ➡「2. 一部介助」を選択。
	介護者が水を準備し口に入れる介助を行えば、自分で吐き出す。 ➡「3. 全介助」を選択。

自分で歯磨きのみするが不十分で介護者が歯を磨きなおす。	部分的に磨きなおす。 ➡「2. 一部介助」を選択。
	本人が歯を磨いた部分を含め全て磨きなおす。 ➡「3. 全介助」を選択。
義歯の場合。	総義歯➡義歯の清潔保持に関わる行為で選択します。 部分義歯➡自歯の歯磨きの状況と、義歯の清潔保持に関わる行為のどちらも含んで判断します。
歯磨き粉を歯ブラシにつけない、口腔洗浄剤を使用している等の場合。	2-7口腔清潔に含まれます。
自分の歯も義歯の使用もないなどで、うがいも含め口腔清潔は行っていない場合。	食後などにお茶を飲み込み清潔保持ができていれば、飲み込みの状況で判断します。 清潔保持できていなければ、適切な介助を選択します。
洗面所への誘導、移動は含まない。	2-2移動で評価しましょう。

◎適切な介助

「適切な介助について」にポイントをまとめています。105～106ページを参照

特記事項のポイント

まずは一定期間（調査日より概ね過去１週間）の状況を記載します。

一定期間以前のことを、特記の初めや途中に記載すると、伝わりにくい特記事項となるので、注意しましょう。

以下の点にも留意して特記事項を記載します。

自歯、義歯の有無 義歯は上、下、部分義歯、総義歯がわかるように記載する。

どこで 自宅、デイサービス、洗面所、ベッド上などの情報は、活動量などが伝わり易くなります。特記事項に記載することをお勧めします。
施設や病院での洗面所は、自室か共用かの違いも記載する。

頻度 １日１回や気が向いたときなど、個別性がある場合は、その理由とともに詳細な頻度を記載する。
※**3-2毎日の日課を理解との整合性**を確認します。

声かけの有無 いつ、誰が、どんな理由で声かけしているか記載する。
※**3-2毎日の日課を理解、5-3日常の意思決定の判断根拠**となります。

福祉用具の有無 福祉用具の使用がある場合は、いつ、誰が使うのか必ず記載する。

口腔清潔方法(動作と選択根拠) 自分で行う行為、介護者が介助する行為や理由を記載する。

その他 文章の後半に記載するよう心がける。

・洗面所周辺の掃除等は含まない。	介護の手間が発生している場合は、頻度や理由と共に記載する。

★通常は「物品の準備は」程度の表現で良いのですが、調査対象者の状態に応じ、必要物品は違います。上下総義歯の場合、歯ブラシや歯磨き粉は必要ですか？ 歯茎を磨く？ 歯磨き粉を歯ブラシにつけて義歯を磨く？ などの個別性がある場合は、頻度と共に詳細を記載する。
歯ブラシ、歯磨き粉を歯ブラシにつける、口腔スポンジ、コップ、ガーグルベースン、義歯洗浄剤などがある。

例文

介助されていない

① 自歯のみ。毎食後、洗面所にて自分で歯磨きの一連の行為を行う。

② 上下部分義歯。めまいがあるため、洗面所で椅子に座り、毎食後、自分で口腔清潔の一連の行為を行う。

③ 上下総義歯。自らしようとせず、毎食後、妻が初動の声かけを行えば、洗面所にて自分で口腔清潔の一連の行為を行う。週2回デイサービスでは、職員が洗面所で道具を準備し促せば、自宅と同様に行う。より頻回な状況に基づき「介助されていない」選択。

④ 自歯はなく、義歯もない。日頃から歯磨き、うがいをする習慣はなく、毎食後自分で準備したお茶で口を漱いで飲み込むと夫。調査時、日頃とも、不適切な状況まではない。

一部介助

① 上下部分義歯。右手麻痺があり、毎食後洗面所にて職員が歯ブラシに歯磨き粉をつけ、コップを手元に準備すると、自分で義歯をはずし、歯磨き、うがいを行う。義歯の洗浄は職員が行う。

② 全て自歯。毎食後、洗面所で行う。理解できず、初動の声かけしてもできない。職員が物品を準備し、そばで一つ一つ動作の声かけをすれば、自分で歯磨き・うがいを行う。

③ 上下総義歯。理解できず、毎食後、洗面所にて職員が道具を準備し終始声をかけると、自分で義歯をはずし・洗浄・うがいを行う。日に１回は指示が通らず、職員が一連の行為を介助する。より頻回な状況に基づき「一部介助」選択。

④ 上下総義歯。理解できず、毎食後ベッド上にて看護師がオーバーテーブルに物品を準備し、義歯をはずし洗浄介助する。コップを手渡し声かけすれば、自分でうがいを行う。

全介助

① 全て自歯。理解できず指示が通りにくい。毎食後、職員がテーブルに物品を準備し歯を磨き、水を口に入れれば、吐き出す行為だけはできる。

② 上下総義歯。毎食後職員が数回声をかけても指示が通りにくい。職員がテーブルに物品を準備、義歯をはずし、コップの水を含ませて声かけすれば、ガーグルベースンに吐き出すことはできる。週１回は指示が通り、自分で義歯をはずし、コップを手に持ち、口を漱ぐ。洗浄は、毎回職員が介助する。より頻回な状況に基づき「全介助」選択。

③ 全て自歯。両手指の拘縮とえん下困難で、歯磨き、うがいができない。看護師が毎食後物品を準備し、ベッド上にて、ガーゼで口腔内を拭き取る。口が常に開いているため、口腔内が乾燥し歯茎から出血がある。看護師が１時間毎に口腔内をマウススプレーで湿らす。

適切な介助の方法

① 上下自歯。調査時、毎日自分で歯を磨くと本人より聞くが、調査時、強い口臭や口腔内の汚れがあった。日頃も同様で、日に１回訪問時に声かけするが意欲なく、行っている様子はない。１カ月以上洗面所を使用した形跡もないと友人。不適切な状況と判断。両手・上肢の機能に支障はなく、自分で歯磨きやうがいの動作が行えるが、介護者による物品の準備、そばで見守り声かけ、確認が必要。適切な介助の方法で「一部介助」選択。

② 上下自歯。毎食後、歯磨きをしていると本人。日頃は、関心がなく自らはしない。毎食後、妻が声かけするが従わず、行っていない。調査時･日頃とも、口腔内の汚れや歯のぐらつきがあり、不適切な状況と判断。月２回訪問歯科医師が歯磨きの指導を行う。介護者がそばで見守り声かけ、確認が必要。適切な介助の方法「一部介助」選択。

2-8 洗顔《生活機能》

定義

「洗顔」の介助が行われているかどうかを評価する項目である。

ここでいう「洗顔」とは、洗顔の一連の行為のことで、一連の行為とは、「タオルの準備」「蛇口をひねる」「顔を洗う」「タオルで拭く」「衣服の濡れの確認」等の行為をいう。また、「蒸しタオルで顔を拭く」ことも含む。

選択肢

「1. 介助されていない」「2. 一部介助」「3. 全介助」

洗顔は以下の「**2つの基本的なポイント**」と「５つの補足的なポイント」に留意し聞き取り特記事項に記載します。

基本的ポイント
- ①洗顔方法（動作と選択根拠）
- ②頻度

補足的ポイント
- ③どこで
- ④福祉用具の有無
- ⑤声かけの有無
- ⑥類似行為による代替評価
- ⑦その他

ポイント②③　頻度・どこで

ポイント①④⑤　洗顔方法（動作と選択根拠）・福祉用具の有無・声かけの有無

ポイント⑥　類似行為による代替評価

ポイント⑦　その他

聞き取り調査・判断・特記事項のポイントは「介助の方法」P102～P107も参照してね。

聞き取り調査のポイント

ポイント②③
頻度・どこで

聞き取り例

- ❑ １日に何回、洗顔されますか？
- ❑ 洗顔は、どこで行いますか？
- ❑ 洗面所ですか？ ベッド上で行いますか？

実施方法に違いがある場合は、頻度が判断根拠となるため詳細な回数を聞き取ります。
洗顔の回数や場所は、2-2移動の判断や介助の場面と関連するので詳細を聞き取ります。
ベッド上で洗顔を行う場合には、理由を聞き取ります。

ポイント①④⑤
洗顔方法（動作と選択根拠）・福祉用具の有無・声かけの有無

聞き取り例

- ❑ 自分で洗顔・顔の拭き取りを行いますか？
- ❑ 洗顔の行為に介助はありますか？
- ❑ タオルの準備は誰がされますか？
- ❑ 介護用品や自助具の使用はありますか？
- ❑（立会者に）声かけを行いますか？

介護者がタオルを手渡す介助は「一部介助」の判断となるため、詳細を聞き取ります。
自分でタオル・蒸しタオルで顔を拭いた後に、介護者が拭き直す介助を行う場合、拭き直しの状況により選択肢が異なるので、詳細を聞き取ります。
「初動」や「一つ一つ」等、声かけ方法により、判断が異なるので、詳細情報を聞き取ります。
福祉用具の使用があれば、洗顔の支障と詳細を聞き取ります。

ポイント⑥
類似行為による代替評価

聞き取り例

- ❑ 洗顔の代わりに、蒸しタオルや絞ったタオルで顔を拭くことはありますか？

入院中や主にベッド上での生活で、洗顔の機会がない対象者に聞き取ります。
蒸しタオルや絞ったタオルを準備・手渡し介助等、詳細な介助の方法を聞き取ります。

ポイント⑦

その他

聞き取り例

❑その他に洗顔について、困っていることはありますか？

洗面所で洗顔を行う場合に、座位・立位等の状態を聞き取り・確認を行うと全体像把握や他項目との整合性が図れます。

顔に汚れや洗い残し等があれば、不適切な状況を勘案する材料となるため、調査時目視での確認や、立会者に日頃の状況を聞き取ります。

判断のポイント

聞き取った情報をもとに、定義に沿って判断し選択肢を選択します。
フローチャートを参考にして下さい。208ページ参照

該当する行為が一定期間（調査日より概ね過去1週間）にどの程度行われているかを把握したうえで、そのうち介助が行われている（又は介助が行われていない）頻度が最も多いもので選択を行うことを原則とする。

立位が不安定なため、介護者がそばで見守りする。 **※洗顔行為に対して評価する。**	立位に対する見守りのみで、洗顔は自分で行う。 ➡「1. 介助されていない」を選択。 立位が不安定で、洗顔が不十分なため介護者がそばで見守り・声かけをする。 ➡「2. 一部介助」を選択。
タオルの準備について。	あらかじめ介護者が準備し置いている。 ➡「1. 介助されていない」を選択。 その都度、そばに付き添い手渡す。 ➡「2. 一部介助」を選択。
自分で顔を洗う（拭く）のみするが不十分で介護者が洗い（拭き）なおす。	部分的に洗い（拭き）なおす。 ➡「2. 一部介助」を選択。
	本人が洗った（拭いた）部分を含め全て洗い（拭き）なおす。 ➡「3. 全介助」を選択。
洗面所への誘導、移動は含まない。	2-2 移動で評価する。

◎行為自体が発生していない場合

類似の行為で代替して評価する。➡入浴後に顔をタオル等で拭く介助や、ベッド上で顔を拭く行為などで判断する。

※通常の洗顔行為がある場合は、これらの行為を評価対象には含まない。

◎適切な介助

「適切な介助について」にポイントをまとめています。105 ～106ページを参照

特記事項のポイント

まずは一定期間（調査日より概ね過去１週間）の状況を記載します。

一定期間以前のことを、特記の初めや途中に記載すると、伝わりにくい特記事項となるので、注意しましょう。

以下の点にも留意して特記事項を記載します。

どこで 施設や病院の場合は、自宅の洗面所か共有の洗面所なども記載する。
洗面所では立っている、座っている、洗面台にもたれているなどの個別性も記載する。

頻度 気が向いた時など個別性がある場合は、その理由と共に詳細を記載する。
※**3-2毎日の日課を理解との整合性**を確認します。

声かけの有無 いつ、誰が、どんな理由で声かけしているか記載する。
※**3-2毎日の日課を理解、5-3日常の意思決定の判断根拠**となります。

福祉用具の有無 タオルなど、道具の準備は誰がしているかを記載する。
福祉用具の使用がある場合は、いつ、誰が使うのか必ず記載する。

洗顔方法(動作と選択根拠) 自分で行う行為、介護者が介助する行為や理由を記載する。

類似行為による代替評価 定義の行為が発生していないこと、その理由、類似行為とはどのような行為で、どのように行っているのか、その頻度など、詳細を記載する。

その他 文章の後半に記載するよう心がける。

洗面所周辺の掃除等は含まない。	介護の手間が発生している場合は、頻度や理由と共に記載する。

1. 介助されていない	「初動（事前）の声かけ」等を書き忘れないようにする。
2. 一部介助	洗い（拭き）なおす➡「不十分な所」等を書き忘れないようにする。
3. 全介助	洗い（拭き）なおす➡「本人が洗った（拭いた）部分を含め全て」等を書き忘れないようにする。

例文

介助されていない

① 毎朝、洗面所にて自分で洗顔の一連の行為を行う。

② 毎朝、意欲がなく長女が初動の声かけを行えば、自分で洗面所へ行き洗顔の一連の行為を行う。調査時、日頃も不適切な状況はない。

③ 面倒なため、洗面所での洗顔は行っていないと本人。入浴時（3回/週）は、自分で洗顔の一連の行為を行う。調査時、日頃も不適切な状況はない。

④ 自宅では、洗面所にて自分で洗顔し置いてあるタオルで拭き取りを行う（3回/週)。「介助されていない」選択。ショートステイでは起床時に、職員が蒸しタオルを準備し手渡せば、自分で顔の拭き取りを行う（4回/月)。

一部介助

① ベッド上の生活で、洗面所での洗顔は行っていない。毎朝、職員が蒸しタオルを準備し手渡せば、自分で顔を拭く。類似行為で代替評価し「一部介助」選択。

② 毎朝、妻が洗面所にタオルを準備し初動の声かけを行うと、自分で洗顔し拭き取る。下肢筋力低下で、洗面台にもたれるため、衣服が濡れないよう妻がそばで見守り声かけする。

③ 理解できず、自発的に行うことはない。毎朝、洗面所で職員がタオルを準備し、そばに付き添い、一つ一つ指示すると、自分で洗顔し拭く。

④ 立位困難で、日常的に洗顔は行っていない。毎朝、妻が蒸しタオルを準備し手渡せば、自分で顔の拭き取りを行う。両手指の握力低下があり、目元・口元が不十分。妻がその部位を拭き直す介助を行う。類似行為で代替評価し「一部介助」選択。

全介助

① 移動が困難なため、洗面所での洗顔は行っていない。両手指関節の変形があり、自分で顔を拭くことができず、毎朝、看護師が蒸しタオルを準備し、ベッド上で顔を拭く介助を行う。類似行為で代替評価し「全介助」選択。

② 理解できないため、入浴時、妻が洗顔し、タオルで拭く介助を行う（毎日）。

③ 意欲低下あり、声かけにも拒否するため洗顔は行っていない。毎朝、夫がお湯で濡らし絞ったタオルを手渡し促せば、自分で顔を拭く。撫でる程度で不十分なため、夫が全て拭き直す。類似行為で代替評価し「全介助」選択。

適切な介助の方法

① 起床時、洗面所にて自分で一連の行為行うと本人。右半身麻痺があり左手のみで行うため、調査時、日頃も目や口の周りが汚れている。妻にも障害があり介護力はなく介入できず、不適切な状況と判断。上手く洗えていない所は、介護者の洗い直す介助が必要。適切な介助の方法で「一部介助」選択。

② 両上下肢と両手指の機能に障害があり、日頃、洗顔は行えない。週１回訪問入浴時、職員が洗って拭く。調査時、日頃も目脂が溜まっているが、独居のため介助されておらず、不適切な状況と判断。毎日、訪問入浴時と同様の介助が必要。適切な介助の方法で「全介助」選択。

2-9 整髪《生活機能》

定義

「整髪」の介助が行われているかどうかを評価する項目である。

ここでいう「整髪」とは、「ブラシの準備」「整髪料の準備」「髪をとかす」「ブラッシングする」等の「整髪」の一連の行為のことである。

選択肢

「1. 介助されていない」「2. 一部介助」「3. 全介助」

整髪は以下の「**2つの基本的なポイント**」と「5つの補足的なポイント」に留意し聞き取り特記事項に記載します。

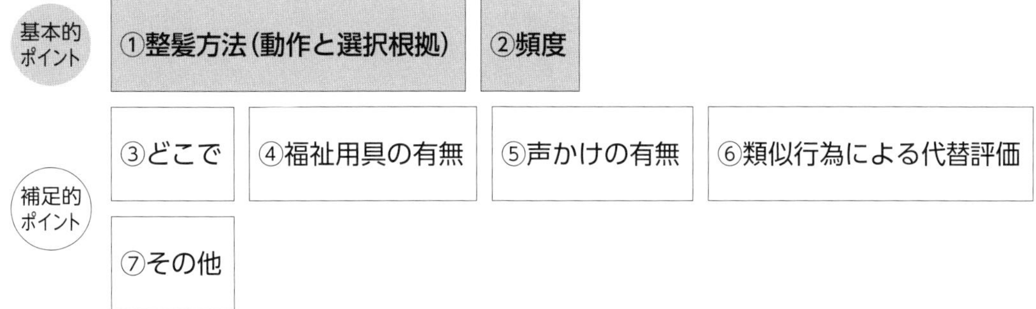

ポイント②③　頻度・どこで

ポイント①④⑤　整髪方法（動作と選択根拠）・福祉用具の有無・声かけの有無

ポイント⑥　類似行為による代替評価

ポイント⑦　その他

聞き取り調査・判断・特記事項のポイントは「介助の方法」P102～P107も参照してね。

聞き取り調査のポイント

ポイント②③
頻度・どこで

聞き取り例

- ❑1日に何回、髪を整えますか？
- ❑髪を整える時は、どこで行いますか？
- ❑洗面所ですか？　ベッド上で行いますか？

実施方法に違いがある場合は、頻度が判断根拠となるため詳細な回数を聞き取ります。
整髪の回数や場所は、2-2移動の判断や介助の場面と関連するので詳細を聞き取ります。
ベッド上で整髪を行う場合には、理由を聞き取ります。

ポイント①④⑤
整髪方法（動作と選択根拠）・福祉用具の有無・声かけの有無

聞き取り例

- ❑自分で髪を整えますか？　ブラシを使用しますか？
- ❑髪を整えるときに、介助はありますか？
- ❑櫛・ブラシ等は、誰が準備しますか？
- ❑介護用品や自助具の使用はありますか？
- ❑（立会者に）声かけを行いますか？

自分で手櫛やブラシを使用し整髪を行った後に、介護者がやり直し介助を行ったりする場合、やり直しの状況により判断が異なるので、詳細を聞き取ります。
「初動」や「一つ一つ」等、声かけ方法により、判断が異なるので、詳細を聞き取ります。
定義の「ブラシの準備」は判断材料となるため、詳細を聞き取ります。
福祉用具の使用があれば、整髪の支障と詳細を聞き取ります。
手櫛で整髪を行っている方もいるので、必ずしも櫛やブラシを使用しているとは限りません。

ポイント⑥
類似行為による代替評価

聞き取り例

- ❑（短髪で整髪の機会がない場合）
  入浴後、頭部の拭き取りはどうしていますか？

短髪で整髪の機会がない調査対象者に聞き取ります。
整髪の機会がない場合、入浴後やベッド上で、頭部を拭く行為が発生しているか、確認し詳細を聞き取ります。

ポイント⑦

その他

聞き取り例

❏その他に整容について、困っていることはありますか？

洗面所で整容を行う場合に、座位・立位等の状態を聞き取り・確認を行うと全体像把握や他項目との整合性が図れます。

髪の乱れや汚れ等があれば、不適切な状況を勘案する材料となるため、調査時目視での確認や、立会者に日頃の状況を聞き取ります。

判断のポイント

聞き取った情報をもとに、定義に沿って判断し選択肢を選択します。

フローチャートを参考にして下さい。208ページ参照

該当する行為が一定期間（調査日より概ね過去1週間）にどの程度行われているかを把握したうえで、そのうち介助が行われている（又は介助が行われていない）頻度が最も多いもので選択を行うことを原則とする。

立位が不安定なため、介護者がそばで見守りする。 **※整髪行為に対して評価する。**	立位に対する見守りのみで、動作は自分で行う。 ➡「1. 介助されていない」を選択。 立位が不安定で、整髪が不十分なため介護者がそばで見守り・声かけをする。 ➡「2. 一部介助」を選択。

櫛（ブラシ）の準備について。	あらかじめ介護者が準備し置いている。 ➡「1. 介助されていない」を選択。 その都度、そばに付き添い手渡す。 ➡「2. 一部介助」を選択。

手櫛で整える。	不適切な状況はない。 ➡「1. 介助されていない」を選択。 不適切な状況にある。 ➡能力等を考慮し「2. 一部介助」を選択。

自分で髪を梳くのみするが不十分で介護者が梳きなおす。	部分的に梳きなおす。 ➡「2. 一部介助」を選択。
	本人が梳いた部分を含め全て梳きなおす。 ➡「3. 全介助」を選択。

洗面所への誘導、移動は含まない。	2-2 移動で評価する。

◎行為自体が発生していない場合

類似の行為で代替して評価する。➡入浴後に頭部をタオル等で拭く介助や、ベッド上で頭を拭く行為などで判断する。

※通常の整髪行為がある場合は、これらの行為を評価対象には含まない。

◎適切な介助

「適切な介助について」にポイントをまとめています。105～106ページを参照

特記事項のポイント

まずは一定期間（調査日より概ね過去１週間）の状況を記載します。

一定期間以前のことを、特記の初めや途中に記載すると、伝わりにくい特記事項となるので、注意しましょう。

以下の点にも留意して特記事項を記載します。

どこで 施設や病院の場合は、自室の洗面所か共有の洗面所なども記載する。
洗面所では立っている、座っている、洗面台にもたれているなどの個別性も記載する。

頻度 気が向いた時など個別性がある場合は、その理由と共に詳細を記載する。
※**3-2 毎日の日課を理解との整合性**を確認します。

声かけの有無 いつ、誰が、どんな理由で声かけしているか記載する。
※**3-2 毎日の日課を理解、5-3 日常の意思決定の判断根拠**となります。

福祉用具の有無 福祉用具の使用がある場合は、いつ、誰が使うのか必ず記載する。

整髪方法（動作と選択根拠） 自分で行う行為、介護者が介助する行為や理由を記載する。

類似の行為による代替評価 定義の行為が発生していないこと、その理由、類似行為とはどのような行為で、どのように行っているのか、その頻度など、詳細を記載する。
※1-1 麻痺-両上肢、１-2 拘縮-肩の状況との整合性を確認する。

その他	文章の後半に記載するよう心がける。

洗面所周辺の掃除等は含まない。	介護の手間が発生している場合は、頻度や理由と共に記載しましょう。

1. 介助されていない	「初動（事前）の声かけ」等を書き忘れないようにする。
2. 一部介助	梳きなおす➡「不十分な所」等を書き忘れないようにする。
3. 全介助	梳きなおす➡「本人が梳いた部分を含めて全て」等を書き忘れないようにする。 ※1-1麻痺・両上肢との整合性を確認する。 自分で上肢を動かせるにもかかわらず、介助が行われている場合、理由を必ず記載する。

例文

介助されていない

① 毎朝、ベッド端座位にて、自分でブラシを使用し整髪の一連の行為を行う。

② 短髪のため、毎朝、自分で手櫛する。不適切な状況はないと妻より聞き取る。

③ 関心がないため、毎朝、夫が初動の声かけをすれば、洗面所にて自分でブラシを手に取り整髪する。洗面台や床に髪が落ちているため、毎回夫が掃除している。

一部介助

① 毎朝、洗面所にて手の届く範囲は自分でブラシを準備し整髪する。両肩痛で手が届きにくい後頭部は嫁が整髪介助する。

② 両上肢を挙上し続けると疲れやすい。ほぼ毎朝、長女が、柄の長く頭部に沿ってカーブしているブラシを準備し手渡すと、自分で整髪を行う。週１回程度、体調が悪いときは長女が一連の行為を介助する。より頻回な状況に基づき「一部介助」選択。

③ 右上肢に麻痺がある。毎朝、ベッド上で端座位になり、左手にブラシを持って自分で整髪するが、右頭部は届きにくく不十分。職員が不十分な箇所は梳き直す。

全介助

① 理解できず指示が通らないため、毎朝、居間で長女がブラシを使い整髪の介助をする。

② 意欲なく、毎朝、自室の洗面所で職員が櫛を手渡し、声かけを行う。自分で後ろ髪を１～２回程度しか梳かさず不十分。本人が梳かした箇所を含め、職員が全てやり直す。

③ 頭髪なく、整髪の機会がない。寝たきりで両肩・肘関節に拘縮があり、週２回の入浴後は看護師がタオルを準備し、頭部を拭く介助をする。類似行為で代替評価し「全介助」選択。

適切な介助の方法

① 毎朝、自分で櫛を使い整髪すると本人。日頃、無頓着なため整髪はしておらず、乱れたままで過ごすと妻。調査時も乱れているが、妻には手指関節の疾患があり介助できない。不適切な状況と判断。両上肢に麻痺・拘縮はなく、介護者が櫛を手渡し声かけ確認が必要で、適切な介助の方法で「一部介助」選択。

2-10 上衣の着脱《生活機能》

定義

「上衣の着脱」の介助が行われているかどうかを評価する項目である。
ここでいう「上衣の着脱」とは、普段使用している上衣等の着脱のことである。

選択肢

「1. 介助されていない」「2. 見守り等」「3. 一部介助」「4. 全介助」

上衣の着脱は以下の「**2つの基本的なポイント**」と「6つの補足的なポイント」に留意し聞き取り特記事項に記載します。

基本的ポイント
①上衣の着脱方法（動作と選択根拠）
②頻度

補足的ポイント
③上衣の準備
④福祉用具の有無
⑤声かけの有無
⑥着脱時の姿勢
⑦着脱時間
⑧その他

ポイント②　頻度

ポイント③⑥⑦　上衣の準備・着脱時の姿勢・着脱時間

ポイント①⑤　上衣の着脱方法（動作と選択根拠）・声かけの有無

ポイント④⑧　福祉用具の有無・その他

聞き取り調査・判断・特記事項のポイントは「介助の方法」P102～P107も参照してね。

聞き取り調査のポイント

ポイント②
頻度

聞き取り例

❏ いつ着替えをされますか？

入浴や清拭回数を確認した上で、起床・就寝時も含め着脱回数を聞き取ればスムーズになることが多いです。

実施方法に違いがある場合は、頻度が判断根拠となるため詳細な回数を聞き取ります。

上衣とズボン等の着脱のタイミングや頻度は同じことが多いため、一緒に聞き取るとスムーズになります。

ポイント③⑥⑦
上衣の準備・着脱時の姿勢・着脱時間

聞き取り例

❏ 上着の準備は、自分で行いますか？

❏ 着替えるときは、立ったまま行いますか？　椅子やベッドに座って行いますか？

❏ 着替えに時間がかかりますか？

上衣の準備・着脱時の姿勢は、どのような状態でも選択根拠に含まないが、全体像把握や他項目との整合性が図れます。

不自然に時間がかかることがあれば不適切な状況で判断するケースがあり、詳細を聞き取ります。

ポイント①⑤
上衣の着脱方法(動作と選択根拠)・声かけの有無

聞き取り例

❏ 上着は自分で着替えますか？

❏ 手伝ってもらいますか？

❏ (立会者に) 声かけを行いますか？

❏ (立会者に) 衣類を構えれば、自分で手を通すなどの動作はありますか？

介助が必要な場合、介助の方法により選択肢が変わるので、協力動作や整えの有無等、詳細を聞き取ります。

「初動」や「一つ一つ」等、声かけ方法により、判断が異なるので、詳細を聞き取ります。

ポイント④⑧

福祉用具の有無・その他

聞き取り例

❑その他、着替えるときに困ることはありますか？

上衣の乱れや前後・裏表の違い等があれば、不適切な状況を勘案する材料となるため、調査時目視での確認や、立会者に日頃の状況を聞き取ります。

手指の巧緻性の低下により、ボタンの留め外しなどに介助がある場合、頻度により判断が異なるため詳細を聞き取ります。

片麻痺等により、孫の手を使う、大きめの上衣を着用する等、工夫があれば、詳細を聞き取ります。

判断のポイント

聞き取った情報をもとに、定義に沿って判断し選択肢を選択します。

フローチャートを参考にして下さい。214ページ参照

該当する行為が一定期間（調査日より概ね過去１週間）にどの程度行われているかを把握したうえで、そのうち介助が行われている（又は介助が行われていない）頻度が最も多いもので選択を行うことを原則とする。

時候にあった衣服の選択、衣服の準備、手渡し等、着脱までの行為は含まない。	介護者が衣類を交換する、準備する。 ➡「1. 介助されていない」を選択。

一枚ずつ手渡す介助。	「1. 介助されていない」を選択。
声かけしながら、一枚ずつ手渡す介助。	「2. 見守り等」を選択。

ボタンの留め外しやファスナーの介助。	「3. 一部介助」を選択。 ※毎回、発生しているのか確認し、発生している頻度に注意する。

介護者が構えている服の袖に自ら腕を通す。	服を構える介助は行われているものの、袖通しは自ら行っていることから、一連の行為の一部に介助があると判断する。 ➡「3. 一部介助」を選択。

服を体にあてがう行為や袖通しなど一連の行為すべてを介護者が行う。	首や体幹を揺り動かすなどの行為は、介護者の介助の方法や負担に大きな影響をあたえていないことから、選択肢の選択には影響を及ぼさないと判断する。 ➡「4. 全介助」を選択。
外出時に着用するコートやジャンパーの着脱を介護者が介助する。	「普段使用している上衣等の着脱」を評価する。
レアケースではあるが、皮膚疾患の治療で、上衣を着用できず、バスタオルをかけているなど上衣の着用がない。	総合的に判断し、適切な介助を選択する。

◎適切な介助

「適切な介助について」にポイントをまとめています。**105～106ページを参照**

特記事項のポイント

まずは一定期間（調査日より概ね過去1週間）の状況を記載します。

一定期間以前のことを、特記の初めや途中に記載すると、伝わりにくい特記事項となるので、注意しましょう。

以下の点にも留意して特記事項を記載します。

頻度 毎朝夕、外出時のみ、気が向いた時など記載する。
※**3-2毎日の日課を理解との整合性**を確認します。

声かけの有無 いつ、誰が、どんな理由で声かけしているか記載する。
※**3-2毎日の日課を理解、5-3日常の意思決定の判断根拠**となります。

上衣の準備 誰が準備するのか、忘れないように記載する。
※**3-2毎日の日課を理解、5-3日常の意思決定の判断根拠**となります。

着脱時の姿勢 立っているのか、座っているのか、必要に応じて記載する。

上衣の着脱方法（動作と選択根拠） 自分で行う行為、介護者が介助する行為や理由を記載する。
※脱衣のことも、忘れずに記載する。

着脱時間 「時間がかかる」だけではなく、「○○のため30分かかる」などの理由とともに詳細を記載する。審査会で必要な情報となります。

福祉用具の有無	福祉用具の使用がある場合は、いつ、誰が使うのか必ず記載します。

その他	文章の後半に記載するよう心がける。

1. 介助されていない	「初動（事前）の声かけ」等を書き忘れないようにする。 上肢の筋力の低下や肩関節に麻痺があり、着脱に支障がある方の場合、着脱の工夫や支障等の詳細を記載する。
2. 見守り等	「一枚ずつ手渡す」だけでなく「そばに付き添い、声かけしている」まで記載する。
3. 一部介助	「協力動作」ではなく「自分で腕を通す」など具体的な動作を必ず記載する。
4. 全介助	1-1麻痺-両上肢との整合性を確認する。自分で上肢を動かせるが、袖に腕を通すことはできないこととその理由を記載する。

例文

介助されていない

① 毎朝晩更衣。自分で上衣を準備し、着脱の一連の行為を行う。

② 毎朝・入浴時に更衣。妻が衣類を準備し声かけすれば、自分で上衣の着脱を行う。

③ 週3回入浴時に更衣。椅子に腰かけ自分で上衣の着脱を行う。脱いだ服をそのまま着ようとするため、入浴中に長女が衣類の準備と交換を行う。

④ 毎朝夕と入浴時に椅子に腰かけ更衣。毎朝夕は、自分で衣類を準備し、上衣の着脱を行うが、動作が緩慢で10分程時間を要すると妻。週2回デイサービスの入浴時は、自分で脱ぎ、浴後は疲労があり、職員が上衣を頭に通すと、他は自分で着る。より頻回な状況に基づき「介助されていない」選択。

⑤ 毎朝夕と週3回入浴時更衣。左上肢に麻痺があり、右手で介助なく上衣の着脱を行う。5分程時間がかかると本人。不適切さはない。着脱しやすいストレッチ素材やワンサイズ大きな服を夫が準備する。

⑥ 意欲低下があり、自ら更衣は行わない。毎朝夕、妻が衣類を準備し1枚ずつ手渡せば、自分で上衣の着脱を行う。

見守り等

① 週２回入浴時に更衣。着る順番や着方が分からない。職員が常時付き添い、１枚ずつ手渡し、声をかけ促せば、何とか自分で上衣の着脱を行う。衣類は職員が準備する。

② 週２回入浴時に更衣。前後を間違えたり、整えが不十分なため、看護師が常時そばで見守り、声かけすれば、椅子等に座り自分で上衣の着脱を行う。衣類は看護師が準備する。

③ 毎朝晩更衣。意欲低下が著しく、自発的に上衣の着脱を行わない。妻が常時付き添い声をかけ促せば、自分で着脱を行う。週に１回は、声かけなく自分で着脱していると妻。より頻回な状況に基づき「見守り等」選択。妻が衣類を準備。

一部介助

① 週３回デイサービスの入浴時に更衣。自分で着脱するが、着る時背部が引っかかり上手く下ろせないため、毎回職員が整えを介助する。妻が衣類を準備し、職員に手渡す。

② 毎日入浴時に更衣。着脱の手順が分からない。妻が衣類を準備し、構えて声かけすれば、自分で袖に腕を通す。他は妻が介助する。

③ 毎朝晩と週２回入浴時に更衣。右上肢に麻痺がある。着衣時は職員が右腕の袖を通し、左袖を構えれば自ら腕を通す。職員が衣類の準備、ボタン掛けや整え、脱衣を介助する。

④ 毎朝晩と週２回入浴時に更衣。毎晩と入浴時の脱衣は自分で行う。着衣時は疲労があるため、職員が上衣を構えれば自ら腕を通す。他は職員が介助する。朝は全身のこわばりが強く協力動作はできず、毎回職員が着脱を全て介助する。より頻回な状況に基づき「一部介助」選択。職員が衣類を準備する。

全介助

① 入浴時に椅子に座って更衣（2回/週）。指示が通じず、職員が衣類を準備し、上衣の着脱は全て介助する。協力動作はない。

② 入浴時（2回/週）に更衣。ストレッチャー上で看護師が衣類を準備し、着脱は全て介助する。意思疎通困難で、協力動作はない。

③ 清拭時にベッド上にて更衣（2回/週）。重度の寝たきりで指示も通らず、看護師が衣類を準備し着脱介助を全て行う。両肩や肘関節の拘縮もひどく、看護師２名で対応する。

適切な介助の方法

① 両肩に痛みがあるが、毎朝晩、自分で上衣の着脱を行うと本人。週1回長女訪問時には毎回背部が半分出ており、引き下げの介助を行っていると聞く。独居のため介護者不在で、不適切な状況と判断。整えの介助が必要。適切な介助の方法で「一部介助」選択。

評価軸「介助の方法」　テキスト2009版P 96～P 98

2-11 ズボン等の着脱《生活機能》

定義

「ズボン等の着脱」の介助が行われているかどうかを評価する項目である。
ここでいう「ズボン等の着脱」とは、普段使用しているズボン、パンツ等の着脱のことである。

選択肢

「1. 介助されていない」「2. 見守り等」「3. 一部介助」「4. 全介助」

ズボン等の着脱は以下の「**2つの基本的なポイント**」と「7つの補足的なポイント」に留意し聞き取り特記事項に記載します。

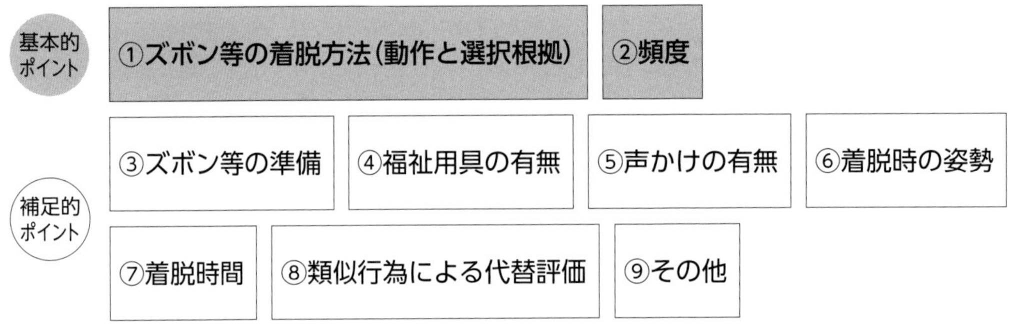

ポイント②　頻度

ポイント③⑥⑦　ズボン等の準備・着脱時の姿勢・着脱時間

ポイント①⑤　ズボン等の着脱方法（動作と選択根拠）・声かけの有無

ポイント④⑨　福祉用具の有無・その他

ポイント⑧　類似行為による代替評価

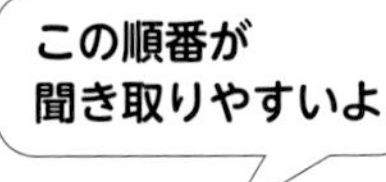

聞き取り調査・判断・特記事項のポイントは「介助の方法」P102～P107も参照してね。

聞き取り調査のポイント

ポイント②
頻度

聞き取り例

❑いつ着替えをされますか？

入浴や清拭回数を確認した上で、起床・就寝時も含め着脱回数を聞き取ればスムーズになることが多いです。また、失禁による更衣があれば別途回数を聞き取ります。

実施方法に違いがある場合は、頻度が判断根拠となるため詳細な回数を聞き取ります。

上衣とズボン等の着脱のタイミングや頻度は同じことが多いため、一緒に聞き取るとスムーズになります。

ポイント③⑥⑦
ズボン等の準備・着脱時の姿勢・着脱時間

聞き取り例

❑ズボン等の準備は、自分で行いますか？

❑着替えるときは、立ったまま行いますか？　椅子やベッドに座って行いますか？

❑着替えに、時間がかかりますか？

ズボンや下着・紙パンツの準備・着脱時の姿勢は、どのような状態でも選択根拠に含まないが、全体像把握や他項目との整合性が図れます。

不自然に時間がかかることがあれば不適切な状況で判断するケースがあり、詳細を聞き取ります。

ポイント①⑤
ズボン等の着脱方法（動作と選択根拠）・声かけの有無

聞き取り例

- ❑ズボンなどは、自分で着替えますか？
- ❑手伝ってもらいますか？
- ❑（立会者に）声かけを行いますか？
- ❑（立会者に）衣類を構えれば、自分で足を通すなどの動作はありますか？

介助が必要な場合、介助の方法により選択肢が変わるので、協力動作や整えの有無等、詳細を聞き取ります。

「初動」や「一つ一つ」等、声かけ方法により、判断が異なるので、詳細を聞き取ります。

ポイント④⑨
福祉用具の有無・その他

聞き取り例

- ❑その他、着替えるときに困ることはありますか？

ズボン等の乱れや前後・裏表の違い等があれば、不適切な状況を勘案する材料となるため、調査時目視での確認や、立会者に日頃の状況を聞き取ります。

手指の巧緻性の低下により、ボタンの留め外し・ベルト着脱などに介助がある場合、頻度により判断が異なるので、詳細を聞き取ります。

着脱しやすいように、ボタンやファスナーのないズボン等を着用するなど、工夫があれば詳細を聞き取ります。

ポイント⑧
類似行為による代替評価

聞き取り例

- ❑下着の交換はどうされていますか？

常時浴衣タイプの衣類・寝巻きを使用している方の場合、ズボン等の着脱機会が発生しておらず、紙パンツやオムツの着脱で代替評価し判断するため、詳細を聞き取ります。

判断のポイント

聞き取った情報をもとに、定義に沿って判断し選択肢を選択します。
フローチャートを参考にして下さい。215ページ参照

該当する行為が一定期間（調査日より概ね過去1週間）にどの程度行われているかを把握したうえで、そのうち介助が行われている（又は介助が行われていない）頻度が最も多いもので選択を行うことを原則とする。

時候にあった衣服の選択、衣服の準備、手渡し等、着脱までの行為は含まない。	介護者が衣類を交換する、準備する。 ➡「1. 介助されていない」を選択。

一枚ずつ手渡す介助。	「1. 介助されていない」を選択。
声かけしながら、一枚ずつ手渡す介助。	「2. 見守り等」を選択。

ボタンの留め外しやファスナーの介助。	「3. 一部介助」を選択。 ※毎回、発生しているのか確認し、発生している頻度に注意する。

介護者が構えているズボンの裾に自ら足を通す。	服を構える介助は行われているものの、ズボンに足を通す行為は自ら行っていることから、一連の行為の一部に介助があると判断する。 ➡「3. 一部介助」を選択。
服を体にあてがう行為やズボンに足を通すなど一連の行為すべてを介護者が行う。	足や腰、体幹を揺り動かすなどの行為は、介護者の介助の方法や負担に大きな影響をあたえていない。あたえていないことから、選択肢の選択には影響を及ぼさないと判断する。 ➡「4. 全介助」を選択。

介護者が靴下や靴の着脱を介助する。	行為には含まれない。介護の手間が発生している場合は、頻度、理由と共に記載する。

◎行為自体が発生していない場合（浴衣タイプの寝巻きを着用しているなどズボン等をはかない場合）

類似の行為で代替して評価する。➡ パンツやおむつの着脱の行為で判断する。
※通常のズボンの着脱行為がある場合は、これらの行為を評価対象には含まない。

◎適切な介助

「適切な介助について」にポイントをまとめています。105～106ページを参照

特記事項のポイント

まずは一定期間（調査日より概ね過去１週間）の状況を記載します。

一定期間以前のことを、特記の初めや途中に記載すると、伝わりにくい特記事項となるので、注意しましょう。

以下の点にも留意して特記事項を記載します。

頻度 毎朝夕、外出時のみ、気が向いた時など記載する。
※**3-2毎日の日課を理解との整合性**を確認します。

声かけの有無 いつ、誰が、どんな理由で声かけしているか記載する。
※**3-2毎日の日課を理解、5-3日常の意思決定の判断根拠**となります。

ズボン等の準備 誰が準備するのか、忘れないように記載する。
※**3-2毎日の日課を理解、5-3日常の意思決定の判断根拠**となります。

着脱時の姿勢 立っているのか、座っているのか、必要に応じて記載する。

ズボン等の着脱方法（動作と選択根拠） 自分で行う行為、介護者が介助する行為や理由を記載する。　※脱衣のことも、忘れずに記載する。

着脱時間 「時間がかかる」だけではなく、「○○のため30分かかる」などの理由とともに詳細を記載する。審査会で必要な情報となります。

福祉用具の有無 福祉用具の使用がある場合は、いつ、誰が使うのか必ず記載します。

類似行為による代替評価 定義の行為が発生していないこと、その理由、類似行為とはどのような行為で、どのように行っているのか、その頻度など、詳細を記載する。

その他 文章の後半に記載するよう心がける。

1. 介助されていない	「初動（事前）の声かけ」等を書き忘れないようにする。 1-6両足立位が「2. 何かにつかまればできる」や「3. できない」になっている場合は、どのようにズボン等の上げ下げをしているか、詳細を記載する。 例 「壁に寄りかかる」「片手は手すりをつかみ、片手で上げ下げする」「座ったまま臀部を片側ずつ浮かし、交互に引き上げる」など
2. 見守り等	「一枚ずつ手渡す」だけでなく「そばで付き添い、声かけしている」まで記載する。

3. 一部介助	「協力動作」ではなく「自分で足を通す」など具体的な動作を必ず記載する。
4. 全介助	1-1麻痺-両下肢との整合性を確認する。自分で下肢を動かせるが、裾に足を通すことはできないこととその理由を記載する。 2-5排尿や2-6排便でのズボン等の上げ下げが自分でできている場合は、着脱時に上げ下げできない理由を必ず記載する。

例文

介助されていない

① 毎朝晩更衣。自分で衣類を準備し、ズボンの着脱は全て行う。

② 毎朝晩と週3回入浴時に更衣。自分で衣類を準備し、立位不安定なため壁に寄りかかり着脱する。巧緻性の低下があり、ファスナーは自分で上げ下げできず、妻が介助する（2回/週）。より頻回な状況に基づき「介助されていない」選択。

③ 週3回入浴時に更衣。意欲低下があり、妻が衣類を準備し初動の声かけを行えば、椅子に腰かけて自分で着脱の一連の行為を行う。10分程時間がかかると妻。

④ 立位不安定。毎朝、ベッド長座位で、左右に腰を浮かし自分で着脱を行う。週2回デイサービスの入浴時は、手すりにしっかりつかまって立ち、職員が上げ下げや整えの介助を行う。他は椅子に座り自分で行う。より頻回な状況に基づき「介助されていない」選択。妻が衣類を準備。

⑤ 入浴時（毎日）に更衣。腰痛あり足先に手が届かない。自分で衣類を準備し、椅子に座り床に置いたズボンを孫の手で途中まで引き上げ着脱する。靴下は妻が着脱介助する。

見守り等

① 週3回入浴時に更衣。ズボンの前後や裏表が分からず、職員が常時付き添い、ズボンを手渡し動作一つ一つに声かけすれば、自分で着脱を行う。職員が衣類を準備。

② 週2回入浴時に更衣。自分でズボンの着脱を行う。脱いだり履いたりを繰り返すため、職員が常時付き添い声かけする。職員が衣類を準備。

③ 毎朝晩更衣。着脱の手順や順番が分からない。妻が常時付き添い声をかけ促せば、自分でズボンの着脱を行う。週に1回は、声かけなく自分で着脱していると妻。より頻回な状況に基づき「見守り等」選択。妻が衣類を準備。

一部介助

① 週2回入浴時に更衣。腰痛で足先に手が届かず、両手で手すりにつかまり立つのがやっとの状態。椅子に座り看護師が構えれば自分で足を通す。他は衣類の準備も含め看護師が介助する。

② 毎朝晩更衣。自分で着替えを準備し着脱するが、毎回引き上げが不十分で臀部が半分以上出ている。その都度夫が引き上げ直し、整える。

③ 週3回デイサービスの入浴時に更衣。ズボンの前を押さえ脱ぎたがらないため、職員が声かけしながら何とか脱衣の介助をする。着衣時は自分で足を通し、大腿部まで引き上げる。臀部の引き上げ、整えは職員が介助する。長女が衣類を準備し、事前に職員に渡す。

④ 週2回入浴時、毎日1回汚染時に、足が挙がり難く椅子に座り更衣。妻が衣類を準備し、足先の抜き差しを介助すれば、自分で上げ下げして整える。

全介助

① 寝たきりの状態。尖足、両股・膝関節は屈曲位で拘縮。入浴時（1回/週）と汚染時（6回/週）、ベッド上にて看護師が衣類を準備し、着脱を全て介助する。協力動作はない。

② 浴衣タイプの病衣を着用し、ズボン着脱の機会がない。寝たきりのため、オムツは看護師が全て交換介助する。類似の行為で代替評価し「全介助」選択。股関節がわずかしか開かず、看護師は慎重に介助する。

③ 入浴時（3回/週）と汚染時（2回/週）に更衣。指示が通じない。職員が全て着脱介助を行う。立位保持困難なため職員1名が抱え、もう1名が上げ下げを行う。協力動作はない。

適切な介助の方法

① 日に1回更衣。ズボンの着脱は自分で行うが、両肩に痛みがあり、毎回臀部の下までしか引き上げができないと本人。調査時も同様。独居のため介助されておらず、不適切な状況と判断。週2回デイサービスの入浴や排泄時は、職員が引き上げの手直しを行っており、同様の介助が必要。適切な介助の方法で「一部介助」選択。

評価軸「介助の方法」　テキスト2009版 P 132 ～ P 134

5-1 薬の内服《社会生活への適応》

定義

「薬の内服」の介助が行われているかどうかを評価する項目である。

ここでいう「薬の内服」とは、薬や水を手元に用意する、薬を口に入れる、飲み込む（水を飲む）という一連の行為のことである。

選択肢

「1. 介助されていない」「2. 一部介助」「3. 全介助」

薬の内服は以下の「**3つの基本的なポイント**」と「6つの補足的なポイント」に留意し聞き取り特記事項に記載します。

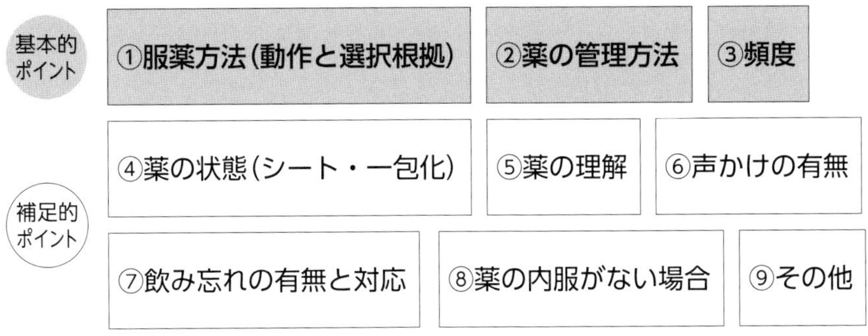

ポイント③　頻度

ポイント②④　薬の管理方法・薬の状態（シート・一包化）

ポイント①⑤⑥　服薬方法（動作と選択根拠）・薬の理解・声かけの有無

ポイント⑦　飲み忘れの有無と対応

ポイント⑧⑨　薬の内服がない場合・その他

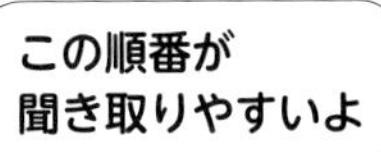

聞き取り調査・判断・特記事項のポイントは「介助の方法」P102～P107も参照してね。

聞き取り調査のポイント

ポイント③
頻度

聞き取り例

❑ 1日に何回、薬を飲みますか？

服薬方法に違いがある場合は、頻度が判断根拠となるため詳細な回数を聞き取ります。

ポイント②④
薬の管理方法・薬の状態(シート・一包化)

聞き取り例

❑薬はシート状ですか？　分包されていますか？
❑どのように薬を管理していますか？
❑誰が薬の管理を行いますか？

薬の状態により、自分で管理ができる場合や支援が必要な場合も勘案できるので、詳細を聞き取ります。

ボックスにセットや週間カレンダーにセットしているなどの、情報があれば伝わりやすい。

調査時に確認できる状況であれば、提示してもらい確認します。

ポイント①⑤⑥
服薬方法(動作と選択根拠)・薬の理解・声かけの有無

聞き取り例

❑（立会者に）薬の理解はありますか？
❑自分で薬・水を準備し、飲み込めますか？
❑薬・水は、誰かに準備してもらいますか？

部分的な準備や口に薬を入れる介助がある場合、理由を確認します。

薬の理解については選択根拠とならないが、認知症高齢者の日常生活自立度の判断材料となるため、詳細を聞き取ります。

「初動」や「一つ一つ」等、声かけ方法により、判断が異なるので、詳細を聞き取ります。

ポイント⑦

飲み忘れの有無と対応

聞き取り例

❏薬の飲み忘れはありますか？

❏週に何回くらい、忘れることがありますか？

独居の場合は、飲み忘れの確認が難しいため残薬を提示してもらい確認することが望ましい。

服薬回数に対し、過半数以上飲み忘れがあれば不適切な状況を勘案する材料となるため、詳細を聞き取ります。

飲み忘れや重複服薬があれば、体調不良等の日常生活への支障を聞き取ります。

自発的に薬を中断することがある場合は、主治医に報告していない等の不適切な状況はないかを聞き取ります。

ポイント⑧⑨

薬の内服がない場合・その他

聞き取り例

❏服薬について、困っていることはありますか？

内服薬がない場合は、場面を想定して判断するため、2-4食事摂取は自分で食物を摂取できているか？　5-2金銭の管理は自分でできているか？　4-12ひどい物忘れなどにおいて管理・服薬ができる状況であるか、一つ一つ項目の詳細を聞き取ります。

判断のポイント

聞き取った情報をもとに、定義に沿って判断し選択肢を選択します。

フローチャートを参考にして下さい。216ページ参照

該当する行為が一定期間（調査日より概ね過去1週間）にどの程度行われているかを把握したうえで、そのうち介助が行われている（又は介助が行われていない）頻度が最も多いもので選択を行うことを原則とする。

薬の内服が適切でない、などのために飲む量の指示等の介助が行われている。	「2. 一部介助」を選択。

経管栄養（胃ろうを含む）などのチューブから内服薬を注入する場合も含む。	点滴のみの場合は、内服は発生していないと考える。

◎行為自体が発生していない場合

●薬の内服行為が発生した場合を想定して適切な介助の方法を選択します。

◎適切な介助

「適切な介助について」にポイントをまとめています。105 ～106ページを参照

特記事項のポイント

まずは一定期間（調査日より概ね過去１週間）の状況を記載します。

一定期間以前のことを、特記の初めや途中に記載すると、伝わりにくい特記事項となるので、注意しましょう。

以下の点にも留意して特記事項を記載します。

頻度 毎食後、１日１回など、詳細な頻度を記載する。
※**3-2 毎日の日課を理解との整合性**を確認します。

声かけの有無 いつ、誰が、どんな理由で声かけしているか記載する。
※**3-2 毎日の日課を理解、5-3 日常の意思決定の判断根拠**となります。

薬の理解 **薬の状態（シート・一包化）** 全体像が伝わり易くなります。
認知症高齢者の日常生活自立度の判断材料となります。
理解力や認知力の低下がある場合は、忘れずに記載する。

薬の管理方法 **服薬方法（動作と選択根拠）** 自分で行う行為、介護者が介助する行為や理由を記載する。

飲み忘れの有無と対応 飲み忘れがある場合、飲み忘れる頻度、対応の頻度を必ず記載する。
※**3-2 毎日の日課を理解、3-4 短期記憶、4-12 ひどい物忘れなどとの整合性**を確認します。
※**5-3 日常の意思決定、認知症高齢者の日常生活自立度**の判断材料にもなります。

薬の内服がない場合 定義の行為が発生していないこと、その理由、過去に発生していた服薬状況、その時期、現在の能力（身体機能・理解力）など、詳細を記載する。

その他 文章の後半に記載するよう心がける。

インスリン注射、塗り薬の塗布等、内服以外のものは含まない。	介護の手間が発生している場合は、頻度とともに記載する。

1. 介助されていない	薬局での分包や服薬カレンダーへのセット、内服時間の書き込み、点字表示などがある場合は記載する。
2. 一部介助	薬剤師や看護師が訪問して、服薬カレンダーにセットする、内服時間の書き込みをする。
3. 全介助	「水を飲む行為」について記載する。

例文

介助されていない

① 朝晩服薬。自分でケースに仕分けして管理し、その都度薬と水を準備して飲む。飲み忘れはない。

② 毎食後に服薬。自分でシート状の薬を管理し、その都度水も準備して服用する。週に3回程飲み忘れがある。娘が声かけすると、自分で薬と水を準備して服用する。より頻回な状況に基づき「介助されていない」選択。

③ 朝と夕食後に内服。分包された薬を自分で管理して飲む。水は、妻が水分補給を兼ねてテーブル上に常備している。飲み忘れはない。「介助されていない」選択。調査2か月前は、朝は飲み忘れが多かったため、分包された。背中に湿疹があり、毎日軟膏塗布を介助していると妻。

④ 毎食前に内服。自分で管理し、その都度薬と水を準備して飲む。飲み忘れはない。「介助されていない」選択。インスリン注射実施するが、メモリが見え難く、妻が介助する（1回/日）。

⑤ 現在、処方はない。認知力の低下なく、摂食動作もできており、自分で管理し服用できると判断。場面を想定し、適切な介助の方法で「介助されていない」選択。

一部介助

① 毎食後に服薬。自分でケースに仕分けして管理。毎回自分で薬を取り出し飲むが、歩行困難なため毎回妻が水を準備する。飲み忘れはない。

② 朝食後に服薬。自己管理できず、訪問看護師が訪問時に薬カレンダーに仕分け管理する（1回/週）。服薬時はヘルパーが声かけすれば、自分で薬・水を準備し口に入れ飲み込む。

③　朝食後に服薬。内服に拒否があり施設管理。職員が薬と水を準備して手渡し促せば、自分で飲み込む。見ていないと捨ててしまうため、飲み込むまで見守ると職員。

④　毎食後服薬。入院中で看護師が管理し、退院に向けて本人に１日分の薬を渡す。服薬時は、自分で薬袋を開け配茶で服用する。飲み忘れはないが、確認のために、看護師が毎回空の薬袋を回収する。

⑤　毎食後に服薬。自分で分包された薬を管理する。服薬時に自分で薬と水を準備するが、両手指の振戦があり取り落とすため、毎回妻が薬を口に入れる介助を行う。水は自分で口にふくむ。

全介助

①　１日３回服薬。入院中で看護師が管理。えん下障害があり、毎回看護師が錠剤を砕きトロミ水に混ぜ、スプーンで少量ずつ口に入れる介助を行う。

②　１日２回服薬。理解できず職員が管理。両手指先の拘縮もひどく、手渡しても落とすため、服薬の都度、職員が薬と水を口に入れる介助を行う。

③　毎食後に内服（朝夕は錠剤と粉薬、昼は錠剤)。理解できず、職員が管理。自分で粉薬は口に入れることができず、職員が朝夕、錠剤と粉薬を口に入れる。昼は錠剤を手にのせると、自分で口に入れる。毎回職員が水を準備し手渡せば、自分で飲む。より頻回な状況に基づき「全介助」選択。

④　経管栄養実施中。 毎食後に内服。看護師が管理し経鼻チューブから薬と白湯を注入介助する。

適切な介助の方法

①　調査１カ月前より、服薬はない。それまでは、分包薬を飲み忘れなく内服できていたが、徐々に飲み忘れが増え、医師に相談。適切に内服しないと効果がなく、全て中止になったと姪。処方された場合を想定。服薬動作はできるが、介護者が管理・準備の介助が必要。適切な介助の方法で「一部介助」選択。

②　毎食後に服薬。本人は自分で分包薬を管理し、その都度水も準備して服用すると言うが、飲み忘れが多い。長女が毎朝就労前に訪問し薬と水を準備し促せば飲む。昼、夕食後薬は毎回飲んでおらず、不適切な状況と判断。毎食時に、介護者が同様の介助が必要。適切な介助の方法で「一部介助」選択。

5-2 金銭の管理《社会生活への適応》

定義

「金銭の管理」の介助が行われているかどうかを評価する項目である。

ここでいう「金銭の管理」とは、自分の所持金の支出入の把握、管理、出し入れする金額の計算等の一連の行為のことである。

選択肢

「1. 介助されていない」「2. 一部介助」「3. 全介助」

金銭の管理は以下の「**2つの基本的なポイント**」と「2つの補足的なポイント」に留意し聞き取り特記事項に記載します。

①金銭の管理方法（選択根拠）　②金銭の理解

③使用機会　④その他

ポイント①　金銭の管理方法（動作と選択根拠）

ポイント②③④　金銭の理解・使用機会・その他

この順番が
聞き取りやすいよ

聞き取り調査・判断・特記事項のポイントは「介助の方法」P102～P107も参照してね。

聞き取り調査のポイント

ポイント①
金銭の管理方法（選択根拠）

聞き取り例

❑通帳等の大元の管理は誰が行いますか？
❑手持ちのお金は、自分で管理しますか？

年金や預貯金等と小遣い銭の少額を別々に考えると把握しやすい。管理に支援がある状態であれば、詳細を聞き取ります。

全て自分で管理を行うが、支出入の把握ができておらず、多額を引き出す・使用する等があれば、不適切な状況の判断材料になるため、詳細を聞き取ります。

ポイント②③④
金銭の理解・使用機会・その他

聞き取り例

❑買い物の機会はありますか？
❑（立会者に）お金の理解はありますか？
❑金銭の管理について、困っていることはありますか？

認知力や理解力の低下で、年金や預貯金等の管理に支援があり、安心のため小遣い銭を自己管理している場合。使用機会がなく把握もできていない状況であれば「3. 全介助」となるため詳細を聞き取ります。

金銭の理解については、選択根拠とならないが、認知症高齢者の日常生活自立度の判断材料となるため、詳細を聞き取ります。

判断のポイント

聞き取った情報をもとに、定義に沿って判断し選択肢を選択します。
フローチャートを参考にして下さい。217ページ参照

手元に現金等を所持していない場合。	年金、預貯金、各種給付（老齢基礎年金・生活保護）等の管理の状況で選択する。 自分で支出入の把握ができる。➡「1. 介助されていない」を選択。

◎**適切な介助**

「適切な介助について」にポイントをまとめています。105～106ページを参照

特記事項のポイント

まずは一定期間（調査日より概ね過去１週間）の状況を記載します。

一定期間以前のことを、特記の初めや途中に記載すると、伝わりにくい特記事項となるので、注意しましょう。

以下の点にも留意して特記事項を記載します。

金銭の管理方法(動作と選択根拠) 自分で行う行為、介護者が介助する行為や理由を記載する。

使用機会 全体像が伝わり易くなります。
2-12外出頻度、5-3日常の意思決定、5-5買い物との整合性を確認します。

金銭の理解 全体像が伝わり易くなります。
認知症高齢者の日常生活自立度の判断根拠となります。
理解力や認知力の低下がある場合は、忘れずに記載する。

その他 文章の後半に記載するよう心がける。

銀行に行き出入金を行う等、金銭の出し入れは含まれない。	介護者が行っている場合は、介護の手間として記載する。

例文

介助されていない

① 金銭は全て自己管理。金融機関での出入金もできる。不適切な状況はない。

② 入院中のため、一時的に通帳や現金は長女に預けている。長女が毎月、収支を報告し、自分で全て把握している。入院前は全て自分で管理していた。

③ 習慣で年金や預貯金等の生活費は夫婦で管理。必要額は自分で所持する。全ての収支把握はできており「介助されていない」選択。

④　視覚障害はあるが、自己管理し収支把握もできる。金種は手触りで判別し、金融機関での出入金は家族に依頼する。

一部介助

①　理解できず、年金や預貯金等は長女が管理。小遣い程度は自分で管理し、所持分の収支把握はできる。

②　理解できず、入所中で年金や預貯金等は施設職員が管理し、毎月一定額を本人に渡す。所持金の収支把握はできる。移動販売車での買い物時に、自分で支払う（2回/月）。

③　1万円札と千円札を間違えるため、通帳や紙幣などの主な管理は妻が行う。手元に硬貨で少額を所持し、収支把握はできる。

全介助

①　意思疎通は困難で、全て長男が管理する。少額の手持ちや使用機会もない。

②　理解なく、金銭管理は全て妻が行う。財布を所持していないと不穏になるので、安心のため少額を入れた財布を手渡しているが、金銭の把握はできない。使用機会もない。

③　理解できず、全て娘が管理する。床屋へ行く際は、娘が財布に必要額を入れ手渡す（1回/月）。本人は計算ができず、財布ごと店主に手渡している。

適切な介助の方法

①　全て自己管理しているが、年金支給日に全て引き出し、遊技に使ってしまう。所持金が足りなくなると知人に借り、次の支給日まで一日1食で過ごしているとケアマネジャー。独居で介護者不在のため、不適切な状況と判断。年金の管理と、少額ずつを渡す等の介助が必要。適切な介助の方法で「一部介助」選択。

5-5 買い物《社会生活への適応》

定義

「買い物」の介助が行われているかどうかを評価する項目である。

ここでいう「買い物」とは、食材、消耗品等の日用品を選び（必要な場合は陳列棚から商品を取り）、代金を支払うことである。

選択肢

「1. 介助されていない」「2. 見守り等」「3. 一部介助」「4. 全介助」

買い物は以下の「**2つの基本的なポイント**」と「1つの補足的なポイント」に留意し聞き取り特記事項に記載します。

①買い物の方法（動作と選択根拠）　②頻度

③その他

ポイント②　頻度

ポイント①　買い物の方法（動作と選択根拠）

ポイント③　その他

この順番が
聞き取りやすいよ

聞き取り調査・判断・特記事項のポイントは「介助の方法」P102～P107も参照してね。

聞き取り調査のポイント

ポイント②
頻度

聞き取り例

❏食材や日用品などは、週に何回購入されますか？

買い物方法に違いがある場合は、頻度が判断根拠となるため詳細な回数を聞き取ります。

ポイント①
買い物の方法(動作と選択根拠)

聞き取り例

❏買い物は、自分で商品を選び、商品を棚から取り支払いを行いますか？

❏家族に手伝ってもらうことはありますか？

部分的に介助がある場合、詳細を聞き取ります。
電話注文やインターネットを利用して買い物をする場合、支払い方法も聞き取ります。

ポイント③
その他

聞き取り例

❏その他に、買い物で困っていることはありますか？

お菓子・酒・たばこ等の嗜好品は含まない。ただし、全体像の把握や2-2移動・2-12外出頻度・5-2金銭の管理等の整合性を図るため、詳細を聞き取ります。

買い物後、自宅に荷物を運ぶ動作は判断に含まないが、介護者が行っている場合は介護の手間として、詳細を聞き取ります。

買い物する店舗については選択根拠とならないが、「近い（遠い）スーパー」など2-2移動や2-12外出頻度の判断材料となるため、詳細を聞き取ります。

判断のポイント

聞き取った情報をもとに、定義に沿って判断し選択肢を選択します。
フローチャートを参考にして下さい。218ページ参照

該当する行為が一定期間（調査日より概ね過去1週間）にどの程度行われているかを把握したうえで、そのうち介助が行われている（又は介助が行われていない）頻度が最も多いもので選択を行うことを原則とする。

◆要介護認定等の方法の見直しに関わるQ＆A 問19参照

店舗等に自分でインターネットや電話で注文をして、自宅へ届けてもらう。支払いは通帳から自動引き落とし。	「1. 介助されていない」を選択。
調査対象者が自分で購入したものを、介護者が精算、返品等の介助を行っている。	「3. 一部介助」を選択。
ベッド上から買ってきて欲しいものを指示し、物品の手配のみをヘルパーが行っている。	「3. 一部介助」を選択。
施設入所者や在宅で寝たきり等の方の買い物。	家族が代わりに買い物を行っている場合や、施設で一括購入している場合などは、それぞれの状況で選択。 この場合、当該買い物そのものが過去概ね1週間以内に行われている必要はない。
家族やヘルパーに買い物を依頼する。	「買い物の依頼」、「買い物を頼んだ人への支払い」も一連の行為に含め判断する。
店舗等までの移動、及び店舗内での移動については含まない。	2-2移動で評価、または特記事項に記載する。

◎適切な介助

「適切な介助について」にポイントをまとめています。105～106ページを参照

特記事項のポイント

まずは一定期間（調査日より概ね過去１週間）の状況を記載します。

一定期間以前のことを、特記の初めや途中に記載すると、伝わりにくい特記事項となるので、注意しましょう。

以下の点にも留意して特記事項を記載します。

頻度 **2-12外出頻度との整合性**を確認します。
別居の家族が介助している場合、家族の訪問頻度との整合性を図ります。

買い物の方法（動作と選択根拠） 自分で行う行為、介護者が介助する行為や理由を記載する。

その他 文章の後半に記載するよう心がける。

食材・日用品以外の買い物に介助が発生している。	介護の手間を頻度とともに記載する。

例文

介助されていない

① 食材・日用品等、買い物の一連の行為は介助なく行う（2回/週）。

② 食材・日用品は、自分で宅配業者に電話で注文し購入（1回/週）。代金は引き落とし。

③ 食材･日用品は、一人でスーパーへ買い物に行く。一連の行為を介助なく行う（2回/週）。「介助されていない」選択。過去１週間はないが、米やトイレットペーパーなど重いものや大きなものは、長女へ依頼し購入して届けてもらい、自分で支払う（1回/月）。

④ 食材・日用品はコンビニエンスストアで、毎日自分で購入する。月２回程度卵や牛乳を重複購入するが、嫁が持ち帰る。頻度は少なく不適切な状況まではない。「介助されていない」選択。

見守り等

① 食材･日用品は、夫とスーパーへ買い物に行く（2回/週）。自分で商品を選び陳列棚から取り、支払う。毎回同じものを複数買い物カゴに入れるため、その都度夫が声かけすると、自分で陳列棚へ戻す。

② 食材・日用品は、自分で購入するものを買い物前にメモするが、毎回過不足があるため、長女が確認し声かけする。一人でスーパーに行き、商品を陳列棚から取り、支払う（1回/週）。

一部介助

① 食材・日用品は、買い忘れるため、購入するものは毎回次女が見繕いメモを書いて渡す。一人でスーパーに行き、メモを見ながら自分で商品を陳列棚から取り、支払う（2回/週）。

② 食材・日用品は、長女とスーパーに行き、自分で商品を選択し陳列棚から取る。両手指の痺れがひどく、巧緻動作ができず、長女が支払う（2回/週）。痺れが軽減している時は、自分で支払う（1回/週）。より頻回な状況に基づき「一部介助」選択。購入したものは長女が運ぶ。

③ 食材・日用品は、自分でメモとお金を準備し依頼する。ヘルパーが購入する（1回/週）。

④ 食材・日用品は、一人でスーパーへ買い物に行き、一連の行為を行う（1回/週）。同じものを大量に購入するため、毎回長男が返品する手間がある。

全介助

① 食材･日用品は、妻が見繕い購入する（3回/週）。本人は嗜好品の購入を依頼する（1回/週）。

② 入院中のため、食材は病院職員が一括購入する。過去1週間はないが、日用品は妻が見繕い購入する。本人が依頼することはない。

③ 施設入居中のため、食材は施設職員が一括購入する（毎日）。日用品や嗜好品は、移動販売を利用し、自分で購入する（2回/月）。より頻回な状況に基づき「全介助」選択。

適切な介助の方法

① 食材・日用品は、一人でスーパーへ買い物に行き、一連の行為を行う（毎日）。同じものを大量に購入するため、ティッシュやトイレットペーパーが山積みになっており、足の踏み場がなく不適切な状況と判断。買い物時は、介護者がそばに付き添い、見守り声かけが必要。適切な介助の方法で「見守り等」選択。

5-6 簡単な調理《社会生活への適応》

定義

「簡単な調理」の介助が行われているかどうかを評価する項目である。

ここでいう「簡単な調理」とは、「炊飯」、「弁当、惣菜、レトルト食品、冷凍食品の加熱」、「即席めんの調理」をいう。

選択肢

「1. 介助されていない」「2. 見守り等」「3. 一部介助」「4. 全介助」

簡単な調理は以下の「**2つの基本的なポイント**」と「2つの補足的なポイント」に留意し聞き取り特記事項に記載します。

①簡単な調理の方法（動作と選択根拠） ②頻度

③簡単な調理が発生しない場合 ④その他

ポイント①②　簡単な調理の方法（動作と選択根拠）・頻度

ポイント③④　簡単な調理が発生しない場合・その他

この順番が
聞き取りやすいよ

聞き取り調査・判断・特記事項のポイントは「介助の方法」P102～P107も参照してね。

聞き取り調査のポイント

ポイント①②
簡単な調理の方法（動作と選択根拠）・頻度

聞き取り例

- ❑炊飯・加熱・即席めんの調理は誰が行いますか？
- ❑炊飯は週何回されますか？　加熱は毎食時に行いますか？　この1週間で、即席めんは食べましたか？

2-4食事摂取で1日の食事回数や、5-5買い物で弁当・総菜等の購入の有無を確認するとスムーズに聞き取れます。
食生活によって、炊飯・即席めんの調理が発生しない場合は、加熱の様子を聞き取ります。
簡単な調理方法に違いがある場合は、頻度が判断根拠となるため詳細な回数を聞き取ります。
それぞれ炊飯・加熱・即席めんの調理の頻度と、介助を受ける頻度を聞き取ります。

ポイント③④

調理が発生しない場合・その他

聞き取り例

- ❏流動食は、温めますか？
- ❏その他に、簡単な調理について困っていることはありますか？

経管栄養実施し流動食を提供している場合、常温・湯煎等の加熱の有無によって判断が異なるため、詳細を聞き取ります。

判断のポイント

聞き取った情報をもとに、定義に沿って判断し選択肢を選択します。
フローチャートを参考にして下さい。219ページ参照

該当する行為が一定期間（調査日より概ね過去1週間）にどの程度行われているかを把握したうえで、そのうち介助が行われている（又は介助が行われていない）頻度が最も多いもので選択を行うことを原則とする。

◆要介護認定等の方法の見直しに関わるQ＆A　問14・問20参照

「炊飯」「レトルト食品や総菜等の温め」「即席めんの調理」の発生頻度や介助の状況に応じ、判断する。

配食弁当、購入した弁当。	「炊飯」は定義には含まれず発生していないとし、「加熱」の状況で判断する。 「加熱」せずにそのまま食べる場合 ➡「1. 介助されていない」を選択。

外食。	「炊飯」「加熱」は定義に含まれず発生していないとし、「1. 介助されていない」を選択。

コンビニエンスストアなど店舗での「加熱」。	定義には含まれず「加熱」は発生していないとする。

家族の食事と一緒に調理が行われている。	家族の調理の状況に基づき選択。

食材の買い物については含まない。	5-5買い物で評価する。

施設等でこれらの行為を職員が代行。	職員による対応の状況について選択。

◎行為自体が発生していない場合

経管栄養で調理の必要のない流動食のみを投与されている場合。

「簡単な調理」に対する介助は行われていないため、「1. 介助されていない」を選択。

流動食の温めなどを行っている場合は、「レトルト食品の加熱」に該当するとして、介助の方法を評価する。

◎適切な介助

「適切な介助について」にポイントをまとめています。105 ～106ページを参照

特記事項のポイント

まずは一定期間（調査日より概ね過去１週間）の状況を記載します。

一定期間以前のことを、特記の初めや途中に記載すると、伝わりにくい特記事項となるので、注意しましょう。

以下の点にも留意して特記事項を記載します。

頻度 「炊飯」「加熱」「即席めんの調理」それぞれの頻度を記載する。
※１日１食や２食の場合は、理由と共に記載する。

簡単な調理の方法（動作と選択根拠） 自分で行う行為、介護者が介助する行為や理由を記載する。

簡単な調理が発生しない場合 「炊飯」「加熱」「即席めんの調理」それぞれ発生しない理由や、何を食べているかなど詳細を記載する。

例 ●経管栄養で流動食は常温で対応する。
●レトルトご飯を食べており炊飯は発生していない。
●自分で調理できず、毎日、弁当や総菜を購入し温めずに食べるため、「炊飯・加熱・即席めんの調理」は発生していない。
●パン食のため炊飯は発生していない。
●即席めんは食べないため調理は発生していない。　など

その他 文章の後半に記載するよう心がける。

配下膳、後片付けは含まない。 お茶、コーヒー等の準備は含まない。	介護の手間が発生している場合は、頻度や理由と共に記載する。
副食の調理について	自分で行うが支障がある、不適切な状況にある、介護者が介助している場合は、詳細を記載する。

例文

介助されていない

① 自分で炊飯（1回/日）、惣菜の電子レンジでの加熱（2回/日）、即席めんの調理（1回/週）を行う。弁当や冷凍食品等は食べない。

② 経管栄養（3回/日）を実施。栄養剤は常温で注入し、簡単な調理は発生していない。

③ 習慣で1日2食しか食べない。毎食、外食している。炊飯・加熱・即席めんの調理の機会はない。

見守り等

① 炊飯は行わない。レトルトご飯（3回/日）や惣菜（3回/日）を自分で電子レンジを使って温める。加熱時間が分からず、毎回そばで夫が指示する。冷凍食品や即席めん等は食べない。

② 水加減やスイッチの操作が分からず、長女がそばで見守り指示すると、炊飯は自分で行う（1回/日）。指示に立腹し、長女が全て炊飯を介助する（1回/週）。より頻回な状況に基づき「見守り等」選択。副菜は長女が調理し、温めや即席めんの調理は発生していない。

一部介助

① 手指関節の変形と痛みがあり、炊飯は長女（4回/週）、ヘルパー（3回/週）が米を計量し、研いでセットすれば、自分でスイッチを入れる。電子レンジでの弁当や総菜の温めも、長女やヘルパーがお皿の出し入れをすれば､自分でスイッチを押す（1回/日）。即席めんは食べない。「一部介助」選択。副菜は長女やヘルパーと一緒に調理し、自分で味付けのみ行う。

全介助

① 毎朝晩は自宅で、毎昼はデイサービスで食事をする。炊飯（3回/日）は嫁やデイサービス職員が行う。副菜は出来立てを提供するため、電子レンジの使用機会はない。弁当や即席めん等は食べない。

② 施設入所中のため、3食とも職員が調理、提供する。

③ 経管栄養（3回/日）を実施。毎回看護師が栄養剤を温め、注入している。

適切な介助の方法

① 独居だが、毎日自分で5合炊飯する。食べきれず冷蔵庫に入れるが腐らせる。週1回訪問する長女が、捨てたり持ち帰ったりする。不適切な状況と判断。介護者が炊飯に対して、そばで見守り声かけ、確認が必要。適切な介助の方法で「見守り等」を選択。レンジは故障し使用できず、総菜を温めずそのまま食べる。即席めんも食べない。

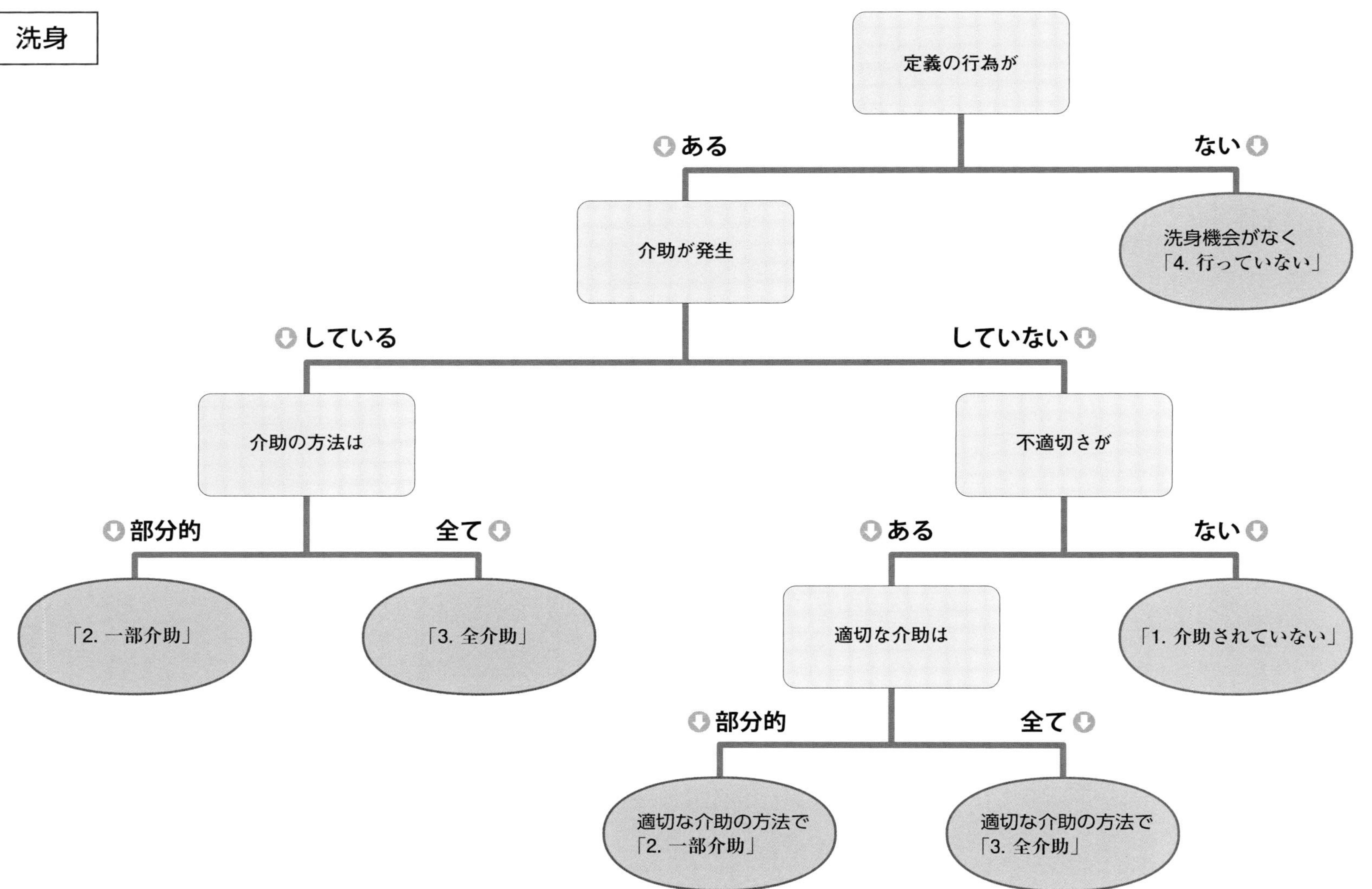
洗身
定義の行為が
ある
ない
洗身機会がなく「4. 行っていない」
介助が発生
している
していない
介助の方法は
部分的
全て
「2. 一部介助」
「3. 全介助」
不適切さが
ある
ない
「1. 介助されていない」
適切な介助は
部分的
全て
適切な介助の方法で「2. 一部介助」
適切な介助の方法で「3. 全介助」

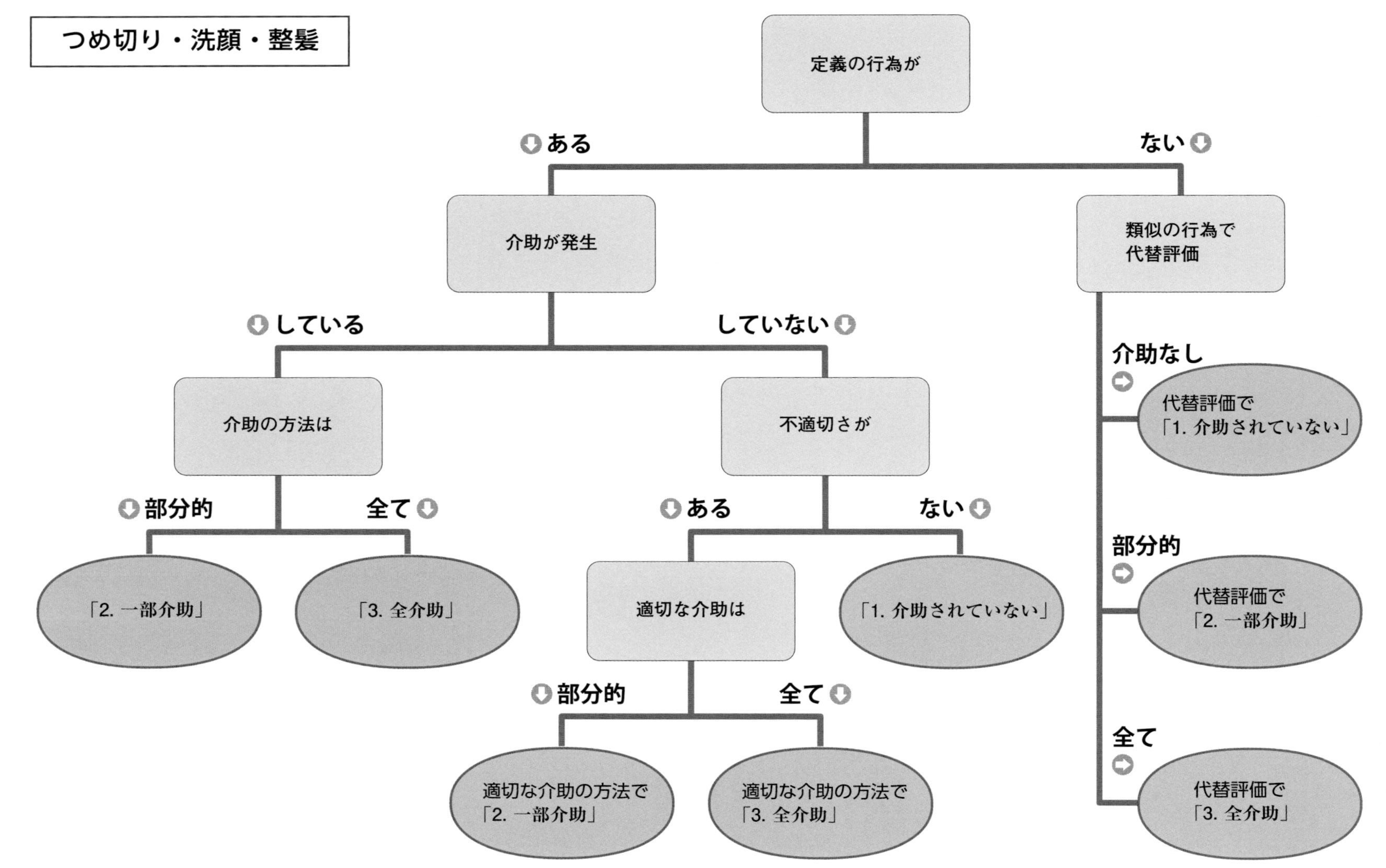

つめ切り・洗顔・整髪
定義の行為が
ある
ない
介助が発生
類似の行為で
代替評価
している
していない
介助の方法は
不適切さが
部分的
全て
「2. 一部介助」
「3. 全介助」
ある
ない
適切な介助は
「1. 介助されていない」
部分的
全て
適切な介助の方法で
「2. 一部介助」
適切な介助の方法で
「3. 全介助」
介助なし
代替評価で
「1. 介助されていない」
部分的
代替評価で
「2. 一部介助」
全て
代替評価で
「3. 全介助」

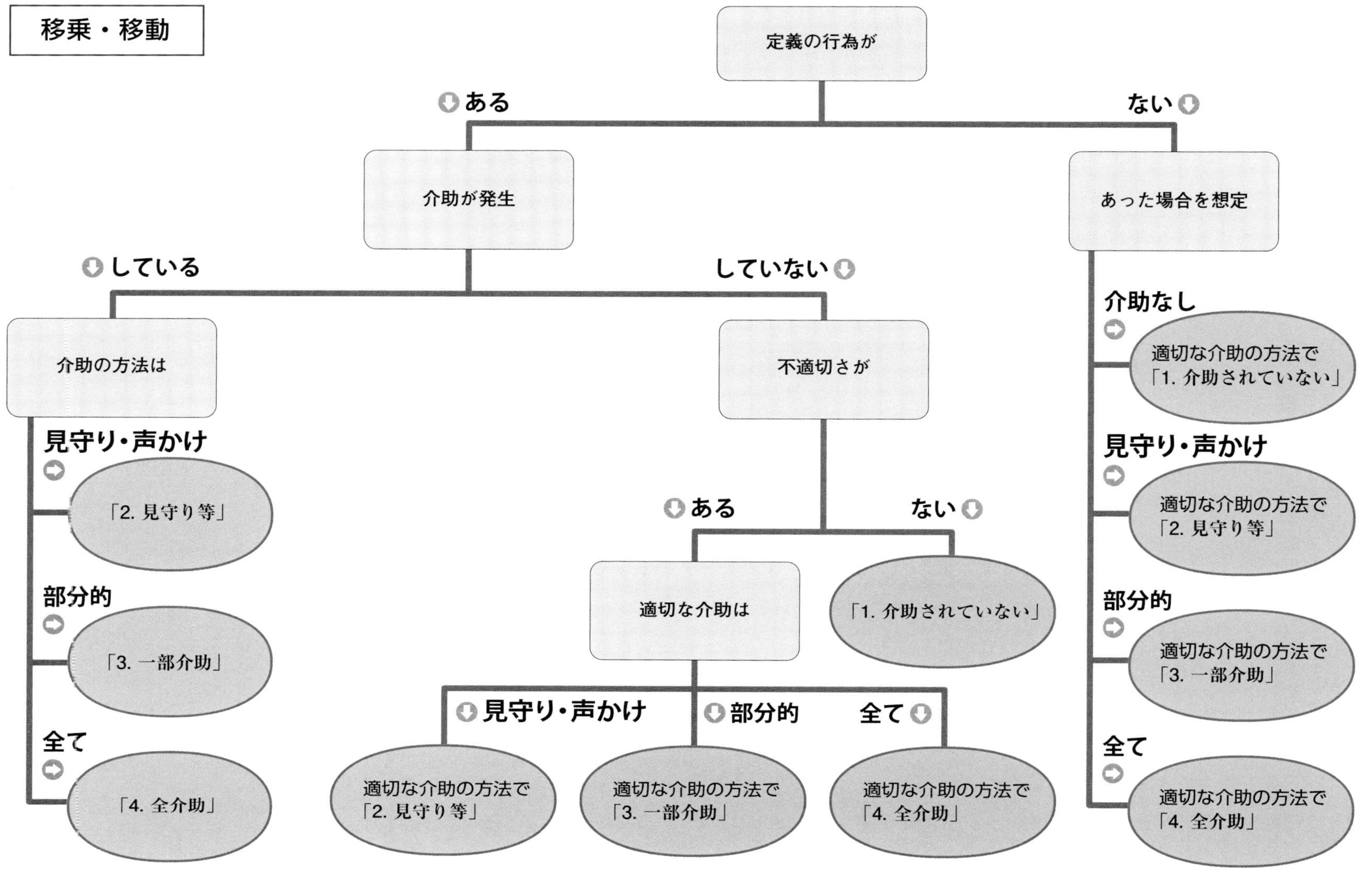
移乗・移動
定義の行為が
ある
ない
介助が発生
あった場合を想定
している
していない
介助の方法は
見守り・声かけ
「2. 見守り等」
部分的
「3. 一部介助」
全て
「4. 全介助」
不適切さが
ある
ない
適切な介助は
「1. 介助されていない」
見守り・声かけ
適切な介助の方法で「2. 見守り等」
部分的
適切な介助の方法で「3. 一部介助」
全て
適切な介助の方法で「4. 全介助」
介助なし
適切な介助の方法で「1. 介助されていない」
見守り・声かけ
適切な介助の方法で「2. 見守り等」
部分的
適切な介助の方法で「3. 一部介助」
全て
適切な介助の方法で「4. 全介助」

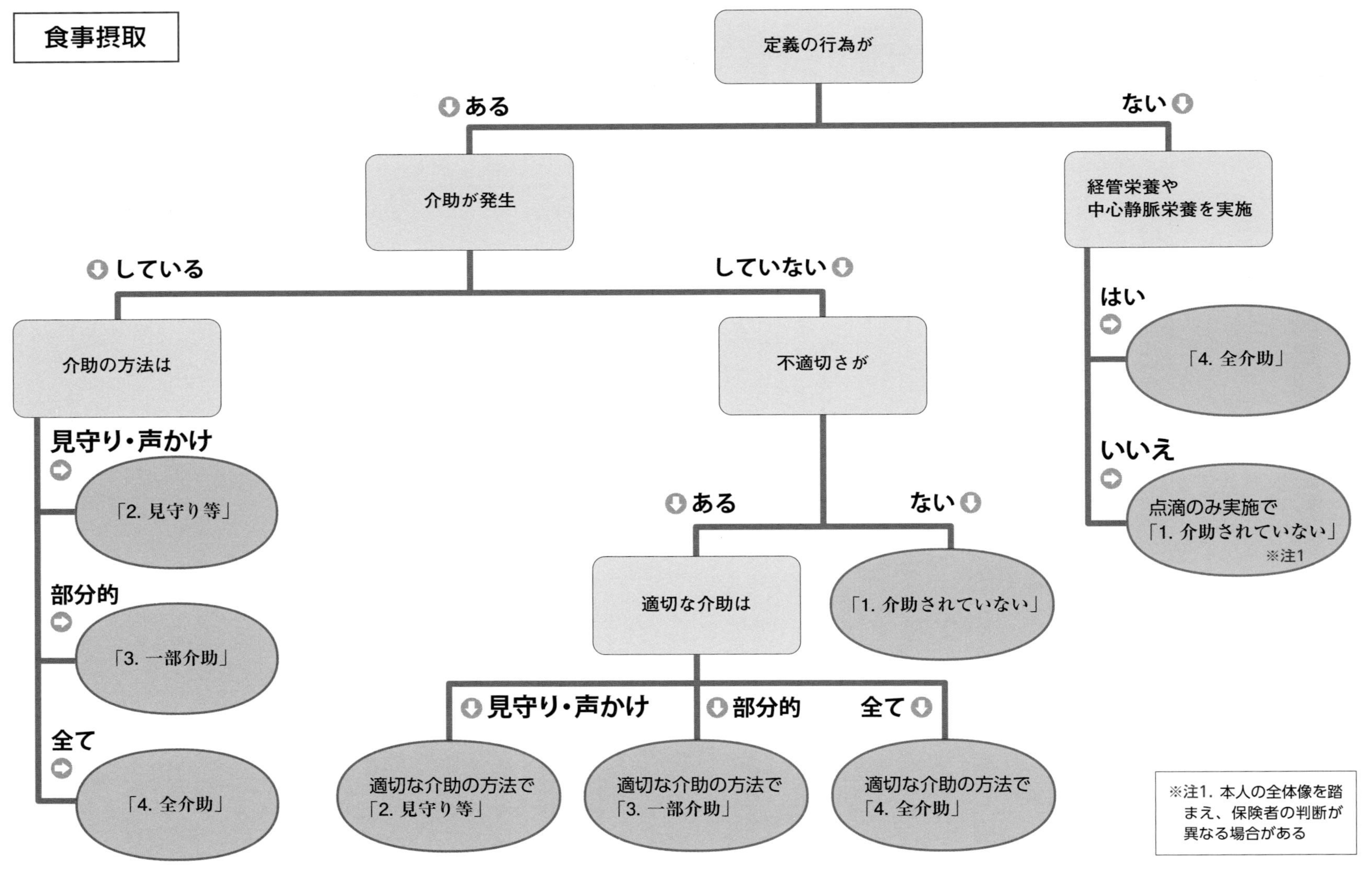
食事摂取
定義の行為が
ある
ない
介助が発生
経管栄養や
中心静脈栄養を実施
はい
「4. 全介助」
いいえ
点滴のみ実施で
「1. 介助されていない」
※注1
している
していない
介助の方法は
見守り・声かけ
「2. 見守り等」
部分的
「3. 一部介助」
全て
「4. 全介助」
不適切さが
ある
ない
「1. 介助されていない」
適切な介助は
見守り・声かけ
適切な介助の方法で
「2. 見守り等」
部分的
適切な介助の方法で
「3. 一部介助」
全て
適切な介助の方法で
「4. 全介助」
※注1. 本人の全体像を踏
まえ、保険者の判断が
異なる場合がある

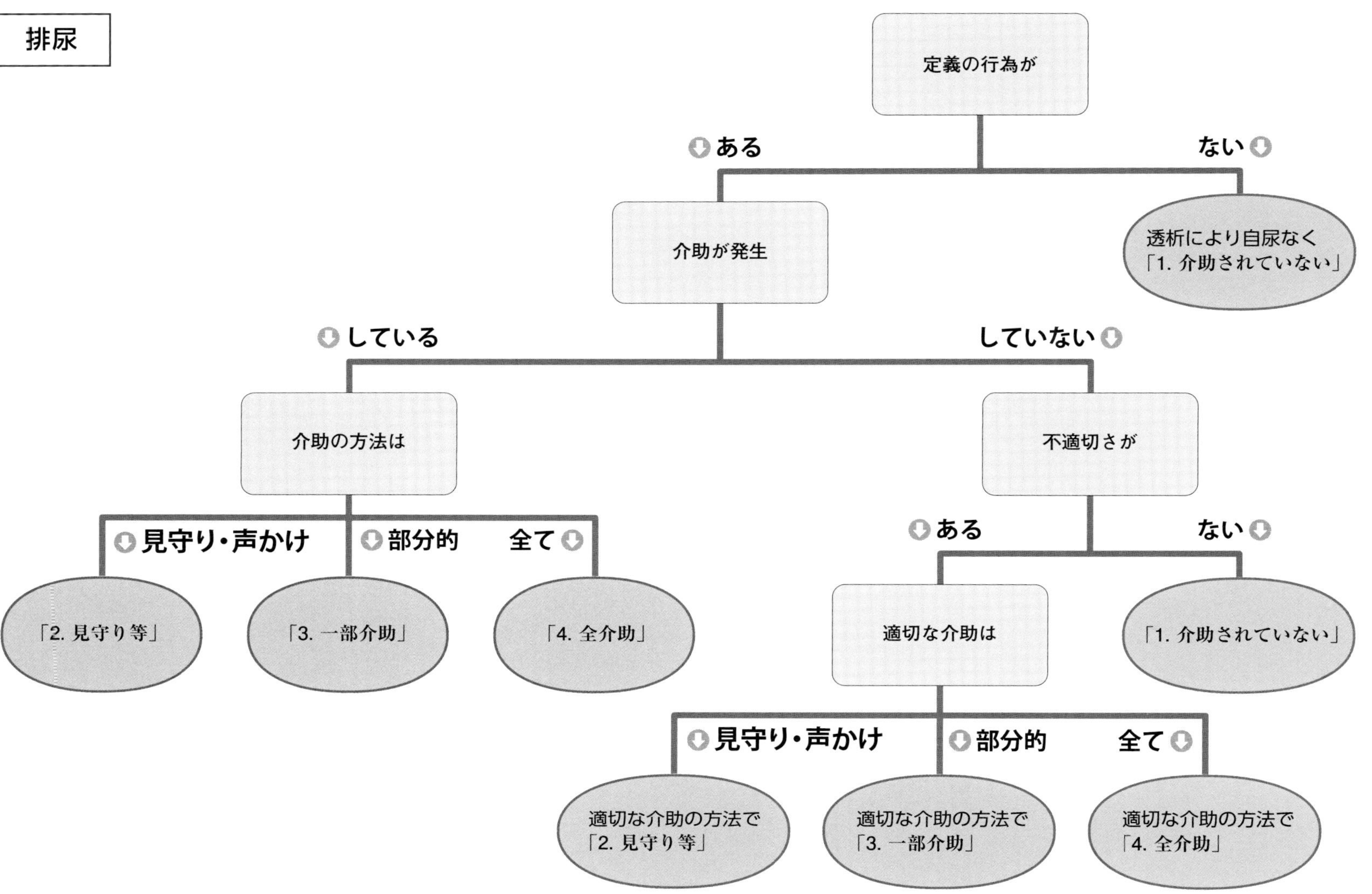
排尿
定義の行為が
ある
ない
透析により自尿なく
「1. 介助されていない」
介助が発生
している
していない
介助の方法は
見守り・声かけ
部分的
全て
「2. 見守り等」
「3. 一部介助」
「4. 全介助」
不適切さが
ある
ない
「1. 介助されていない」
適切な介助は
見守り・声かけ
部分的
全て
適切な介助の方法で
「2. 見守り等」
適切な介助の方法で
「3. 一部介助」
適切な介助の方法で
「4. 全介助」

排便

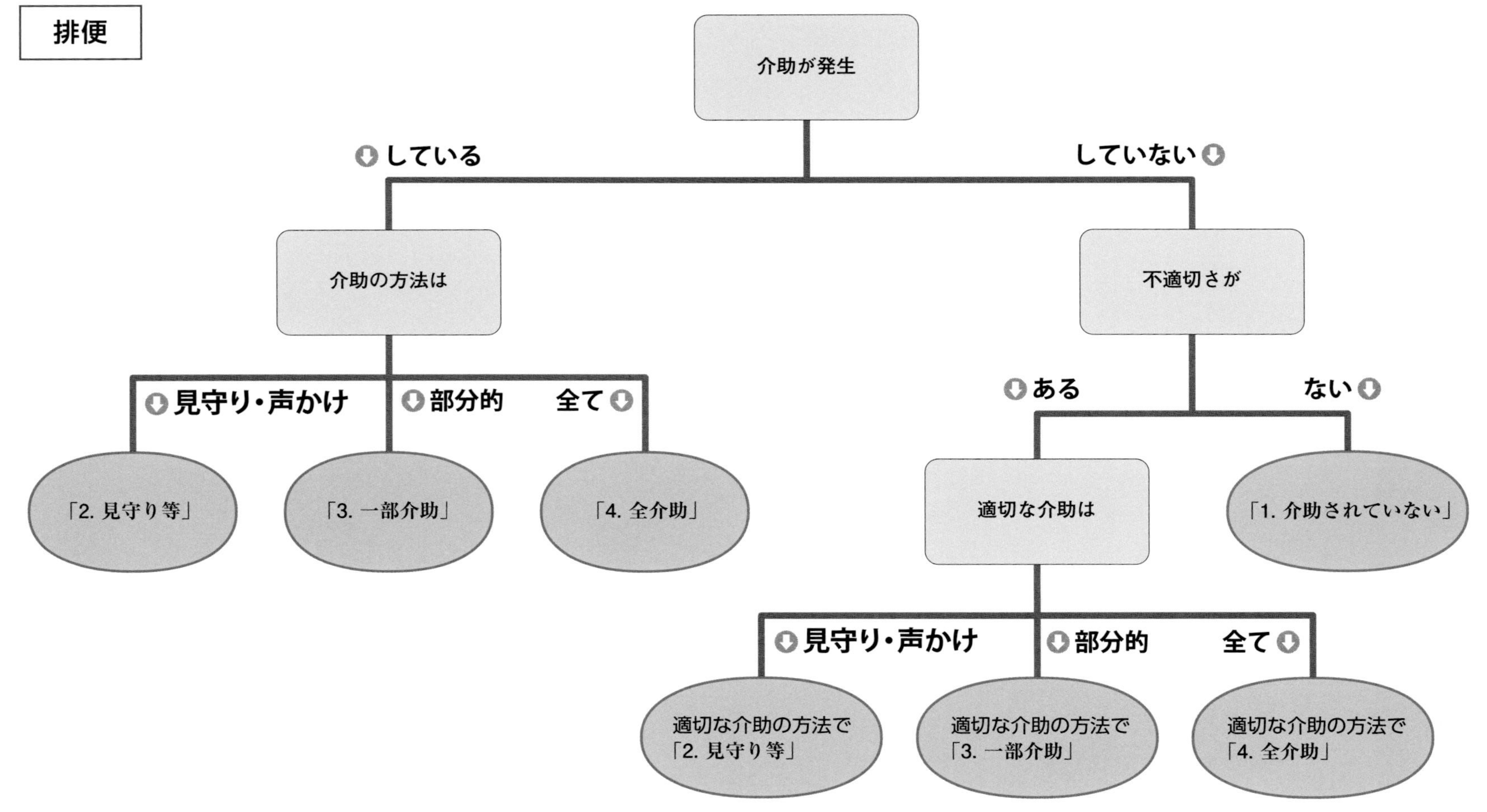
介助が発生
している
していない
介助の方法は
不適切さが
見守り・声かけ
部分的
全て
ある
ない
「2. 見守り等」
「3. 一部介助」
「4. 全介助」
適切な介助は
「1. 介助されていない」
見守り・声かけ
部分的
全て
適切な介助の方法で「2. 見守り等」
適切な介助の方法で「3. 一部介助」
適切な介助の方法で「4. 全介助」

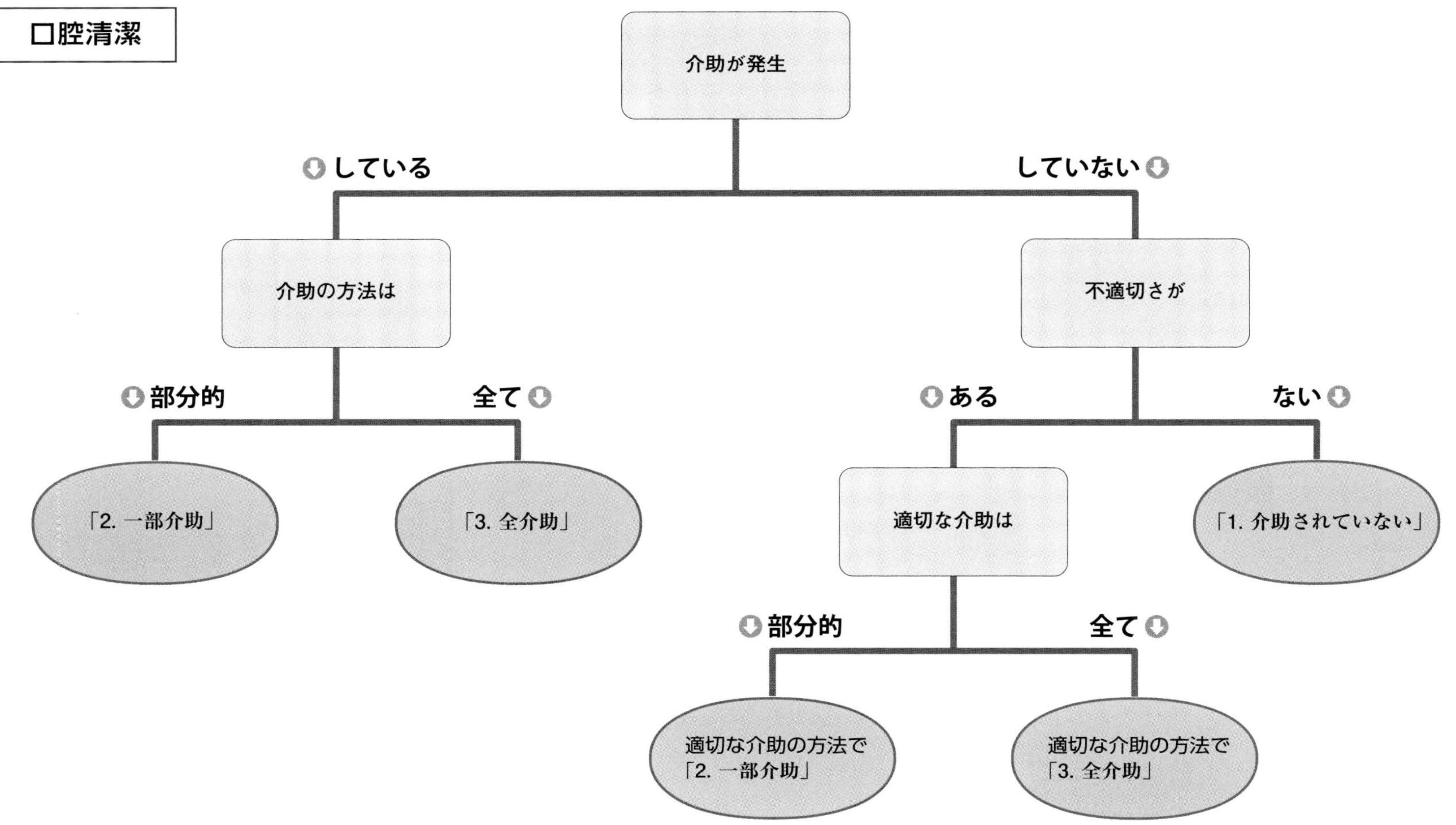
口腔清潔
介助が発生
している
していない
介助の方法は
部分的
全て
「2. 一部介助」
「3. 全介助」
不適切さが
ない
ある
「1. 介助されていない」
適切な介助は
部分的
全て
適切な介助の方法で「2. 一部介助」
適切な介助の方法で「3. 全介助」

上衣の着脱

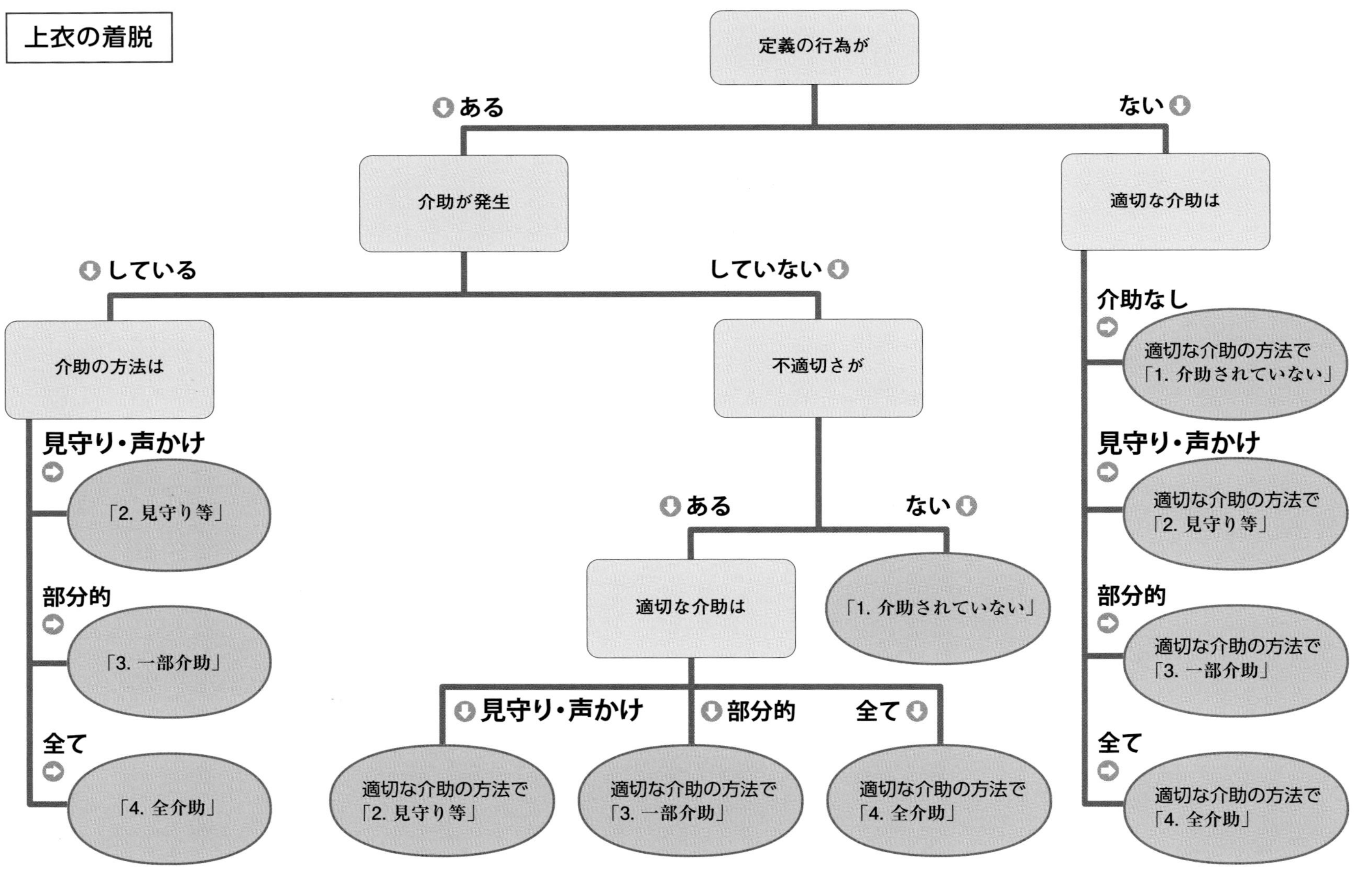

定義の行為が
ある
介助が発生
している
介助の方法は
見守り・声かけ
「2. 見守り等」
部分的
「3. 一部介助」
全て
「4. 全介助」
していない
不適切さが
ある
適切な介助は
見守り・声かけ
適切な介助の方法で「2. 見守り等」
部分的
適切な介助の方法で「3. 一部介助」
全て
適切な介助の方法で「4. 全介助」
ない
「1. 介助されていない」
ない
適切な介助は
介助なし
適切な介助の方法で「1. 介助されていない」
見守り・声かけ
適切な介助の方法で「2. 見守り等」
部分的
適切な介助の方法で「3. 一部介助」
全て
適切な介助の方法で「4. 全介助」

ズボン等の着脱

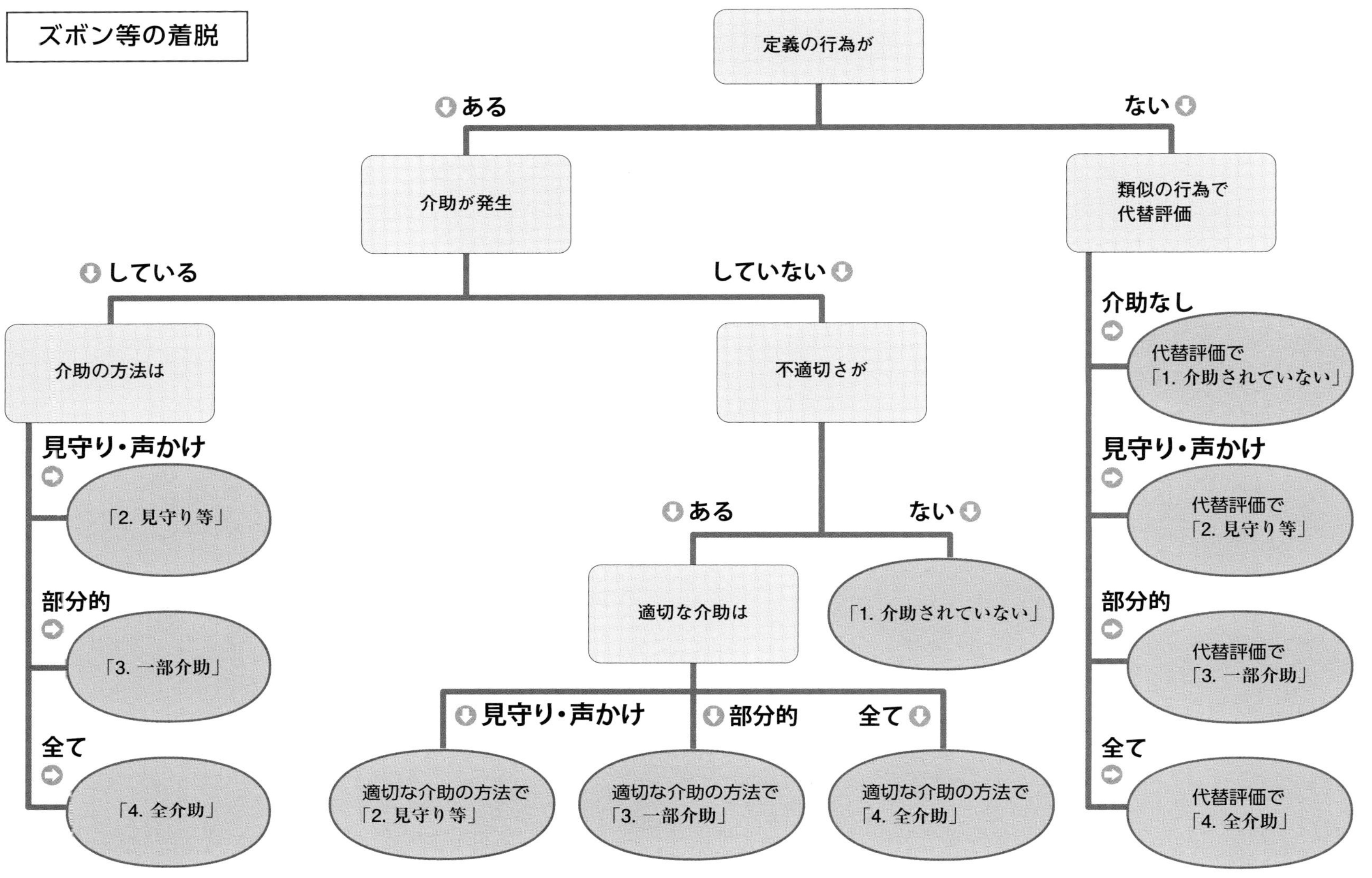

定義の行為が
ある
ない
介助が発生
類似の行為で
代替評価
している
していない
介助の方法は
不適切さが
見守り・声かけ
「2. 見守り等」
部分的
「3. 一部介助」
全て
「4. 全介助」
ある
ない
適切な介助は
「1. 介助されていない」
見守り・声かけ
部分的
全て
適切な介助の方法で
「2. 見守り等」
適切な介助の方法で
「3. 一部介助」
適切な介助の方法で
「4. 全介助」
介助なし
代替評価で
「1. 介助されていない」
見守り・声かけ
代替評価で
「2. 見守り等」
部分的
代替評価で
「3. 一部介助」
全て
代替評価で
「4. 全介助」

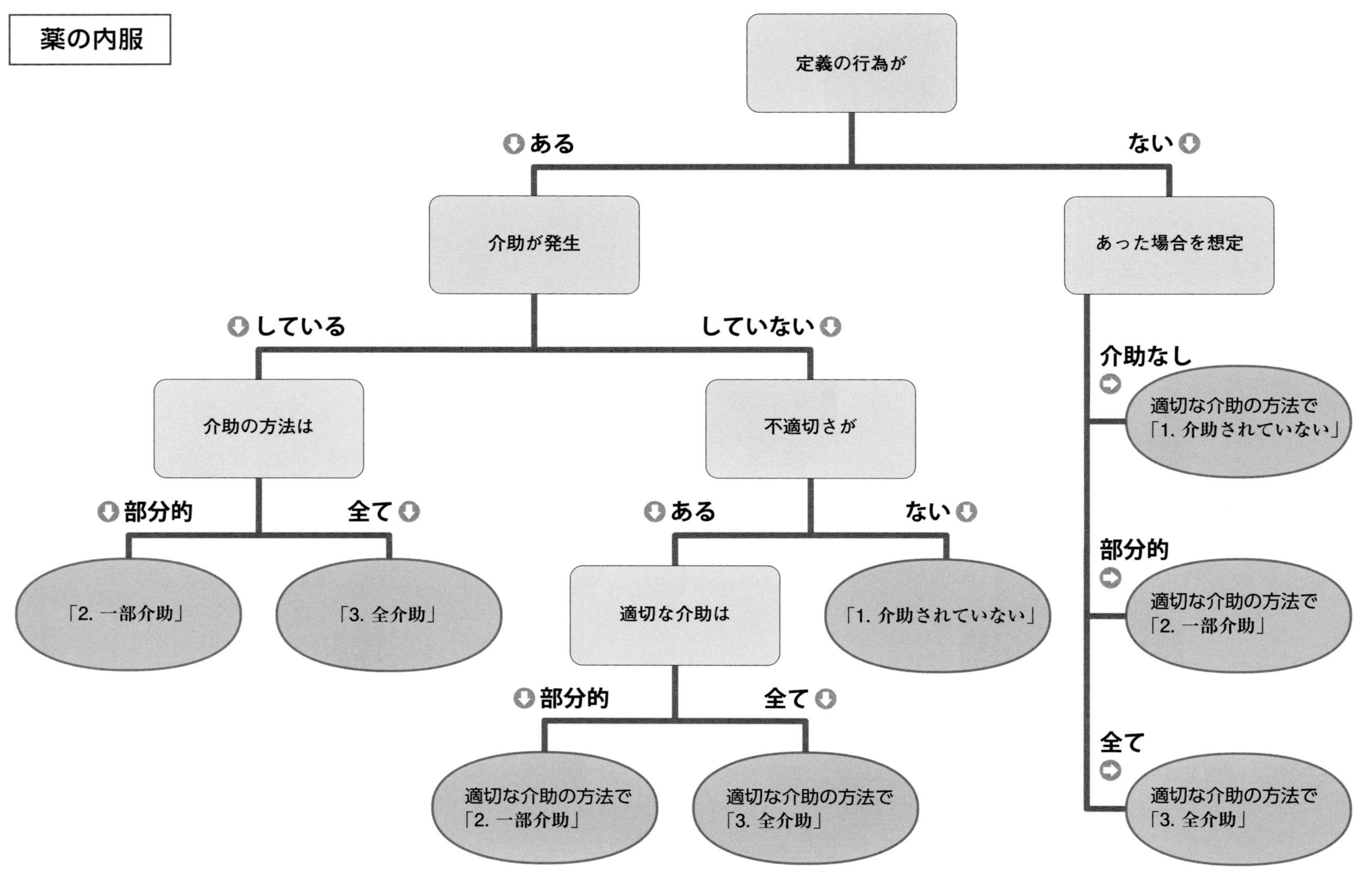
薬の内服
定義の行為が
ある
介助が発生
している
介助の方法は
部分的
「2. 一部介助」
全て
「3. 全介助」
していない
不適切さが
ある
適切な介助は
部分的
適切な介助の方法で「2. 一部介助」
全て
適切な介助の方法で「3. 全介助」
ない
「1. 介助されていない」
ない
あった場合を想定
介助なし
適切な介助の方法で「1. 介助されていない」
部分的
適切な介助の方法で「2. 一部介助」
全て
適切な介助の方法で「3. 全介助」

金銭の管理

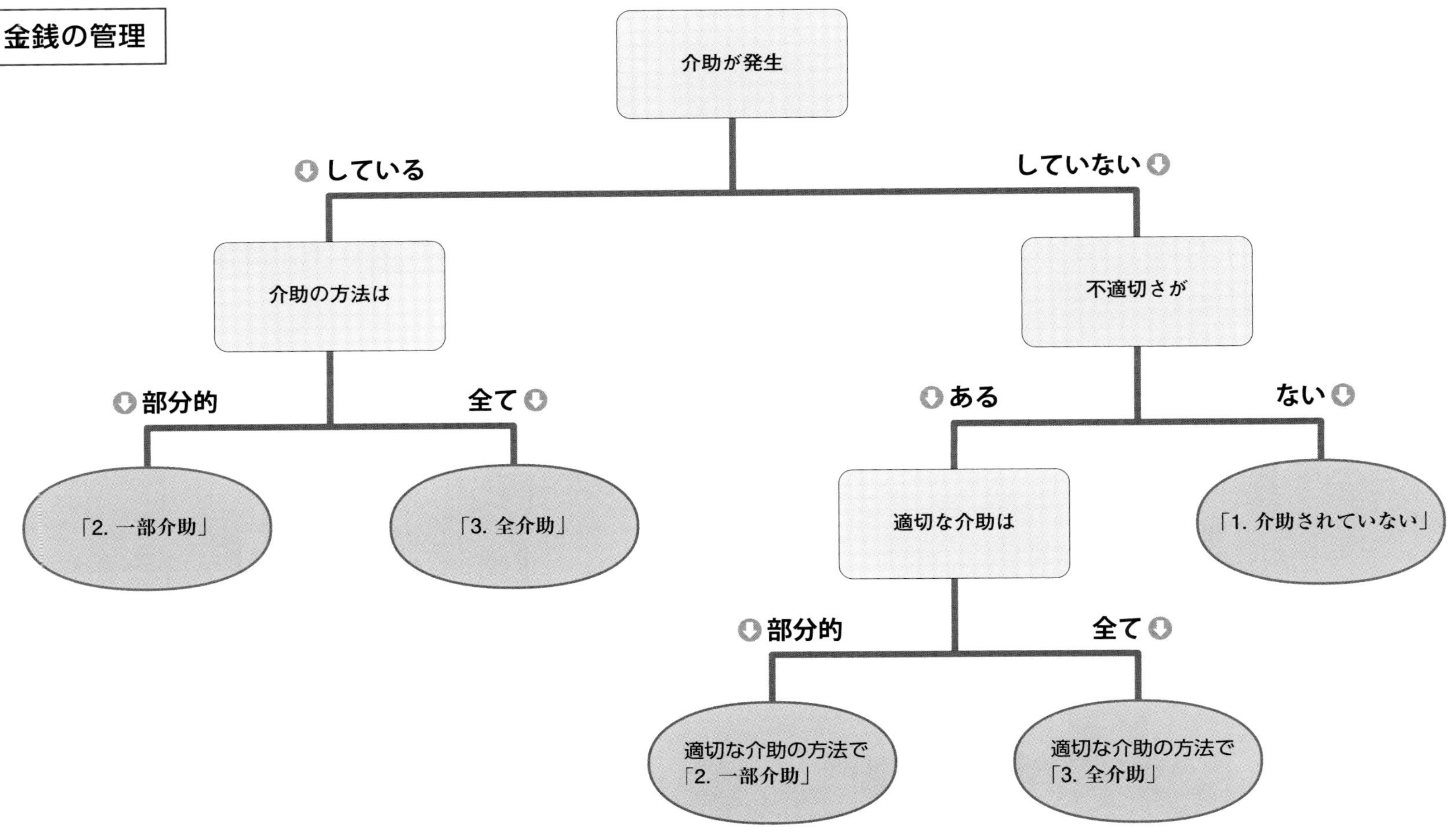
介助が発生
している
していない
介助の方法は
不適切さが
部分的
全て
ある
ない
「2. 一部介助」
「3. 全介助」
適切な介助は
「1. 介助されていない」
部分的
全て
適切な介助の方法で「2. 一部介助」
適切な介助の方法で「3. 全介助」

買い物

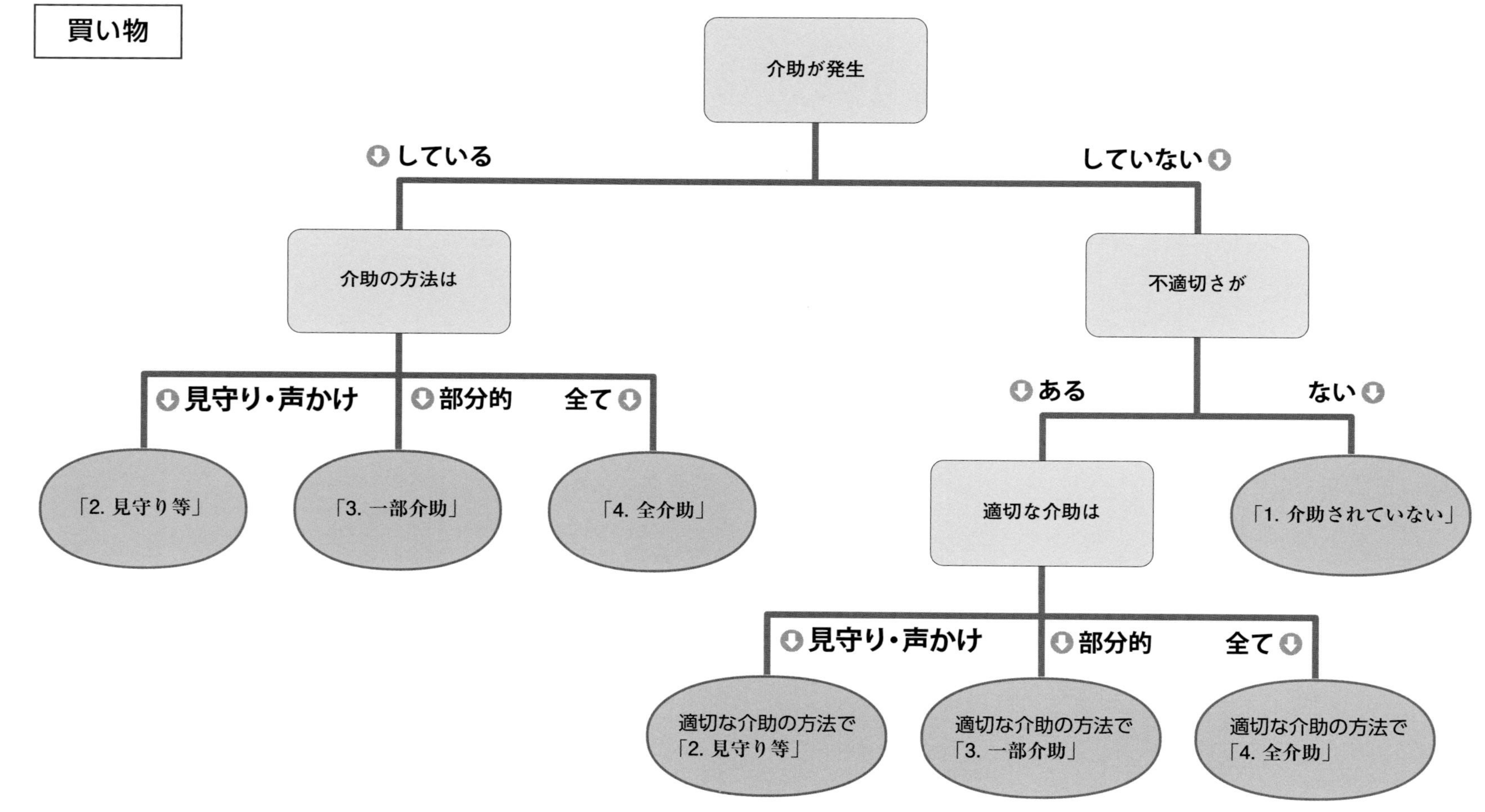
介助が発生
している
していない
介助の方法は
見守り・声かけ
部分的
全て
「2. 見守り等」
「3. 一部介助」
「4. 全介助」
不適切さが
ある
ない
適切な介助は
「1. 介助されていない」
見守り・声かけ
部分的
全て
適切な介助の方法で「2. 見守り等」
適切な介助の方法で「3. 一部介助」
適切な介助の方法で「4. 全介助」

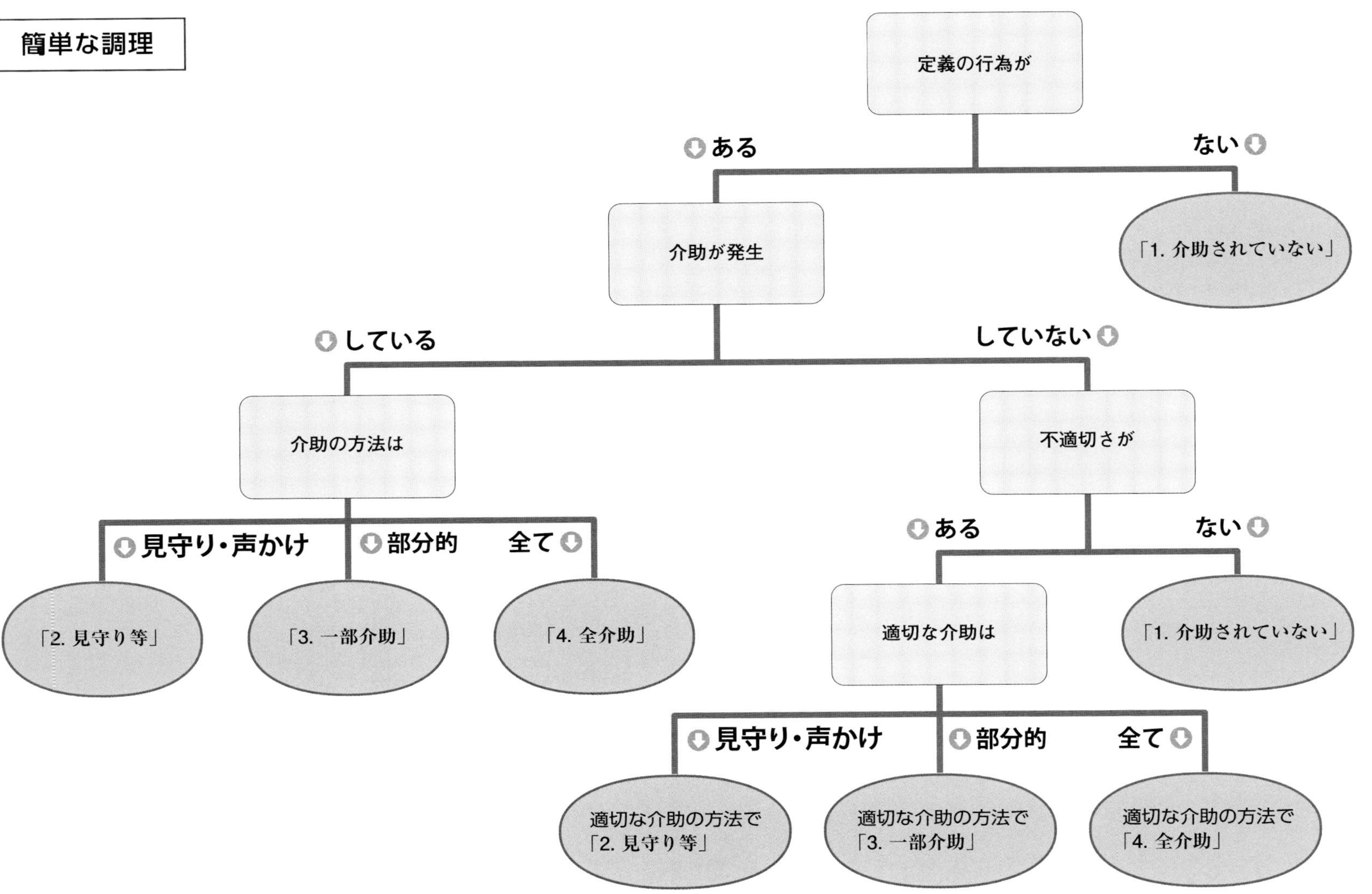
簡単な調理
定義の行為が
ある
ない
「1. 介助されていない」
介助が発生
している
していない
介助の方法は
見守り・声かけ
部分的
全て
「2. 見守り等」
「3. 一部介助」
「4. 全介助」
不適切さが
ある
ない
適切な介助は
「1. 介助されていない」
見守り・声かけ
部分的
全て
適切な介助の方法で「2. 見守り等」
適切な介助の方法で「3. 一部介助」
適切な介助の方法で「4. 全介助」

「有無」で評価する調査項目

評価軸「有無」の共通事項

行動の「ある」・「ない」の軸で評価する。
「選択基準」と「特記事項」の視点は異なる。

区分	視点	留意点
選択基準	「行動」と「頻度」	周囲の対応や介護の手間とは関係なく選択
特記事項	「介護の手間」	具体的な介護の手間と頻度

【麻痺等・拘縮】1-1　1-2

「有無」の項目ではあるが、調査方法は「能力」の項目と同様の考え方をする。

調査対象者に実際に行ってもらい確認した状況と、調査対象者や介護者から日頃の状況を聞き取り判断する。

「1-1 麻痺等」「1-2 拘縮」（確認方法 聞き取り調査のポイント 判断のポイント 特記事項のポイント は、226ページ～242ページ参照）

【外出頻度】2-12

「有無」の項目ではあるが、「麻痺等・拘縮」「BPSD関連」には該当しない。
「2-12外出頻度」で定める選択基準に基づいて選択を行う。

「2-12外出頻度」（聞き取り調査のポイント 判断のポイント 特記事項のポイント は、243ページ～246ページ参照）

【BPSD関連】

3-8　徘徊
3-9　外出すると戻れない
4-1　被害的
4-2　作話
4-3　感情が不安定
4-4　昼夜逆転
4-5　同じ話をする
4-6　大声を出す
4-7　介護に抵抗
4-8　落ち着きなし
4-9　一人で出たがる
4-10　収集癖
4-11　物や衣類を壊す
4-12　ひどい物忘れ
4-13　独り言・独り笑い
4-14　自分勝手に行動する
4-15　話がまとまらない
5-4　集団への不適応

調査対象者や介護者から聞き取りした日頃の状況で選択する。調査時に実際に行動が見られた場合は、その状況について特記事項に記載する。

一定期間（調査日より概ね過去1カ月間）の状況において、それらの行動がどの程度発生しているのかについて、頻度に基づき選択する。

聞き取り調査のポイント

当該行動の有無・頻度・詳細エピソード

場面把握のため、詳細エピソードを聞き取ります。
選択肢が変わるため、詳細な頻度を聞き取ります。
立会者に別室で聞き取る等、十分な配慮が必要です。
該当しないから聞かない、立会者の話をさえぎるようなことはせず、傾聴の姿勢を大切にする。

介護者の対応（介護の手間）・その他

当該行動が発生していれば、介護の手間として詳細な対応を聞き取ります。
当該行動に該当がない場合でも、介護の手間や全体像把握のため詳細を聞き取ります。

判断のポイント（選択肢）

● 「大変だから該当する」「特に周囲が対応を取っていないから該当しない」のではありません。**「定義とする行動が発生している」場合に「頻度」に基づき選択します。**

当該行動の有無 現在の環境で社会生活上、場面からみて不適当な行動（明らかに周囲と合致しない行動・逸脱した行動）を評価する。

★調査員が医学的判断をしないように注意します。

★特定の行動が、複数の項目に該当する場合は、それぞれの項目で評価します。

例 夜間眠らずに、突然理由もなく怒り始め、フロア中に響き渡るほどの大声を出す。明け方から入眠し、翌朝は職員が何度起こしても起きず朝食は時間をずらし提供しなければならない（1回/週）。

4-3感情が不安定　4-4昼夜逆転　4-6大声を出す ➡「3. ある」を選択。

意識障害により行動が発生していない。 性格による行動。 予防的な対策、治療の効果で発生していない。	評価できない。

頻度 過去1カ月間（この間に環境が大きく変化した場合は、その変化後から調査日まで）に発生した頻度で判断する。
※頻度の提示がない場合は評価できない。

特記事項のポイント

当該行動の有無 どのような行動か、明確に記載する。

詳細エピソード 当該行動が場面からみて不適当な行動かどうかを、審査会に伝えるために必要な情報です。

頻度 「当該行動」「介護の手間」発生頻度が違う時は、それぞれの頻度を記載する。
「たまに」「時々」など曖昧な表現にならないよう、(毎日)(1回/週)(1回/月)など、明確な頻度を記載する。
毎日発生している場合、「常に」と記載しがちです。注意します。
どの項目にも該当しない行動を記載した時も頻度は記載する。
変化があった場合は、いつから何回発生しているのかを記載する。

介護者の対応(介護の手間) 審査会で必要な情報です。
手間が発生していない時も記載する。
4-1被害的、4-2作話、4-13独り言・独り笑いなどは手間が発生しない場合があり「介護の手間」の記載漏れが多くなりがちです。
どの項目にも該当しない行動に対しての「介護の手間」を忘れないように記載する。

その他 該当しない場合でも、類似の行動が発生している、または介護の手間が発生している場合は、必ず、頻度とともに、類似または関連する項目に記載する。

【エピソード】【介護の手間】【頻度】を記載しましょう。

★一つの行動で複数選択した場合、特記事項はできる限りまとめて、または、同時に発生していることがわかるように記載します。同時に起こっているのか、別々に起こっているのかわからなくなります。

★過去に発生していたが、過去1カ月内にはなかった場合も、時期や理由などとともに特記事項に記載します。
例 予防できている・服薬管理により落ち着いた・環境の変化があった

★急激に発生頻度が増加した、季節的に状態に波がある、なども時期や頻度、手間とともに特記事項に記載します。

保険者によって書き順にルールがあり、書き方が異なる場合があります。以下の例文を参照

例 4-1　被害的

例1　**詳細エピソード＋頻度＋当該行動の有無＋選択肢＋介護者の対応（介護の手間）**

探し物が見つからないと「なくなった」と娘に話す（1回/週）。盗られた等の被害的な発言はなく「ない」を選択。娘は傾聴するのみ。

例2　**選択肢＋頻度＋詳細エピソード＋当該行動の有無＋介護者の対応（介護の手間）**

「ときどき」選択。月2回。「嫁が私のことを馬鹿にしていて、邪魔者扱いをする。嫁に悪口を言われた」と被害的に息子へ訴える。家族は否定せずに傾聴のみ行う。

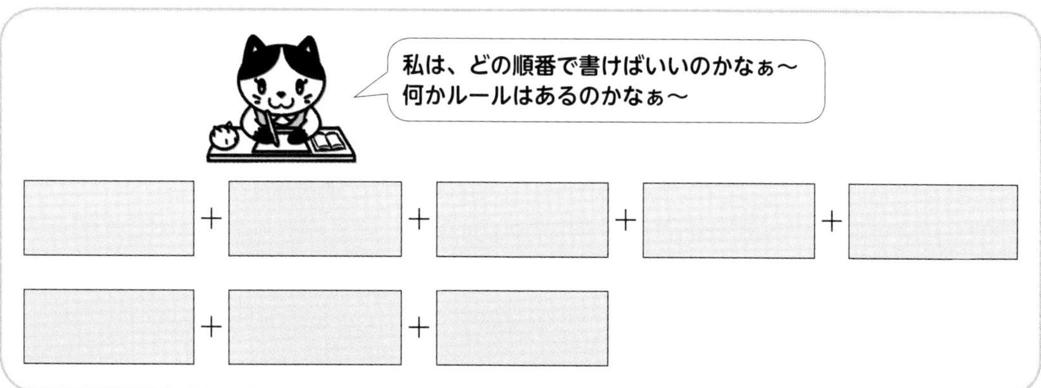
私は、どの順番で書けばいいのかなぁ～
何かルールはあるのかなぁ～

MEMO

評価軸「有無」

テキスト2009版P 31 ～P 35

1-1 麻痺等の有無《身体機能・起居動作》

定義

「麻痺等の有無」を評価する項目である。

ここでいう「麻痺等」とは、神経又は筋肉組織の損傷、疾病等により、筋肉の随意的な運動機能が低下又は消失した状況をいう。

脳梗塞後遺症等による四肢の動かしにくさ（筋力の低下や麻痺等の有無）を確認する項目である。

選択肢

「1. ない」「2. 左上肢」「3. 右上肢」「4. 左下肢」「5. 右下肢」「6. その他（四肢の欠損）」

確認方法

注意点

確認時には、本人または家族の同意の上で、ゆっくり動かしてもらって確認を行う。調査対象者が痛みを訴える場合は、動作の確認を中止し、そこまでの状況で選択を行う。危険と判断される場合は、確認は行わない。

《上肢の確認方法》

座位または仰臥位（仰向け）で行う。
※座位と仰臥位では確認する動作が違うので注意が必要です。

【座位の場合】

肘関節を伸ばしたままで腕を**前方及び**、**横**に持ち上げ、**静止した状態**で**保持**できるかどうかを確認する。

腕（上肢）を**肩の高さ**まで挙上し、静止した状態で保持

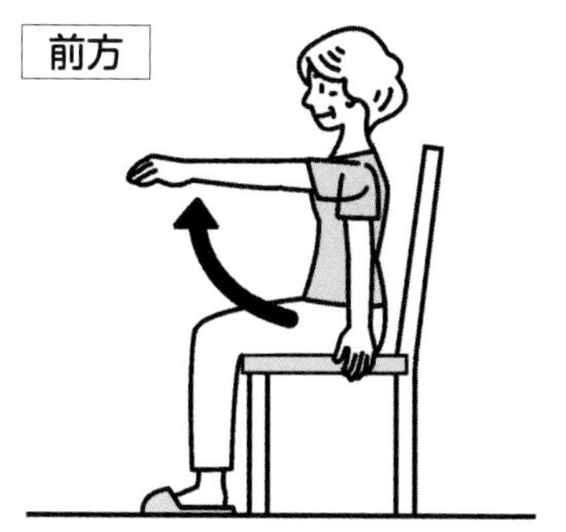

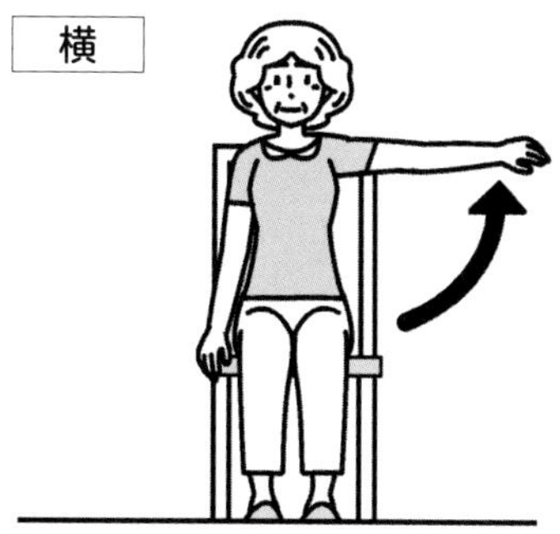

（円背の場合）肩（あご）の高さまで

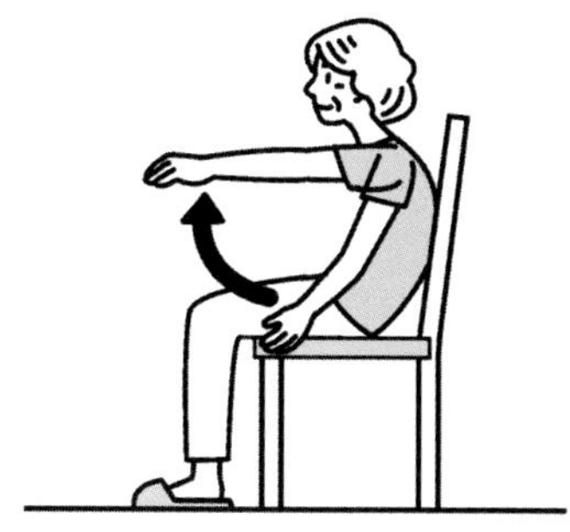

【仰臥位の場合】 腕を持ち上げられるかで確認する。

腕を**前方頭上**に挙上

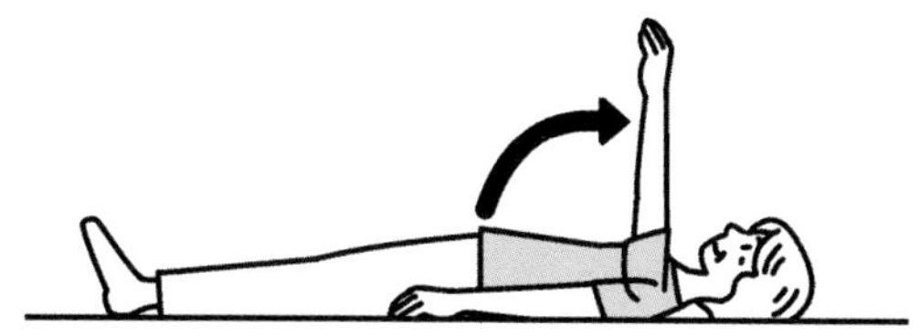

《下肢の確認方法》

座位または仰臥位（仰向け）で行う。
膝を伸ばす動作により下肢を**水平位置まで挙上し、静止した状態で保持**できるかを確認する。

【座位の場合】

座位で膝を床に対して、**自分で水平に伸ばしたまま静止した状態で保持**できるか確認する。
（股関節及び膝関節屈曲位から膝関節の伸展）

大腿部が椅子から離れないことを条件とする

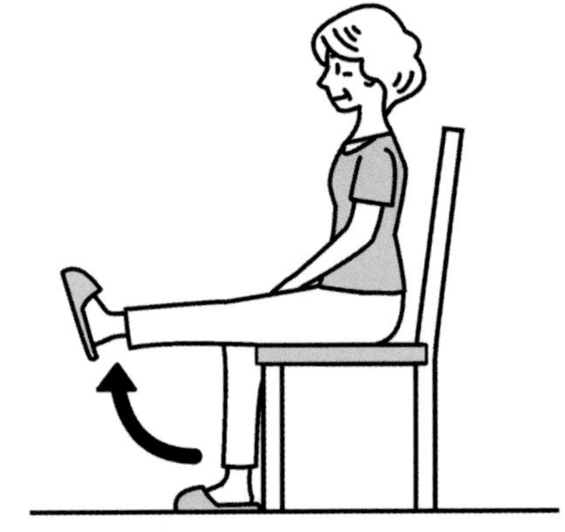

【仰臥位（仰向け）の場合】

仰向けで膝の下に枕等をいれて膝から下（下腿）を持ち上げ、伸ばしたまま静止した状態で保持できるかを確認する。
（仰臥位での股・膝関節屈曲位からの膝関節の伸展）

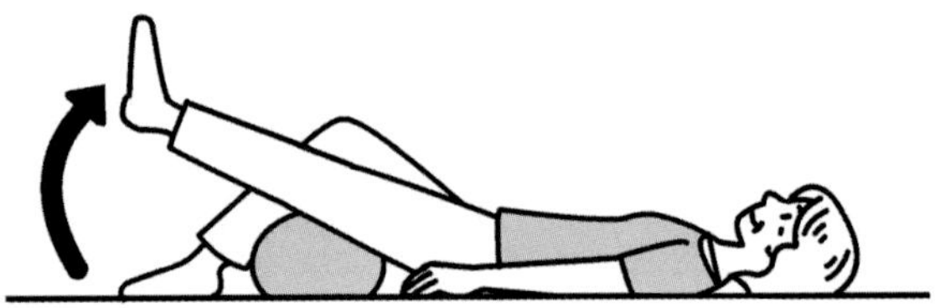

枕等から大腿部が離れないことを条件とする

麻痺等の有無は以下の「**４つの基本的なポイント**」と「１つの補足的なポイント」に留意し聞き取り特記事項に記載します。

ポイント① 試行の有無

ポイント② 調査時の能力

ポイント③ 日頃の能力

ポイント④ 頻度

ポイント⑤ 福祉用具の有無

聞き取り調査のポイント

ポイント① 試行の有無

聞き取り例

❑実際に、手足の動きを見せて頂きたいのですがよろしいですか？

❑本来は、手足がどの程度動くか見せて頂いているのですが、肩（膝）が痛いとのことなので、本日は無理がないようにここでは行わず、日頃の様子を聞かせて頂くということでよろしいですか？

危険がないと考えられる場合、実際に行ってもらいます。

医師から禁止されている動作はないか、骨折歴や人工関節置換術歴、脱臼歴などを確認・聞き取ります。

本人・立会者の**同意を得る**ことを忘れないようにします。

危険と判断したり、**同意を得られない**場合は無理には行わない。

「～してください」は強制しているように感じられることがありますので、「～できますか？」などと尋ねるように声かけすると聞き取りやすいです。

ポイント② 調査時の能力

聞き取り例

❑私と同じ動きができますか？　私の手に触れるまで手（足）を挙げることができますか？　無理をされずに、動かしてみてください。反対の手（足）もお願いします。

痛みを伴っていないか等に注意し、常に目を離さず、表情なども読み取り、適切な言葉かけを行います。

無理をせず、痛みの訴えがある場合はすぐに動作確認は中止します。

調査員が危険と判断した場合も同様です。

ポイント③ 日頃の能力

聞き取り例

- ❏日頃も、先ほどと同じように手足を動かすことができますか？
- ❏本日は、肩（膝）に痛みがあるとのことで実際に手足の動きは確認させていただけなかったのですが、日頃は、手を肩位まで、足は90度曲げた状態から水平くらいまで上げることはできていますか？

調査時に試行した場合にも、日頃の状況を聞き取ります。

日頃の状況に違いがある場合は、詳細を聞き取ります。

調査時、指示が通らず確認できなかったとき、日頃も指示が通るか通らないかを確認するのではなく、**規定の動作ができるかどうか**を確認することを忘れないようにします。

握力低下はどの程度の支障があるかを確認します。

欠損がある場合は欠損の部位を確認します。

ポイント④ 頻度

聞き取り例

- ❏過去1週間で、痛みのため自分で手（足）を挙げられなかったことが何回（何日）位ありましたか？

調査時の試行時と日頃の状況が違う時、日頃の状況で違いがある時などは、頻回な状況で判断するため、詳細を聞き取ります。

ポイント⑤ 福祉用具の有無

聞き取り例

- ❏日頃、装具はいつ装着されていますか？

短下肢装具や、義足等を使用する頻度、装着は誰がしているのかなどを聞き取ります。

判断のポイント

麻痺等がない場合。	「1. ない」を選択。

麻痺等や筋力低下があり目的とする動作が行えない場合。	「2. 左上肢」「3. 右上肢」「4. 左下肢」「5. 右下肢」の中で該当する部位を選択。 複数該当する場合は複数を選択。
複数の部位で目的とする動作が行えない場合（片麻痺、対麻痺、三肢麻痺、四肢麻痺等）。	
各確認動作で、努力して動かそうとしても動かない場合。	
意識障害等で、自分の意思で四肢を十分に動かせず目的とする確認動作が行えない場合。	
加齢による筋力の低下、その他の様々な原因による筋肉の随意的な運動機能の低下によって目的とする確認動作が行えない場合。	
パーキンソン病等による筋肉の不随的な動きによって随意的な運動機能が低下し、目的とする確認動作が行えない場合。	
関節に著しい可動域制限があり、関節の運動ができないために目的とする確認動作が行えない場合。 ※軽度の可動域制限の場合は、関節の動く範囲で行う。	

いずれかの四肢の一部（手指・足趾を含む）に欠損がある場合。 上肢・下肢以外に麻痺等がある場合。	「6. その他」を選択。 ※必ず部位や状況等について具体的に「特記事項」に記載する。

「主治医意見書」の麻痺等に関する同様の項目とは、選択の基準が異なることに留意する。	
冷感等の感覚障害。	該当しない。
えん下障害	「2-3えん下」において評価する。
福祉用具（補装具や介護用品等）や器具類を使用している場合。	使用している状況で選択。
項目の定義する範囲以外で日常生活上での支障がある場合。	特記事項に記載する。

特記事項のポイント

調査時の能力 **日頃の能力** **頻度**
調査時と日頃の状況が同じ時でも、日頃の状況を記載する。
異なる状況が発生している場合は、必ず頻度を記載する。

試行の有無 **福祉用具の有無**
試行できなかった（しなかった）場合は、その理由を必ず記載する。
福祉用具や器具類を使用している場合は、詳細を記載する。

★「左上肢」「右上肢」「左下肢」「右下肢」「その他」
まとめて記載できる時はまとめましょう。
例 四肢　両上肢　両下肢　左上下肢　等

★該当する部位の特記のみ記載し、文末に「他該当なし」を記載する場合もあります。
「他該当なし」と「その他該当なし」は違います。
「他該当なし」➡ 記載している部位以外に該当ない
「その他該当なし」➡ 選択肢「その他」は該当がない
となります。書き間違えることが多いです。意識し書き分けましょう。

両上肢・両下肢はどの程度挙上できるか、角度を記載する場合と角度は記載しない場合があります。また、角度は「○○度」や「（規定範囲の）1/3」など、表現方法は様々です。
先輩調査員に確認するなどして、審査会が読みやすい表現方法で記載しましょう。

例文

ない

① 調査時、試行する。両下肢の浮腫や筋力低下があるが、四肢は、自分で目的とする確認動作ができる。その他該当なし。日頃も同様と立会者。

② 調査時、試行する。両上下肢ともに、目的とする確認動作ができる。両下肢に痺れがあり歩行に支障があると本人。その他該当なし。日頃も同様と立会者。

③ 調査時、指示が通じず試行できなかった。日頃、四肢は規定の高さまで挙上・静止保持できると立会者。その他該当なし。

④　調査時、試行する。右上肢・両下肢ともに、目的とする確認動作ができる。左肩に軽度の可動域制限あるが、左上肢は自分で可動域制限内まで挙上・静止保持ができる。日頃も同様。その他該当なし。

左上肢、右上肢、左下肢、右下肢

①　［右上肢の場合］調査時、試行する。左上肢・両下肢ともに、目的とする確認動作できる。右肩に痛みがあり、右上肢は、自分で規定範囲の2/3程度しか挙上保持できない。その他該当なし。日頃も同様。「右上肢」選択。

②　［左下肢の場合］調査時、試行する。左肩に痛みはあるが両上肢・右下肢ともに、目的とする確認動作できる。左下肢は、自分で規定の高さまで挙上できたが、筋力低下があり静止保持できない。歩行不安定さがある。その他該当なし。日頃も同様。「左下肢」選択。

③　［両下肢の場合］調査時、試行する。両下肢は、目的とする確認動作ができない。他該当なし。日頃も同様。「両下肢」選択。

④　［左上下肢の場合］調査時、本人の同意が得られず試行できなかった。日頃、右上下肢は規定の高さで挙上・静止保持でき、左上肢は、規定範囲の1/3程度、左下肢は、僅かしか挙上できないと立会者。その他該当なし。「左上下肢」選択。

⑤　［左上肢の場合］調査時、試行する。左肩に痛みがあると長女。左上肢は、自分で前は確認動作できるが、横は規定範囲の2/3程度しか挙上できない。右上肢・両下肢ともに目的とする確認動作できる。その他該当なし。日頃も同様。「左上肢」選択。

⑥　［両上下肢の場合］調査時、試行する。両上肢は、前横ともに自分で規定範囲の1/2程度しか挙上・静止保持できない。両下肢は、自分で規定範囲の1/4程度しか挙上できない。その他該当なし。日頃も同様。「四肢」選択。

⑦　［両上下肢の場合］調査時、仰臥位で試行するが、四肢ともに、自分では全く挙上できない。日頃、四肢は規定範囲の1/3程度は挙上できると立会者。その他該当なし。「四肢」選択。

その他（四肢の欠損）

①　［その他の場合］調査時、試行する。右上肢に不全麻痺はあるが、四肢の目的とする確認動作できる。右手指に麻痺があり、爪切り・食事・更衣等に支障がある。日頃も同様。「その他」選択。

②　［右上下肢・その他の場合］調査時、試行する。左上下肢の目的とする確認動作できる。右半身麻痺があり、右上下肢は自分で全く挙上できない。右下肢は、装具装着している。右手指麻痺があり、自力では動かせない。物の保持ができず支障がある。日頃も同様。「右上下肢・その他」選択。

③　［全て該当の場合］ベッド上仰臥位で試行する。四肢は自分で全く挙上できず「四肢」選択。両手に浮腫があり、自分で掌握動作ができない。爪切り・洗身・更衣等に支障があり「その他」選択。

④　［欠損の場合］調査時、試行する。両上下肢ともに目的とする確認動作ができる。日頃も同様。日常生活に支障はないが、右手指の第2指第1関節の欠損がある。「その他」選択。

⑤　［欠損の場合］調査時、試行する。両上肢・左下肢は、目的とする確認動作ができる。右下肢は、膝上から足先にかけ欠損ある。離床時は、常に義足使用するが確認動作ができない。「右下肢・その他」選択。

MEMO

テキスト2009版P 36～P 40

1-2 拘縮の有無《身体機能・起居動作》

定義

「拘縮の有無」を評価する項目である。ここでいう「拘縮」とは、対象者が可能な限り力を抜いた状態で他動的に四肢の関節を動かした時に、関節の動く範囲が著しく狭くなっている状況をいう。

選択肢

「1. ない」「2. 肩関節」「3. 股関節」「4. 膝関節」「5. その他（四肢の欠損）」

確認方法

注意点

確認時には、本人または家族の同意の上で、対象部位を軽く持ち、動作の開始から終了までの間に4～5秒程度の時間をかけてゆっくり動かして確認を行う。調査対象者が痛みを訴える場合は、それ以上は動かさず、そこまでの状況で選択を行う。

90度程度曲がれば「制限なし」となるため、調査対象者の状態に十分注意し、必要以上に動かさないようにしなくてはならない。

動かすことが危険と判断される場合は、確認は行わない。

《肩関節の確認方法》

前方あるいは**横のいずれか**に**可動域制限がある**場合を「**制限あり**」とする。
肩の高さくらいまで**上げる**ことができれば「制限なし」とする。

前方

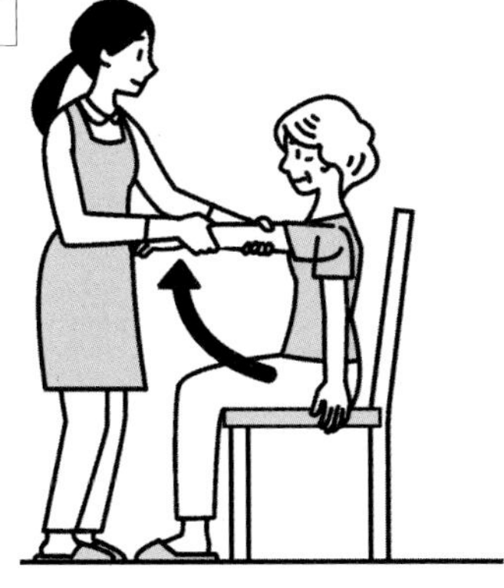

横

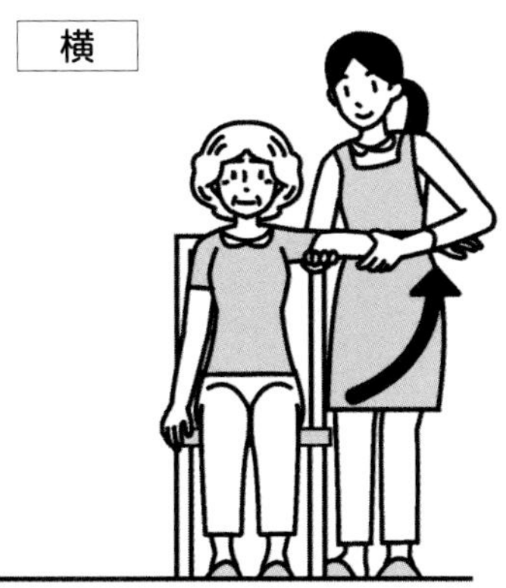

（円背の場合）あごの高さくらいまで

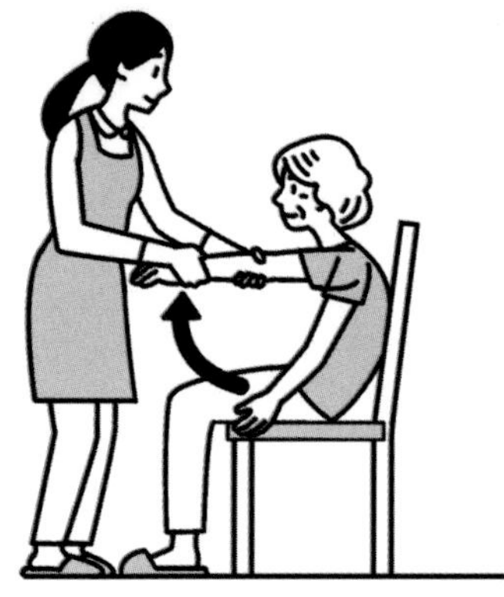

〈仰臥位の場合〉

仰向けで寝たまま（仰臥位）の場合、左右の肩を結んだ高さまで腕（上肢）を動かすことができない、もしくは、前方に腕を挙上することができなければ「制限あり」とする。

《股関節の確認方法》

屈曲または**外転**のどちらかに**可動域制限がある場合**は「**制限あり**」とする。

仰向けに寝た姿勢（仰臥位）で**膝を曲げたままで、股関節が直角（90度）程度曲がれば「制限なし」**とする。

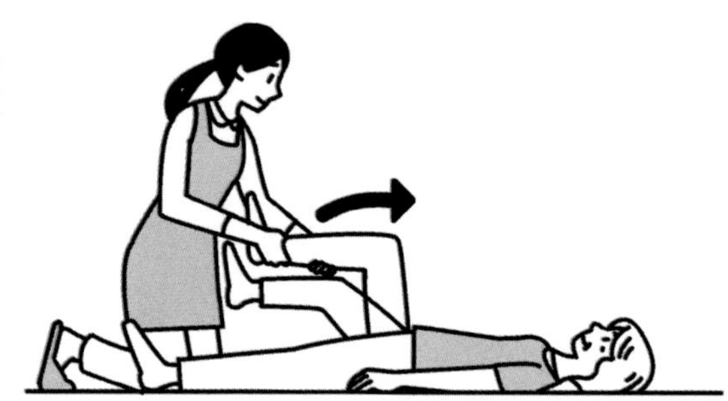

仰向けに寝た姿勢（仰臥位）あるいは座位で膝が閉じた状態から見て、**膝の内側を25cm程度開く（はなす）**ことができれば「制限なし」とする。

O脚等の膝が閉じない場合であっても、最終的に**開いた距離が25cm程度あるかどうか**で選択する。

膝を外側に開くことができるかを確認するため、**内側への運動に関しては問わない。**

片足のみの外転によって25cmが確保された場合も「**制限なし**」とする。

足の外転に制限がある場合、その旨を特記事項に記載する。

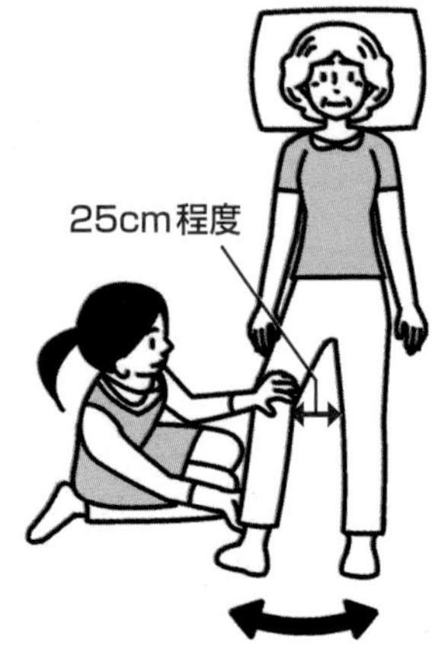

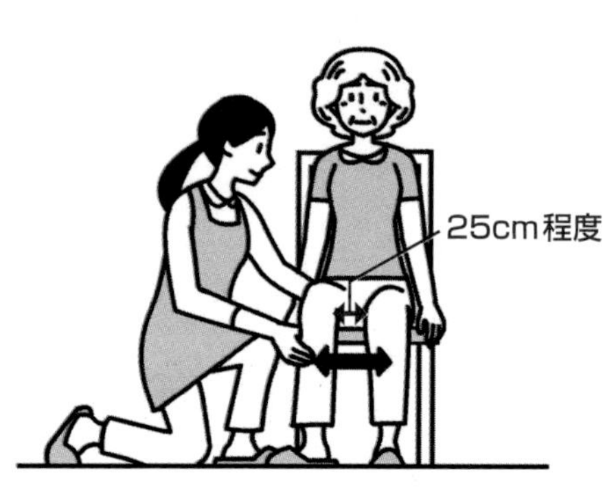

《膝関節の確認方法》

伸展もしくは**屈曲**方向の**どちらかに可動域制限がある場合**を「**制限あり**」とする。

膝関節をほぼ真っ直ぐ伸ばした状態から90度程度他動的に曲げることができない場合に「制限あり」とする。

座位、うつ伏せで寝た姿勢（腹臥位）、仰向けに寝た姿勢（仰臥位）のうち、調査対象者に最も負担をかけないいずれか一つの方法で確認できればよい。

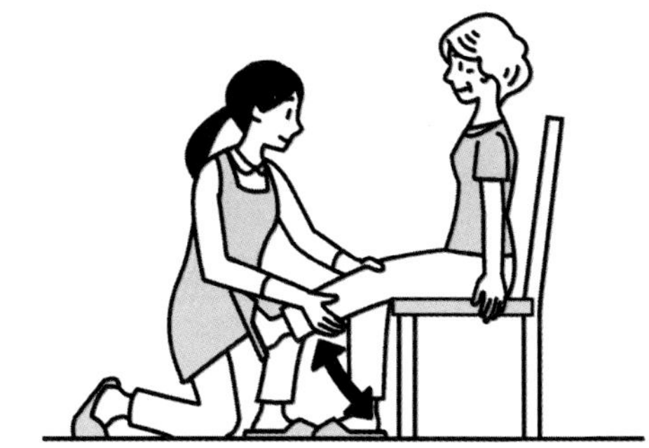

拘縮の有無は以下の「**4つの基本的なポイント**」と「1つの補足的なポイント」に留意し聞き取り特記事項に記載します。

①試行の有無　②調査時の能力　③日頃の能力　④頻度

⑤福祉用具の有無

ポイント①　試行の有無

ポイント②　調査時の能力

ポイント③　日頃の能力

ポイント④　頻度

ポイント⑤　福祉用具の有無

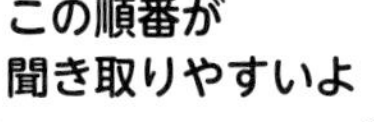

聞き取り調査のポイント

ポイント①
試行の有無

聞き取り例

- ❑ 実際に、肩や膝、股関節の動きを見せて頂きたいのですがよろしいですか？
- ❑ 本来は、肩や膝、股関節がどの程度動くか見せて頂いているのですが、肩（膝）が痛いとのことなので、本日は無理がないようにここでは行わず、日頃の様子を聞かせて頂くということでよろしいですか？

試行・試行しない・試行しない時の理由、全て、調査対象者や立会者の同意を得ます。

ポイント②
調査時の能力

聞き取り例

- ❑ 今からゆっくりと動かします。痛みや違和感などはありませんか？

痛みを伴っていないか等に注意し、常に目を離さず、表情なども読み取り、適切な言葉かけを行います。

無理をせず、痛みの訴えがある場合はすぐに動作確認は中止します。

調査員が危険と判断した場合も同様です。

ポイント③
日頃の能力

聞き取り例

- ❑ 日頃も、先ほどと同じように他者が支えて肩や膝、股関節を動かすことができますか？
- ❑ 本日は、肩（膝）に痛みがあるとのことで実際に関節の動きを確認させていただけなかったのですが、日頃は、他者が支えて肩は肩位まで、膝は90度曲げた状態から水平くらいまで上げることはできていますか？　股関節は、90度曲げることや膝と膝の間を25cm程度開くことはできますか？

調査時に試行した場合にも、日頃の状況を聞き取ります。

日頃の状況に違いがある場合は、詳細を聞き取ります。

調査時、指示が通らず確認できなかったとき、日頃も指示が通るか通らないかを確認するのではなく、**規定の動作ができるかどうか**を確認することを忘れないようにします。

欠損がある場合は欠損の部位を確認します。

全体の整合性に関わってきます。1-2拘縮の「その他」で胸椎や腰椎に伸展制限があると評価した場合、1-3寝返り、1-4起き上がり、1-7歩行等の関係があります。

ポイント④ 頻度

聞き取り例

❏過去1週間で、痛みのため誰が支えても肩（膝、股）関節を動かせなかったことが何回（何日）位ありましたか？

調査時の試行時と日頃の状況が違う時、日頃の状況で違いがある時などは、頻回な状況で判断するため、詳細を聞き取ります。

ポイント⑤ 福祉用具の有無

聞き取り例

❏日頃、装具はいつ装着されていますか？

短下肢装具や、義足等を使用する頻度、装着は誰がしているのかなどを聞き取ります。

判断のポイント

四肢の関節の動く範囲の制限がない場合。	「1. ない」を選択。

複数の部位に関節の動く範囲の制限がある場合。	「2. 肩関節」「3. 股関節」「4. 膝関節」のうち、複数を選択。
肩関節、股関節、膝関節の左右いずれかに制限がある場合。	「制限あり」とする。

いずれかの四肢の一部（手指・足趾を含む）に欠損がある場合。 肩関節、股関節、膝関節以外について、他動的に動かした際に拘縮や可動域の制限がある場合。	「5. その他」を選択。 ※必ず部位や状況等について具体的に「特記事項」に記載する。

疼痛のために関節の動く範囲に制限がある場合。	「制限あり」とする。

筋力低下。	「1-1 麻痺等の有無」において評価する。

「主治医意見書」の同様の項目とは、選択の基準が異なることもある。

福祉用具（補装具や介護用品等）や器具類を使用している場合。	使用している状況で選択。

項目の定義する範囲以外で日常生活上での支障がある場合。	特記事項に記載する。

特記事項のポイント

調査時の能力 **日頃の能力** **頻度**
調査時と日頃の状況が同じ時でも、日頃の状況を記載する。
異なる状況が発生している場合は、必ず頻度を記載する。

試行の有無 **福祉用具の有無**
試行できなかった（しなかった）場合は、その理由を必ず記載する。
福祉用具や器具類を使用している場合は、詳細を記載する。

★「肩」「股」「膝」「その他」
両肩、左肩、右肩等、左右をかき分ける。
まとめて記載できるときはまとめましょう。

★該当する部位の特記のみ記載し、文末に「他該当なし」を記載する場合もあります。
「他該当なし」と「その他該当なし」は違います。
「他該当なし」➡ 記載している部位以外に該当ない
「その他該当なし」➡ 選択肢「その他」は該当がない
となります。書き間違えることが多いです。意識し書き分けましょう。

各関節の伸展、屈曲、外転はどの程度動かせるか、角度を記載する場合と角度を記載しない場合があります。また、角度は「○○度」や「(規定範囲の) 1/3」など表現方法は様々です。先輩調査員に確認するなどして、審査会が読みやすい表現方法で記載しましょう。

例文

ない

① 調査時、試行する。両肩・股・膝関節の動く範囲に制限はない。その他該当なし。

② 調査時、試行する。両肩・股・膝関節ともに、動く範囲の制限がない。円背で前傾姿勢だが伸展できる。その他該当なし。

肩関節、股関節、膝関節

① [肩関節該当の場合] 調査時、試行する。両股・膝関節ともに、動く範囲の制限がない。両肩関節は他動で前横ともに規定範囲の1/2程度しか伸展できない。その他該当なし。日頃も同様。「肩関節」選択。

② [肩関節該当の場合] 調査時、拒否があり試行できなかった。日頃、両肩関節は、痛みが強く前・横ともに他動で規定範囲の1/3程度しか伸展できない。両股・膝関節は、動く範囲に制限はない。その他該当なし。「肩関節」選択。

③ [膝関節該当の場合] 調査時、試行する。両膝関節の屈曲はできるが、他動で規定範囲の2/3程度しか伸展できず可動域制限がある。他該当なし。日頃も同様。「膝関節」選択。

④ [股関節該当の場合] 調査時、試行する。両肩・膝関節の動く範囲に制限はない。両股関節は他動で90度の屈曲はできるが、外転は左右合わせても拳一つがやっとで可動域制限ある。更衣等に支障がある。その他該当なし。日頃も同様。「股関節」選択。

その他(四肢の欠損)

① [欠損の場合] 調査時、試行する。両肩・両股・左膝関節の動く範囲に制限はない。右膝上から欠損があり、右膝関節は確認できない。日頃も同様。「膝関節・その他」選択。

② [欠損の場合] 調査時、試行する。両肩・股・膝関節の動く範囲に制限はない。左足首から欠損がある。日頃も同様。「その他」選択。

③ ［その他該当の場合］調査時、試行する。両肩・股・膝関節ともに、動く範囲の制限はない。両手指は他動で屈曲制限あり、手すりを掴むこともできない。日頃も同様。「その他」選択。

④ ［その他該当の場合］調査時、試行する。両肩・股・膝関節ともに、動く範囲の制限はない。円背のため他動で伸展できない。仰臥位ができない。日頃も同様。「その他」選択。

⑤ ［膝関節・その他該当の場合］調査時、試行する。両肩・股関節ともに、動く範囲の制限はない。両膝関節の屈曲はできるが、他動で規定範囲の1/2程度しか伸展できない。両足関節は尖足のため、他動でも屈曲できない。日頃も同様。「膝関節・その他」選択。

⑥ ［全て該当の場合］調査時、試行する。両肩関節は前横ともに、他動で1/2程度しか伸展できない。両膝関節の屈曲はできるが、他動で伸展は1/3程度しかできない。両股関節は、他動で90度の屈曲はできるが、外転は両側で15cm程度しかできない。両肘関節ともに、他動で1/2程度しか伸展できない。日頃も同様。「肩・股・膝関節・その他」選択。

MEMO

2-12 外出頻度《生活機能》

定義

「外出頻度」を評価する項目である。
ここでいう「外出頻度」とは、１回概ね30分以上、居住地の敷地外へ出る頻度を評価する。
一定期間（調査日より概ね過去１カ月）の状況において、外出の頻度で選択する。

選択肢

「1. 週1回以上」「2. 月1回以上」「3. 月1回未満」

外出頻度は以下の「**２つの基本的なポイント**」と「１つの補足的なポイント」に留意し聞き取り特記事項に記載します。

①頻度（選択根拠）　②外出場所

③その他

ポイント①②　頻度（選択根拠）・外出場所

ポイント③　その他

この順番が聞き取りやすいよ

聞き取り調査のポイント

ポイント①②

頻度（選択根拠）・外出場所

聞き取り例

❏ここ1カ月内に、病院・買い物・散歩等の外出はありましたか？

❏病院は月何回？　買い物は週何回出かけますか？

外出場所・頻度の確認時に、「外出の機会はありますか？」と尋ねると、旅行や遠方の外出をイメージされる場合があるため、病院・買い物等の日常的な外出である旨を説明すると回答が得られやすいです。

一つ一つの詳細頻度を聞き取る。

移動や日課などの聞き取り時に合わせて聞き取りできた場合は、何度も聞かないように気をつける。

ポイント③

その他

聞き取り例

❏その他に、外出はありますか？

定義に該当しない30分以内や居住地敷地内の外出でも、調査対象者の全体像や習慣を把握するために、詳細を聞き取ります。

判断のポイント

外出の目的や、同行者の有無、目的地等は問わない。	障害高齢者の日常生活自立度の判断根拠となる。
徘徊は外出とは考えない。	徘徊 ➡ 3-8徘徊で評価する。
過去1カ月の間に状態が大きく変化した場合。	変化した後の状況で選択する。

特記事項のポイント

外出場所 **頻度（選択根拠）** **その他**

外出の頻度を評価する項目です。外出方法や移動の様子は原則2-2移動に記載する。

➡ 審査会の希望がある場合は2-12に記載する。

散歩などは時間を記載する。（30分以上ですか？）

2カ月に1回や3カ月に1回の定期受診は、過去1カ月の間の、受診の有無を記載する。

同一施設・敷地内のデイサービス、診療所等へ移動することは外出とは考えない。 救急搬送は外出とは考えない。	特記事項には記載します。審査会で介助の方法の項目との整合性が確認しやすくなります。

例文

週１回以上

① デイケア（２回／週）、買い物（２回／月）、病院（１回／月）。「週１回以上」選択。２カ月に１回、眼科に行くが、この１カ月はない。

② 人工透析のため通院する（3回／週）。他に外出はない。

③ 調査日の１週間前に退院し、１回通院した。「週１回以上」選択。

月１回以上

① 30分以上の外出は通院のみ（１回／月）。「月１回以上」選択。毎日、15分程度近くの商店へ新聞を買いに行く。

② 美容院（１回／月）。「月１回以上」選択。3カ月に1回程度、気分転換に長女と外出するが、ここ1カ月内はない。

③ 通院（1回／月）、家族と外食する（１～２回／月）。

月１回未満

① ここ１カ月内に外出の機会はない。「月１回未満」選択。２カ月に１回通院する。

② ２週間前の入院時より、外出の機会はない。

③ この１カ月外出の機会はない。「月１回未満」選択。施設敷地内の通所介護を週５回利用する。

MEMO

評価軸「有無」　テキスト2009版P 110 ～ P 111

3-8 徘徊《認知機能》

定義

「徘徊」の頻度を評価する項目である。

ここでいう「徘徊」とは、歩き回る、車いすで動き回る、床やベッドの上で這い回る等、目的もなく動き回る行動のことである。

選択肢

「1. ない」「2. ときどきある」「3. ある」

徘徊は以下の「**3つの基本的なポイント**」と「２つの補足的なポイント」に留意し聞き取り特記事項に記載します。

基本的ポイント	①当該行動の有無	②頻度	③介護者の対応（介護の手間）
 補足的ポイント	④詳細エピソード	⑤その他	

ポイント①②④　当該行動の有無・頻度・詳細エピソード

ポイント③⑤　介護者の対応（介護の手間）・その他

聞き取り調査・判断・特記事項のポイントは「有無」P222 ～P225 も参照してね。

聞き取り調査のポイント

ポイント①②④

当該行動の有無・頻度・詳細エピソード

聞き取り例

❏ここ１カ月内に、目的もなく歩き回る行為がありましたか？
❏床やベッドの上を這い回る行為はありますか？

頻回にトイレ利用を繰り返している方は、排泄の目的があるため該当しない。「目的はありますか？」と目的の有無を確認することで聞き取りがスムーズになります。

場面把握のため、詳細エピソードを聞き取ります。

選択肢が変わるため、詳細な頻度を聞き取ります。

ポイント③⑤

介護者の対応（介護の手間）・その他

聞き取り例

❏目的もなく歩き回る時は、どのような対応をされていますか？
❏その他、困っていることはありますか？

当該行動が発生していれば、介護の手間として詳細な対応を聞き取ります。

当該行動に該当がない場合でも、介護の手間や全体像把握のため詳細を聞き取ります。

判断のポイント

トイレに行きたい、家に帰りたいなど目的がある場合。	「1. ない」を選択。
重度の寝たきり状態であっても、ベッドの上で這い回るなど、目的もなく動き回る行動。	頻度に応じ「2. ときどきある」「3. ある」を選択。

「どこに行けばよいかわからない」「何をすればよいのかわからない」などの理由で歩き回る。	明確な目的とまでは言えず該当する場合がある。 ※全体像も捉え判断する。

特記事項のポイント

詳細エピソード 当該行動の有無 頻度 介護者の対応（介護の手間） その他

224～225ページの「有無」のポイント参照。

▶キーワード　「目的なく歩き（動き）回る」

例文

ない

①（記述のみ）両下肢の筋力低下により歩行困難なため、該当する行動はない。１年程前まで、毎日のように目的もなく自宅内を歩き回ることがあったと立会者より聞く。

②（記述のみ）帰宅願望があり、荷物を持って出口を探し廊下を歩き回る（１回/週）。目的なく歩き回る行動まではない。職員は付き添い対応する。

ときどきある

① 車椅子を自操し、廊下を目的なく動き回る（１～２回/月）。他入居者とぶつかる危険があり、職員はすぐに声かけし、ホールへ誘導している。

② 自宅周辺を目的なく歩き回る（２～３回/月）。歩行不安定で転倒や事故の危険性はあるが、足が悪く付き添うことができないと妻。

③ 転落防止のため床にふとんを敷いて寝ている。夜中に目的もなく這い回り廊下へ出てくる（3回/月）。「ときどきある」選択。職員は居室に誘導し入眠を促す。多い月は週１回以上あると職員。

ある

① 自宅内を目的なく歩き回る（２回/週）。外へ出て行くことはないが、妻は物音に気を付けている。

② 居室やフロア内を目的なく歩き回る（2～3回/日）。目が離せず職員は常時見守る。

③ 目的もなくベッド上で這い回る（４回/週）。「ある」選択。転落の危険があるためセンサー対応し、すぐに居室へ様子を見に行くと職員に聞く。

評価軸「有無」　テキスト2009版 P 112 〜 P 113

3-9 外出すると戻れない《認知機能》

定義

「外出すると戻れない」行動の頻度を評価する項目である。

選択肢

「1. ない」「2. ときどきある」「3. ある」

外出すると戻れないは以下の「**3つの基本的なポイント**」と「2つの補足的なポイント」に留意し聞き取り特記事項に記載します。

①当該行動の有無　②頻度　③介護者の対応（介護の手間）

④詳細エピソード　⑤その他

この順番が
聞き取りやすいよ

ポイント①②④　当該行動の有無・頻度・詳細エピソード

ポイント③⑤　介護者の対応（介護の手間）・その他

聞き取り調査・判断・特記事項のポイントは「有無」P222 〜P225 も参照してね。

聞き取り調査のポイント

ポイント①②④ 当該行動の有無・頻度・詳細エピソード

聞き取り例

❑ここ1カ月内に、外出して戻れなくなった事がありましたか？
❑トイレの後など、自室や病室に戻れなくなることがありますか？

場面把握のため、詳細エピソードを聞き取ります。
選択肢が変わるため、詳細な頻度を聞き取ります。

ポイント③⑤

介護者の対応（介護の手間）・その他

聞き取り例

- ❑外出して戻れない時は、どのような対応をされていますか？
- ❑自室・病室に戻れない時は、どのような対応をされていますか？
- ❑その他に、困っていることはありますか？

当該行動が発生していれば、介護の手間として詳細な対応を聞き取ります。
当該行動に該当がない場合でも、介護の手間や全体像把握のため詳細を聞き取ります。

判断のポイント

該当する	該当しない
外出し自宅や入居している施設に戻れない。 自室に戻れない。	施設や通所施設等で自席に戻れない。 自室の理解はないが、移動時に介護者が付き添っており予防できている。 トイレなど目的の場所がわからず迷う。 外出し、道に迷ったが、何とか自分で戻ることができた。

自室に戻れず、他の入居者の部屋に勝手に入りベッドで寝ている。他の入居者から苦情がある（1回/週）。	自室に戻れない ➡ 3-9 外出すると戻れない 他の入居者の部屋に入りベッドで寝ている。 ➡ 4-14 自分勝手に行動する　で評価する。

特記事項のポイント

詳細エピソード　当該行動の有無　頻度　介護者の対応（介護の手間）　その他

224～225ページの「有無」のポイント参照

▶キーワード　「自宅（自室）に戻れない」

例文

ない

① （記述のみ）大腿部を骨折し一人で歩けなくなったため、現在はない。１年程前までは、一人で外に出て家に帰れなくなり、警察に保護されることがあった。

② （記述のみ）自宅近隣の公園に一人で行く（２回/週）。日頃は30分程度で帰宅するが、月２回は道に迷い帰宅するまでに2時間程かかる。迎えには行くまではないが、今後が心配と妻。

③ （記述のみ）入所から半年経過し、施設での生活に慣れ、過去１カ月はないが、施設入所直後は共用のトイレに行くと、居室に戻れず職員が誘導することがあった。

ときどきある

① 夜間トイレ利用後、寝室がわからず戻れなくなる（３回/月）。その都度夫が声をかけ誘導している。

② 一人で買い物のため外出したが、戻れなくなった。家族が捜すも見つからず、半日後、警察に保護された（過去１カ月で２回）。

③ 食堂から自室へ戻れず、他者の居室に入ろうとする（２回/月）。職員が自室へ誘導。「ときどきある」選択。以前は週３回あったが、３カ月前に自室の扉に大きく名前を書いた紙を貼って対応してからは、回数が減ったと職員に聞く。

ある

① 一人で散歩に出て、自宅に戻れなくなる（２回/週）。近所の人が見かけて送ってくれる。近所の人に申し訳がないと妻に聞く。

② 病棟内を車椅子で徘徊し、病室へ戻れない（３回/週）。その都度看護師が病室へ誘導する。

③ トイレから自室へ戻れず、他者の居室へ入ろうとする（毎日４～５回）。「ある」選択。その都度職員が自室まで誘導する。自室扉に大きく名前を書いた紙を貼り対応するが、効果はないと職員に聞く。

評価軸「有無」

4-1 ～ 4-15《精神・行動障害》

「精神・行動障害」とは、社会生活上、場面や目的からみて不適当な行動の頻度を評価する項目である。

ここでは行動が、過去１カ月間（この間に環境が大きく変化した場合は、その変化後から調査日まで）の状況から、現在の環境でその行動が現れたかどうかに基づいて選択する。これらの行動に対して、特に周囲が対応をとっていない場合や介護の手間が発生していなくても、各項目に規定されている行動が現れている場合は、頻度に基づき選択する。

選択肢

「1. ない」「2. ときどきある」「3. ある」

「精神・行動障害」は以下の「**3つの基本的なポイント**」と「２つの補足的なポイント」に留意し聞き取り特記事項に記載します。

基本的ポイント

①当該行動の有無　**②頻度**　**③介護者の対応（介護の手間）**

④詳細エピソード　⑤その他

ポイント①②④　当該行動の有無・頻度・詳細エピソード

ポイント③⑤　介護者の対応（介護の手間）・その他

この順番が
聞き取りやすいよ

聞き取り調査・判断・特記事項のポイントは「有無」P222～P225も参照してね。

4-1 被害的《精神・行動障害》

定義

「物を盗られたなどと被害的になる」行動の頻度を評価する項目である。

ここでいう「物を盗られたなどと被害的になる」行動とは、実際に盗られていないものを盗られたという等、被害的な行動のことである。

聞き取り調査のポイント

ポイント①②④

当該行動の有無・頻度・詳細エピソード

聞き取り例

- ❏「物を盗られた」「食べ物に毒が入っている」などと被害的な発言はありますか？
- ❏この1カ月内に、被害的な訴えは何回ありましたか？

ポイント③⑤

介護者の対応(介護の手間)・その他

聞き取り例

- ❏被害的な訴えがあった際、どのような対応をされていますか？
- ❏その他に、困っていることはありますか？

判断のポイント

該当する	該当しない
「盗られた」 「あの人が盗った」 「食べ物に毒が入っている」 「自分の食事だけがない」等と言う。	人に盗られるかもとの思いがある。 「盗られた」ことが事実ならば該当しない。 人の物を見て「あれは自分の物」という。 ➡4-2作話に該当する。

特記事項のポイント

224～225ページの「有無」のポイント参照

▶キーワード　「被害的に言う」「被害的発言がある」

例文

ない

①（記述のみ）探し物が見つからないと「なくなった」と娘に話す（1回/週)。盗られた等の被害的な発言はない。娘は傾聴する。

②（記述のみ）昔から悲観的な性格で、近所の人が、対象者に気付かずに挨拶しないだけで「私に怒っているのかな」と思いふさぎこむ（1回/週)。家族は、その都度なだめ手間となる。

③（記述のみ）「妹は、金持ちで贅沢な生活をしている。私は若い時から働き続けで、今もこんなに苦労している。不幸続きだ」とひがみを娘に訴える（2回/月)。被害的まではないが、娘はその都度傾聴しており、精神的な負担が大きい。

ときどきある

①　デイサービスで職員に「あの人が私の財布を盗んだ」と、特定の利用者のことを指して被害的に訴える（2回/月)。その都度職員が傾聴しなだめている。

②「嫁が、私のことを邪魔者扱いする」「嫁に悪口を言われた」と被害的に息子へ訴える（2回/月)。息子は否定せずに傾聴のみ行う。

ある

①「泥棒が入ってお金を盗られた」と交番へ電話し被害的に訴える（2回/月)。不安が強いと交番へ行き同様に訴える（2回/月)。その都度家族は説明、謝罪をする。

②　食事をしたことを忘れて「ご飯を私だけ食べさせてもらっていない。私だけひどい目にあわされている」と職員へ被害的に訴える（1回/週)。職員は否定せずに傾聴している。

テキスト2009版P 117

4-2 作話《精神・行動障害》

定義

「作話」行動の頻度を評価する項目である。
ここでいう「作話」行動とは、事実とは異なる話をすることである。

聞き取り調査のポイント

ポイント①②④

当該行動の有無・頻度・詳細エピソード

聞き取り例

- ❑「事実と異なる話」「ありもしない話」をすることはありますか？
- ❑この１カ月内に、事実と異なる話は何回ありましたか？

ポイント③⑤

介護者の対応（介護の手間）・その他

聞き取り例

- ❑事実と異なる話をした時は、どのような対応をされていますか？
- ❑その他に、困っていることはありますか？

判断のポイント

★自分に都合のいいように事実と異なる話をすることも含む。 起こしてしまった失敗を取りつくろうためのありもしない話をすることも含む。

★作話を確認すると「幻視や幻聴がある」と訴える立会者が多い。医師の診断がないまま、幻視があると訴えるケースも多い。実際に診断があれば、調査対象者には見えており該当しない場合もある。調査員が「幻視や幻聴」の判断をしないようにする。

★幻視・幻聴の有無を問われているのではなく、事実とは異なる話をする行動の有無を問われている項目である。

★場面や目的からみて、不適当な行動があるかどうかで評価する。

★物忘れによる発言は4-12ひどい物忘れで評価する。

★嘘をついている程度では該当しない。

特記事項のポイント

224～225ページの「有無」のポイント参照

▶キーワード 「事実と異なる話をする」

例文

ない

① （記述のみ）デイサービスへ行くたびに職員に「このメガネは高かった」と実際の値段より５万円増しで周囲の人に話している（１回/週)。誇張した話であり、作話まではない。

② （記述のみ）半年程前は、他の入居者に「○○さんが呼んでいる」「○○さんがあなたの悪口を言っている」等と事実と異なることを話していた（2回/週)。過去１カ月間に話すことはない。

ときどきある

① 「昨夜、夜中にトイレからふとんに戻ったら知らない人が寝ていた。起こすとかわいそうだから別の部屋で寝たのよ」等、長女に実際にない話をする（２回/月)。その都度、長女は傾聴している。

② 失禁し廊下を濡らしたことを家族が本人に確認すると「それは犬が粗相をした」と、自分に都合良く事実と異なる話をする（３回/月)。家族はそれ以上言わないようにしている。

③ 家族はいないが、質問に対し「妻は家にいて、ご飯を作っている」と、事実と異なる話をする（１回/月)。否定せずに話を合わせていると立会者。

ある

① 近所の人に挨拶して回り「今までお世話になりました。もうすぐ引っ越しをします」と事実と異なる話をする（1回/週)。家族は、後からその話を聞き、訂正して回っている。

② タンスの中に汚れた下着があり、本人に尋ねると「隣の人が部屋に入ってきて勝手にしまい込んだ」と、自分に都合よく事実と異なる話をする。その度に職員は、否定せずに話を合わせ、傾聴している（1回/週)。

③ すでに夫は亡くなっているが「つい先ほど、そこで会って話をした」と事実と異なる話をする（3回/週)。職員は特に対応はせず、聞き流している。

MEMO

テキスト2009版P 118

4-3 感情が不安定《精神・行動障害》

定義

「泣いたり、笑ったりして感情が不安定になる」行動の頻度を評価する項目である。

ここでいう「泣いたり、笑ったりして感情が不安定になる」行動とは、悲しみや不安などにより涙ぐむ、感情的にうめくなどの状況が不自然なほど持続したり、あるいはそぐわない場面や状況で突然笑い出す、怒り出す等、場面や目的からみて不適当な行動のことである。

聞き取り調査のポイント

ポイント①②④
当該行動の有無・頻度・詳細エピソード

聞き取り例

- ❑突然、笑い出したり、怒り出したり、立腹が不自然なほど持続することはありますか？
- ❑この１カ月内に、感情の不安定さは何回ありましたか？

ポイント③⑤
介護者の対応（介護の手間）・その他

聞き取り例

- ❑感情が不安定になった時は、どのような対応をされていますか？
- ❑その他に、困っていることはありますか？

判断のポイント

★元々感情の起伏が大きい等ではなく、場面や目的からみて不適当な行動があるかどうかで選択。

特記事項のポイント

224～225ページの「有無」のポイント参照

▶キーワード 「突然泣き出し（怒り出し）、場面や目的からみて不適当な行動」
「不自然なほど持続する」

例文

ない

① （記述のみ）身体が思うように動かないので苛立ち、強い物言いで威嚇する。元々短気な性格で、妻と言い合いになり、介護負担となる（1回／月）。

② （記述のみ）精神疾患のため3カ月前から入院中。入院前は精神的に落ち込みがひどく感情が不安定になることが多かったが、服薬し過去1カ月間は落ち着いていると立会者。

③ （記述のみ）半年前に息子を事故で亡くし、思い出すと突然泣き始める（2回／週）。様子を見ていると立会者。場面からみて不適当な行動まではない。

ときどきある

① 長女が声をかけると些細なことで「うるさい」と立腹（2回／月）。声をかければかけるほど興奮するため、静観している。日頃より最低限の声かけと見守りを行う。

② 2カ月程度前より、ヘルパーの些細な一言や言動で怒り「お前はダメだ」「別のヘルパーに代われ」と言い始める（2回／月）。ヘルパーが傾聴しなだめるが、怒りが持続しサービス提供できなくなる。その都度家族・ケアマネジャーが間に入るが、数日間収まらない。

③ 家族と電話で通話中に突然怒り出す（3回／月）。家族は理由が分からず困惑し、一旦電話を切る。しばらくしてかけなおすと、何事もなかったかのように話すため、家族は疲弊している。

ある

① 就寝時間になるとコールを押し「寂しい」と泣き出す（1回／週）。職員はそばに付き添いなだめても、一晩中泣き止まない。ホールに誘導し、付き添うが対応できる職員が少なく手間となる。

② 1カ月前より、理由もなく急に泣き出したり「うるさい」と怒り出す（3回／週）。今までになかったことで、家族は対応に困惑している。調査時も突然「もう帰れ」と急に怒り出した。

③ 体調が悪く不安になると、日に6回立て続けに仕事中の娘へ電話をかけ、その度に泣き続ける（3回／週）。娘は、なだめたり落ち着かせるために話をして時間を取られ負担となる。

4-4 昼夜逆転《精神・行動障害》

定義

「昼夜の逆転がある」行動の頻度を評価する項目である。

ここでいう「昼夜の逆転がある」行動とは、夜間に何度も目覚めることがあり、そのために疲労や眠気があり日中に活動できない、もしくは昼と夜の生活が逆転し、通常、日中行われる行為を夜間行っているなどの状況をいう。

聞き取り調査のポイント

ポイント①②④ 当該行動の有無・頻度・詳細エピソード

聞き取り例

- ❑夜間に何度も目が覚めて、翌日の活動ができないことがありますか？
- ❑昼と夜の生活が逆転し、日中に行われる行為を夜間行うことはありますか？
- ❑この１カ月内に、昼夜逆転は何回ありましたか？

ポイント③⑤ 介護者の対応（介護の手間）・その他

聞き取り例

- ❑昼夜が逆転した時は、どのような対応をされていますか？
- ❑その他に、困っていることはありますか？

判断のポイント

★夜更かし（遅寝遅起き）など単なる生活習慣として、あるいは、蒸し暑くて寝苦しい、周囲の騒音で眠られない等の生活環境のために眠られない場合は該当しない。 夜間眠れない状態やトイレに行くための起床は含まない。

特記事項のポイント

224～225ページの「有無」のポイント参照

▶キーワード　「昼夜逆転がある」

例文

ない

① （記述のみ）昼夜問わず頻尿で、トイレに行くために毎日一晩で5回ほど覚醒する。特に対応はない。

② （記述のみ）独居で自由気ままな生活。生活習慣ではあるが、午前中のヘルパー訪問時は寝ていることが多く、夜間寝ていないのではないかと立会者。

③ （記述のみ）習慣で２年程前より、丸１日寝て、丸１日起きている生活。

④ （記述のみ）２カ月程前までは、夜間眠らず大声を出し、職員は対応に苦慮していたが、服薬調整後は入眠できている。過去１カ月内に昼夜逆転はない。

ときどきある

① 夜間眠らず、一晩中廊下等を歩き回る（３回/月）。転倒の危険性があり職員が常時見守りを行い、朝食時は声かけしても傾眠傾向で時間をずらすなどの手間となる。

② 夜間、ほとんど眠らず、ベッド上で体動や起き上がりフロアに出てくる（２回/月）。日中の食事・排泄・入浴介助時も傾眠傾向で、その都度職員が声かけしないと覚醒できず手間となる。

ある

① 夜間眠らず、一晩中タンスの中身を出したり入れたりする（４回/週）。職員が夜間は1時間おきに訪室し入眠を促すが寝ていない。朝食時は傾眠傾向で声かけして覚醒を促し、タンスの中身を片付ける手間となる。

テキスト2009版P 120

4-5 同じ話をする《精神・行動障害》

定義

「しつこく同じ話をする」行動の頻度を評価する項目である。

聞き取り調査のポイント

ポイント①②④

当該行動の有無・頻度・詳細エピソード

聞き取り例

❑しつこく同じ話をすることがありますか？

❑この１カ月内に、同じ話をすることが何回ありましたか？

ポイント③⑤

介護者の対応(介護の手間)・その他

聞き取り例

❑しつこく同じ話をする際は、どのような対応をされていますか？

❑その他に、困っていることはありますか？

判断のポイント

★もともと、性格や生活習慣から、単に同じ話をすることではなく、場面や目的からみて不適当な行動があるかどうかで選択する。

★同じ質問は該当しない場合があります。先輩調査員に相談してみましょう。

特記事項のポイント

224～225ページの「有無」のポイント参照

▶キーワード 「しつこく同じ話を繰り返す。場面や目的からみて不適当な行動である」

例文

ない

① （記述のみ）長女と自宅近隣を一緒に散歩する際に「お花咲いているね」「これは何の木？」等、見たものの話を何度かする（２回/週）。短時間にしつこく繰り返すまではない。

② （記述のみ）一人暮らしで、普段人と話す機会があまりないため、息子やケアマネジャーが訪問した際、近況を繰り返し話す（２回/月）。短時間にしつこくまではないと立会者。

③ （記述のみ）「足が痛い。さすってくれ」と何度も繰り返し家族に訴える（毎日）。場面や目的から不適切さはない。

ときどきある

① 「○○に行って帰ってきた」等と気になったことを短時間にしつこく繰り返し話す（3回/月）。その度に妻は返答している。

② 長女の訪問のたびに、学生時代の話を10回くらい短時間に繰り返し話し続ける（２回/月）。その度に長女はうなずき傾聴している。

③ 娘が来るたびに、絨毯を指さし、替えてもいないのに「誰が替えたのかな？　前のとは違う」と短時間に何度も繰り返し話す（３回/月）。その度に娘は傾聴している。

ある

① 話をするときはどのような場面でも「昔から、私は喘息で…」と明らかに内容と無関係な前置きをしてから会話を始める。しつこく何度も同じ話を繰り返す（毎日）。家族は傾聴のみ行う。

② デイサービス利用時、隣の席の人に戦時中の話を何度もしつこく繰り返し話す（３回/週）。隣の席の人は困惑し、その度に職員が個別で対応している。

テキスト2009版P 121

4-6 大声をだす《精神・行動障害》

定義

「大声をだす」行動の頻度を評価する項目である。
ここでいう「大声をだす」行動とは、周囲に迷惑となるような大声をだす行動のことである。

聞き取り調査のポイント

ポイント①②④

当該行動の有無・頻度・詳細エピソード

聞き取り例

❑周囲に迷惑となるような大声を出す行為はありますか？
❑この１カ月内に、大声を出す事が何回ありましたか？

ポイント③⑤

介護者の対応（介護の手間）・その他

聞き取り例

❑大声を出す時は、どのような対応をされていますか？
❑その他に、困っていることはありますか？

判断のポイント

★もともと、性格的や生活習慣から日常会話で声が大きい場合等ではなく、場面や目的からみて不適当な行動があるかどうかで選択する。

特記事項のポイント

224～225ページの「有無」のポイント参照

▶キーワード　「周囲に迷惑となるような大声を出し、場面や目的からみて不適当な行動」

例文

ない

① （記述のみ）若い頃から話し声は大きく、家族は慣れていると妻。場面や目的から見て不適当な状況はない。

② （記述のみ）もともと気性が激しい性格。会話中怒ったような大声になることはあるが、以前からのことと立会者。

③ （記述のみ）接客業を営んでいたため、習慣で日頃から声が大きいと息子。

ときどきある

① 深夜「職員さん」「誰か来て」と、隣の部屋まで聞こえる程の大声で叫ぶ（3回/月）。他入居者から「眠れない」との苦情があり、迷惑となる。その都度職員が傾聴し入眠を促す。

② デイサービス利用時、他の利用者の言動に対し攻撃的になり、周囲が驚くような大声で怒鳴る（2回/月）。周囲が落ち着かなくなるため職員が介入し、なだめる等の対応を行い手間となる。

③ 夜間、一緒に就寝しているにもかかわらず、家中に響く程の大声で「おーい」と妻を呼ぶ（3回/月）。その都度、妻は目が覚めて、返事をし話を聞く手間となる。日中はない。

ある

① 他の入所者とフロアで過ごしている際、周囲が驚くような大声で奇声を発する（3回/毎日）。その都度、職員がなだめる手間がかかる。

② 自分の気になることや要望を繰り返し、職員が思うような返答や対応をしないと、周囲が驚くような大声で突然怒り出す（3回/週）。職員が話を傾聴し説明するが治まらない。他の入居者から苦情が多く、職員が居室へ誘導する等、個別に対応する手間となる。

③ 昼夜問わず居間の窓を開け、外に向かって大声で叫び・歌う（5回/週）。夫はその都度、止めるように注意し、窓を閉め自室に誘導する。近所には事情を説明しており苦情はない。

④ 些細なことや意にそぐわないことがあると、突然、妻や同居している孫に対し近所迷惑になるような大声で怒る（5回/毎日）。妻と孫は距離をおき様子を見るが、孫たちはなぜ怒られているのか分からず怯えている。

テキスト2009版P 122

4-7 介護に抵抗《精神・行動障害》

定義

「介護に抵抗する」行動の頻度を評価する項目である。

聞き取り調査のポイント

当該行動の有無・頻度・詳細エピソード

聞き取り例

❏介助中に介護者の手を払ったり、介護を拒否することがありますか？

❏この1カ月内に、介護に抵抗することが何回ありましたか？

ポイント③⑤

介護者の対応（介護の手間）・その他

聞き取り例

❏介護に抵抗する際は、どのような対応をされていますか？

❏その他に、困っていることはありますか？

判断のポイント

★単に、助言しても従わない場合（言っても従わない場合）は含まない。

特記事項のポイント

224～225ページの「有無」のポイント参照

▶キーワード　「介護に抵抗する」

例文

ない

① （記述のみ）食思低下あり、長女が配膳しても「食べない」と拒否する（1回/週）。手を払うなどの抵抗はないが、長女がその都度食べるよう声かけする手間がかかっている。

② （記述のみ）妻が歯磨きの声をかけるが、「面倒だ」と拒否する（1回/日）。無理強いせず、時間を空け再度声かけをしている。介護に抵抗まではない。

③ （記述のみ）看護師が更衣や清拭などで身体に触れると、手を払うような動作がある（毎日）。看護師が声をかけ介助する。意思疎通は困難で反射的な行動であり、介護抵抗にはない。

ときどきある

① 座薬挿肛時や入浴介助時、看護師の手を払う、つねるなどの抵抗がある（2回/月）。その都度看護師を交代したり、暫く時間をおくなどして手間となる。

② 入浴の衣服着脱時に、職員の手を払い強く抵抗するため、清拭で対応する（2回/月）。抵抗がなく入浴できても、洗身時に職員を洗面器で叩く抵抗がある（1回/月）。その都度、なだめるように声かけや職員は常に2名で対応しており手間となる。

③ トイレや居室等への移動介助時、席から離れることを拒否し、両手でしっかり椅子を掴み頑なに抵抗する（3回/月）。職員は、5分程時間をかけて手を離すよう声かけしている。

ある

① オムツ交換や車いす移乗の際、職員の手を払い抵抗する（2回/毎日）。その都度、職員が気持ちを落ち着かせるように、声かけしながら対応している。

② 四肢を動かせず、寝たきりの状態。水分補給を嫌がり、頑なに口を開けない（6回/毎日）。経口での水分摂取ができず、脱水予防のため医師の指示にて点滴（1回/毎日）を実施している。

③ 体位交換や起き上がり、車いす移乗の際、腰の痛みを訴え立腹し、職員の手を払う、つねる、叩く抵抗がある（3回/週）。その都度職員を交代したり、時間をおき再度声かけや介助を行っており、手間がかかる。

テキスト2009版P 123

4-8 落ち着きなし《精神・行動障害》

定義

「『家に帰る』等と言い落ち着きがない」行動の頻度を評価する項目である。

ここでいう「『家に帰る』等と言い落ち着きがない」行動とは、施設等で「家に帰る」と言ったり、自宅にいても自分の家であることがわからず「家に帰る」等と言って落ち着きがなくなる行動のことである。

「家に帰りたい」という意思表示と落ち着きのない状態の両方がある場合のみ該当する。

聞き取り調査のポイント

ポイント①②④ 当該行動の有無・頻度・詳細エピソード

聞き取り例

❑「家に帰る」と言って、家の中をうろうろと落ち着きがなくなる行動がありますか？

❑この1カ月内に、落ち着きがない行動が何回ありましたか？

ポイント③⑤ 介護者の対応（介護の手間）・その他

聞き取り例

❑落ち着きがない行動があった際は、どのような対応をされていますか？

❑その他に、困っていることはありますか？

判断のポイント

★単に「家に帰りたい」と言うだけで、状態が落ち着いている場合は含まない。

特記事項のポイント

224～225ページの「有無」のポイント参照

▶キーワード 「『家に帰る』と言い、落ち着きなく○○する」

例文

ない

① （記述のみ）デイケア利用時「家に帰る」との発言がある（2回/週）。発言のみで、落ち着きのない行動はない。

② （記述のみ）落ち着きのない行動まではないが、自宅にいるのに夕方になると「そろそろ帰ります」と、妻に話す（毎日）。妻は否定せず話を合わせ対応している。

③ （記述のみ）「お世話になりました。家に帰ります」と、職員に訴える（2回/月）。落ち着きのない行動はないが、2～3回訴えが続くため、気を紛らわせるよう職員が話をしたり、フロア内を散歩する対応を行う。

ときどきある

① デイサービスにて「家に帰る」と言いながら、落ち着きなくフロア内を歩き回る（3回/月）。その都度、職員はそばで付き添い目を離せず手間となる。

② 荷物をまとめて「家に帰ります」と訴え、落ち着きなくエレベーターホールへ行こうとする（2回/月）。その都度職員がすぐに駆けつけ、フロアへ誘導する手間となる。

③ 「家に帰るから息子に電話して」と訴え、居室とフロア間を何度も歩き回り落ち着きがない行動がある（1回/月）。職員はその都度なだめたり「今、電話しています」等、話を合わせる。

ある

① デイサービス利用時、荷物を持って「家に帰ります」と、玄関を探しフロア内を動き回る（2回/週）。職員は常に所在確認を行う手間がかかる。

② フロアで他の入所者と過ごしていると、急に「家に帰る」と訴え、車いすを自操し、出入り口のドアを開けようとする（3回/週)。職員は常に目が離せない。職員がなだめるように話しかけフロアへ誘導したり、落ち着かせるため居室へ誘導する手間がかかる。

③ 夜間覚醒し「家に帰る」と言い、荷物をまとめ外に出ようとする（4回/週)。夫は目が離せない。自宅にいることを説明するが大声で抵抗するため、自室へ誘導するのに30分程時間を要し手間となる。夫は、睡眠不足で疲れている。

MEMO

テキスト2009版P 124

4-9 一人で出たがる《精神・行動障害》

定義

「一人で外に出たがり目が離せない」行動の頻度を評価する項目である。

聞き取り調査のポイント

ポイント①②④

当該行動の有無・頻度・詳細エピソード

聞き取り例

❏一人で出たがり目が離せなくなる行動はありますか？

❏この１カ月内に、一人で出たがる行動が何回ありましたか？

ポイント③⑤

介護者の対応（介護の手間）・その他

聞き取り例

❏一人で出たがる行動があった際は、どのような対応をされていますか？

❏その他に、困っていることはありますか？

判断のポイント

★環境上の工夫等で外に出ることがなかったり、または、歩けない場合等は含まない。

特記事項のポイント

224～225ページの「有無」のポイント参照

▶キーワード　「（一人で出たがり）目が離せない」

例文

ない

① （記述のみ）家族が目を離した時に、外に出たがって玄関のドアを開けようとする（6回/週）。ドアは施錠されており、外に出ることはできない。

② （記述のみ）以前は玄関まで行き、一人で外に出ようとし目が離せないことがあった。調査3カ月前から歩けなくなり、過去1カ月はない。

③ （記述のみ）外に出ようと玄関へ行くが、夫が履物を目の届かない所に置き予防しており、一人で外に出ることはない。

ときどきある

① 大雨の中「買い物へ行く」と一人で外に出ようとしていたため、娘が引き留め話をした。一度は納得したが、娘が目を離した隙に外へ出て行き、連れ戻すことがあった（1回/月）。

② 毎日、施設敷地内の散歩が日課となっている。転倒の危険があるにも関わらず、職員が目を離した隙に一人で敷地外へ出て行き、慌てて迎えに行く（2回/月）。

③ デイサービス利用時、一人で玄関まで行き外へ出ようとする（3回/月）。常時見守りを行っているが、職員が目を離した隙に外に出ていることがあり、連れ戻す手間がかかる（1回/月）。

④ 職員が目を離した隙に、フロアの窓から外に出ようとする（2回/月）。職員が説明しても納得しないため、15分程度一緒に散歩する。

ある

① 日中は夫と過ごしているが、夫の不在時に、自宅から離れた畑まで一人で出て行く（3回/週）。一人では戻れないため、その都度夫が迎えに行き連れ帰る手間がかかる。

② 夜間、一人で勝手に外に出て行く。玄関の開く音に気付いた長女が探し連れ戻す（2回/週）。自宅前は夜間でも交通量が多く、長女は事故に遭わないかと心配で就寝できない。

③ 実家に帰ろうと一人で外に出て行く。気づいた妻が探しに行く（1回/週）。歩行不安定で、転倒を繰り返しており、妻は目を離すことができない。

4-10 収集癖《精神・行動障害》

定義

「いろいろなものを集めたり、無断でもってくる」行動の頻度を評価する項目である。

ここでいう「いろいろなものを集めたり、無断でもってくる」行動とは、いわゆる収集癖の行動のことである。

聞き取り調査のポイント

ポイント①②④

当該行動の有無・頻度・詳細エピソード

聞き取り例

❑いろいろな物を集めたり、無断で持ってくるような行動がありますか？

❑この１カ月内に、収集癖が何回ありましたか？

ポイント③⑤

介護者の対応（介護の手間）・その他

聞き取り例

❑物を集める行動があった際は、どのような対応をされていますか？

❑その他に、困っていることはありますか？

判断のポイント

★昔からの性格や生活習慣等で、箱や包装紙等を集めたり等ではなく、明らかに周囲の状況に合致しない行動のことである。

特記事項のポイント

224～225ページの「有無」のポイント参照

▶キーワード 「(場面や目的からみて不適当な状況で他者の物などを) 無断で持ってくる・集める」

例文

ない

① (記述のみ) 習慣で「もったいない」と、弁当等のプラスチック容器を捨てずにとっている。保存容器として再利用している。

② (記述のみ) はぎれを多量に収集しているが、趣味に使用するためで、場面から見て不適応な行動まではない。

③ (記述のみ) ヘルパーが買い物へ行く際、毎回ティッシュペーパーの購入を依頼し、溜め込んでいる (1回/週)。昔から習慣で、在庫がないと不安になる性格と立会者。

ときどきある

① 廃品置き場に捨てられている不用品を、無断で家に持ち帰り自室内に溜め込んでいる (1回/月)。娘が処分しようとすると怒るため、そのままにしている。

② デイサービス利用中、共有する色鉛筆を無断でバッグに入れ、家に持ち帰る (3回/月)。家族が見つけ、返却する。

③ 施設で提供した他入居者の紙おしぼりを「自分の物」と言い、集めてバッグに入れ自室に持ち帰る (1回/月)。職員がその場で回収しようとするが拒否があり、時間をおき回収する。

ある

① 施設内のトイレットペーパーやペーパータオル等を収集し、衣類のポケットや自室のタンス内に溜め込む (5回/毎日)。掃除の際、職員が回収する。(2回/日)。

② 一人で散歩に出かけ、木に実る果実や草花を、無断で家に持ち帰る (1回/週)。妻はその都度、果実や草花のある家を探し謝罪する。今後の対応に、妻はストレスを感じている。

③ 配食サービスの使い捨ての弁当箱を廃棄せず、居間のソファ横に溜め込む (1回/日)。了承を得て廃棄しようとすると怒り出す。ヘルパーが本人に気付かれないよう、掃除の際に少しずつ処分するが、ごみ箱から拾い出す (1回/週)。部屋中に腐敗臭があり対応に困っている。

評価軸「有無」　テキスト2009版P 126

4-11 物や衣類を壊す《精神・行動障害》

定義

「物を壊したり、衣類を破いたりする」行動の頻度を評価する項目である。

聞き取り調査のポイント

ポイント①②④
当該行動の有無・頻度・詳細エピソード

聞き取り例
- ❑物を壊したり、衣類を破いたりする行動がありますか？
- ❑破壊しようとする行動や物を捨てる行為はありますか？
- ❑この１カ月内に、物を壊す行為が何回ありましたか？

ポイント③⑤
介護者の対応(介護の手間)・その他

聞き取り例
- ❑物を壊す行為があった際は、どのような対応をされていますか？
- ❑その他に、困っていることはありますか？

判断のポイント

★実際に物が壊れなくても、破壊しようとする行動がみられる場合は評価する。

★壊れるものを周囲に置かないようにする、破れないようにする等の工夫により、「物を壊したり、衣類を破いたりする」行動がみられない場合は、「1. ない」を選択する。この場合予防的手段が講じられていない場合の状況、発生する介護の手間、頻度について特記事項に記載する。明らかに周囲の状況に合致しない、物を捨てる行為も含む。

特記事項のポイント

224～225ページの「有無」のポイント参照

▶キーワード　「壊す」「壊すほどの勢いで叩く」「破る」「捨てる」

例文

ない

① （記述のみ）新聞や雑誌を細かく千切ってしまうため、家族が目に付かない場所に置いて予防している。半年程前は毎日発生し、家族が片付ける手間となっていた。

② （記述のみ）靴下や下着を全てごみ箱に捨てることが年に数回ある。過去１カ月では発生していないが、いつ発生するかわからないので、職員は週２回ごみ回収の際には毎回確認している。

③ （記述のみ）調査２カ月程前、扇風機が動かなくなり修理しようと分解したが、結局どうしたらいいのかわからず元に戻すこともできなくなり、捨てることになった。昔は電気関係を扱うのが得意だったが、今は理解できなくなっていると妻。

ときどきある

① デイケアで食事中に他の利用者とトラブルになり､立腹し食器を床に投げつけ壊す（1回/月)。その都度、職員が仲介や片付ける手間となる。

② 自分の衣類の裾や袖をハサミで10㎝程切る（1回/月)。衣類の裾・袖は全て切りっぱなしになっている。声かけすると怒るため、職員は制止やハサミの回収ができず様子をみている。

③ 夜間、ベッド上で尿取りパッドを引き抜いて破る（3回/月)。その都度、職員が片付け、新しいパッドを装着する手間となる。

ある

① 紙パンツのポリマー部をむしり取って散らかす（4回/週)。その都度長女が片付け、着替えを介助する手間となる。

② 服の縫い目を爪で引っ掻く（毎日）。縫い目がほつれたり、徐々に小さい穴が空くため、嫁が週１回は繕う手間となる。

③ 外に出たがり、施設玄関のガラス戸を杖で叩いて壊そうとする（４回/週）。職員が駆け付けて声かけし制止する。職員にも杖を振りかざすため、２人掛かりで対応する手間となる。

MEMO

4-12 ひどい物忘れ《精神・行動障害》

定義

「ひどい物忘れ」行動の頻度を評価する項目である。

ここでいう「ひどい物忘れ」行動とは、認知症の有無や知的レベルは問わない。

この物忘れによって、何らかの行動が起こっているか、周囲の者が何らかの対応をとらなければならないような状況（火の不始末など）をいう。

聞き取り調査のポイント

当該行動の有無・頻度・詳細エピソード

聞き取り例

- ❑周囲の者が何らかの対応が必要な程の物忘れはありますか？
- ❑この１カ月内に、ひどい物忘れが何回ありましたか？

ポイント③⑤

介護者の対応（介護の手間）・その他

聞き取り例

- ❑ひどい物忘れがあった際は、どのような対応をされていますか？
- ❑その他に、困っていることはありますか？

判断のポイント

★電話の伝言をし忘れるといったような、単なる物忘れは含まない。

★周囲の者が何らかの対応をとらなければならないような状況については、実際に対応がとられているかどうかは選択基準には含まれないが、具体的な対応の状況について特記事項に記載する。

★ひどい物忘れがあっても、それに起因する行動が起きていない場合や、周囲の者が何らかの対応をとる必要がない場合は、「1. ない」を選択する。

特記事項のポイント

224～225ページの「有無」のポイント参照

▶キーワード　「物忘れがある」＋「起因する行動」又は「周囲の対応」

例文

ない

① （記述のみ）物忘れがあり、夫が亡くなったことも覚えていないが、起因する行動はない。

② （記述のみ）４カ月前よりケアマネジャーの訪問予定を忘れることが続いたため、２カ月前より娘が介入し予定をカレンダーに記載している。起因する行動はない。

③ （記述のみ）携帯電話や眼鏡をどこに置いたか忘れて探すことが週３回はあるが、自分で見つけており、周囲の人が対応する必要まではない。

ときどきある

① 過去１カ月に１度、預金通帳を自分で仕舞いこみ、置き場を忘れて紛失する。娘も探すが見つからず、再発行手続きを一緒に行う手間があった。過去１年で２回目と娘。

② ヘルパーの訪問予定を忘れて外出し、サービスを提供できない（２回/月）。時間や曜日を変更し、再訪問しており手間がかかる。

③ 過去１カ月に１度、サービス担当者会議でデイサービスの利用回数を増やすことを決定したが、翌週には忘れて「そんなこと聞いていない」と言い立腹。ケアマネジャーや家族が経緯を説明しても納得せず、家族の負担軽減が図れなかった。家族・ケアマネジャーは対応に苦慮している。

ある

① 鍵や財布等を片付けた場所を忘れて探し回る。見かねて長女が毎回一緒に探す手間となる（４回/週）。

② 「今日はデイサービスに行く日かな？」「今日何曜日？」と、一度聞いてもすぐ忘れて、１時間に５～６回は繰り返し聞く（毎日）。夫はその都度説明せねばならず、ストレスを強く感じている。

③　運転免許証を返納したことを忘れて「免許証が財布にない」と娘に言う。娘が事情を説明するが「本当に？」となかなか納得せず、10分以上かけて丁寧に説明する手間がかかる（3回/週）。

MEMO

4-13 独り言・独り笑い《精神・行動障害》

定義

「意味もなく独り言や独り笑いをする」行動の頻度を評価する項目である。

ここでいう「意味もなく独り言や独り笑いをする」行動とは、場面や状況とは無関係に（明らかに周囲の状況に合致しないにも関わらず）、独り言を言う、独り笑いをする等の行動が持続したり、あるいは突然にそれらの行動が現れたりすることである。

聞き取り調査のポイント

ポイント①②④

当該行動の有無・頻度・詳細エピソード

聞き取り例

- ❏場面や状況とは無関係に独り言や独り笑いをすることがありますか？
- ❏この１カ月内に、独り言や独り笑いが何回ありましたか？

ポイント③⑤

介護者の対応（介護の手間）・その他

聞き取り例

- ❏独り言や独り笑いがあった際は、どのような対応をされていますか？
- ❏その他に、困っていることはありますか？

判断のポイント

★性格的な理由等で、独り言が多い等ではなく場面や目的からみて不適当な行動があるかどうかで選択する。

特記事項のポイント

224～225ページの「有無」のポイント参照

▶キーワード 「誰もいないのに独りで話す、笑う」

例文

ない

① （記述のみ）テレビを見ながら一人で感想を言う（毎日）。不自然な状況ではないが、日中長時間テレビを見続けるため、息子には耳障りでストレスになっている。

② （記述のみ）常にぬいぐるみを抱いて「○○ちゃん、～だよ」等、話しかける（毎日）。家族やデイサービス職員は特に対応していない。場面からみて不適当な行動まではない。

ときどきある

① 自室で一人なのに、まるで誰かと会話をしているような話し声がする（2回/月）。娘が「どうしたの」と声かけすると止まる。

② 施設食堂で、誰もいない状況にもかかわらず怒った様子で、延々と独り言を言う（3回/月）。職員はそっとしている。1時間程すると、何事もなく落ち着いている。

ある

① 誰もいないのに誰かに話しかけ、受け答えする様子で独り言がある（毎日）。長女は特に対応はしないが、自分に声をかけられたかと思って、様子を確認することが1日2～3回はある。

② 覚醒時は常時、誰かそばにいるかのような独り言がある（毎日）。職員は特に対応していない。

③ 施設のホールにて、そばには誰もいないのに急に大声で笑い始める（3回/週）。職員は遠位で見守るが、周囲の入居者が「うるさい」と怒り出す時には、自室に誘導する（1回/週）。

評価軸「有無」

テキスト2009版P 129

4-14 自分勝手に行動する《精神・行動障害》

定義

「自分勝手に行動する」頻度を評価する項目である。

ここでいう「自分勝手に行動する」とは、明らかに周囲の状況に合致しない自分勝手な行動をすることである。

聞き取り調査のポイント

ポイント①②④
当該行動の有無・頻度・詳細エピソード

聞き取り例

- ❑周囲の状況に合致しない自分勝手な行動をすることがありますか？
- ❑この１カ月内に、自分勝手に行動することが何回ありましたか？

ポイント③⑤
介護者の対応（介護の手間）・その他

聞き取り例

- ❑自分勝手な行動があった際は、どのような対応をされていますか？
- ❑その他に、困っていることはありますか？

判断のポイント

★いわゆる、性格的に「身勝手」「自己中心的」等のことではなく、場面や目的からみて不適当な行動があるかどうかで選択する。

特記事項のポイント

224～225ページの「有無」のポイント参照

▶キーワード 「(場面や目的から見て不適当な状況で) 他者に迷惑がかかる・危険が及ぶ」

例文

ない

① (記述のみ) オムツ内に手を入れようとしたり、胃ろうのチューブを外そうとする行為があり、ミトン装着し予防している。

② (記述のみ) 転倒の危険があるにも関わらず、車椅子から立ち上がろうとする(毎日)。離床中は職員が近位で見守り予防している。

③ (記述のみ) 経鼻経管栄養を実施しているが、過去1カ月内に1度、自分で鼻チューブを抜去し、看護師が再挿入した。それ以降看護師が頻回に見守り・確認し予防している。

ときどきある

① 近隣住民宅の庭に勝手に入り、花木を折る(3回/月)。住民から連絡があり、家族はその都度謝りに行く。本人に行かないように説明するが聞く耳を持たない。2年前まで、積極的に地域活動に参加していたため、現在は住民の理解を何とか得られている。いつまでも迷惑はかけられず、家族は対応に苦慮している。

② 食堂で他の利用者が数人でテレビを見て楽しんでいるが、勝手に消したり、チャンネルを変える(2回/月)。口論が始まるので、職員が間に入り、双方の話を聞き落ち着かせる手間となる。

③ デイケア利用中にリハビリの順番が待てない。職員が待つように声をかけるが、勝手に他の利用者を押しのけて、リハビリを始める(2回/月)。職員は他の利用者に謝罪する。

ある

① 徘徊中、勝手に他の入所者の居室に入り引き出しを開けたり、物品を触る(毎日)。職員は遠目で見守り、すぐに制止するが、目が届かない時があり、他の入所者から苦情を受ける(1回/週)。

② 自室の窓から自分勝手に、汚染した尿取りパッドを外に放り投げる(3回/週)。隣の庭に落ちることがあり、家族は窓を開ける音がしたらすぐ確認に行き、回収する手間となる。

③ 食堂で、他の入居者の車椅子を勝手に押す(3回/週)。危険なため、その都度職員が制止する。

評価軸「有無」　テキスト2009版P 130

4-15 話がまとまらない《精神・行動障害》

定義

「話がまとまらず、会話にならない」行動の頻度を評価する項目である。

ここでいう「話がまとまらず、会話にならない」行動とは、話の内容に一貫性がない、話題を次々と変える、質問に対して全く無関係な話が続く等、会話が成立しない行動のことである。

聞き取り調査のポイント

ポイント①②④

当該行動の有無・頻度・詳細エピソード

聞き取り例

❑話の内容に一貫性がなく、話題を次々に変えることや質問に対して全く無関係な話が続く等、会話が成立しない行動がありますか？

❑この1カ月内に、話がまとまらないことは何回ありましたか？

ポイント③⑤

介護者の対応（介護の手間）・その他

聞き取り例

❑話がまとまらないことがあった際は、どのような対応をされていますか？

❑その他に、困っていることはありますか？

判断のポイント

★いわゆる、もともとの性格や生活習慣等の理由から、会話が得意ではない（話下手）等のことではなく、明らかに周囲の状況に合致しない行動のことである。

★問いかけに整合性のない返答をする程度の短い会話が成立しない場合は該当しない。

特記事項のポイント

224～225ページの「有無」のポイント参照

▶キーワード　「話題が次々と変わり、話がまとまらず会話とならない」

例文

ない

① （記述のみ）会話が途中で脱線する（毎日）。難聴で聞き取れていない様子と妻。ゆっくり内容を訂正しながら話しかけると、会話にならないまではない。

② （記述のみ）どのような問いかけに対しても「はい」や「そうですね」としか回答がない。話を続けることはできないため、該当の状況は発生しない。

③ （記述のみ）元々早口で多弁なため、話が次々と展開し止まらないのは日常的とケアマネジャー。会話が成立しないわけではない。

ときどきある

① 娘が訪問すると、何時の・誰のことかもわからない話をする。娘がどういうことか問い返しても、脈絡のない返答で、会話にならない（3回/月）。娘は困惑しながらも傾聴している。

② 日頃は自分から話をすることが殆どないが、気分が高揚すると、一方的に自分の話を続け、家族が問いかけても、話がまとまらず会話にならない（2回/月）。家族は聞き流す。

ある

① 簡単な受け答えができることもあるが、9割程度は脈絡のない話が続き、会話が成り立たない（毎日）。長女はいつも傾聴し対応している。

② 職員の問いかけに対して、全く関係のない昔の話や家族の話を脈絡なく続けるため、会話にならない（毎日）。職員は話を合わせながら、何度も問いかけるが回答は得られない。

評価軸「有無」

テキスト2009版 P 139～P 140

5-4 集団への不適応《社会生活への適応》

定義

「集団への不適応」の行動の頻度を評価する項目である。

ここでいう「集団への不適応」の行動とは、家族以外の他者の集まりに参加することを強く拒否したり、適応できない等、明らかに周囲の状況に合致しない行動のことである。

選択肢

「1. ない」「2. ときどきある」「3. ある」

集団への不適応は以下の「**3つの基本的なポイント**」と「2つの補足的なポイント」に留意し聞き取り特記事項に記載します。

基本的ポイント	①当該行動の有無	②頻度	③介護者の対応（介護の手間）
補足的ポイント	④詳細エピソード	⑤その他	

聞き取り調査のポイント

ポイント①②④

当該行動の有無・頻度・詳細エピソード

聞き取り例

- ❑家族以外の集まりに、参加することを強く拒否したり対応できないことがありますか？
- ❑この1カ月に、集団活動や集まりにうまく対応できないことはありましたか？

場面把握のため、詳細エピソードを聞き取ります。
選択肢が変わるため、詳細な頻度を聞き取ります。

ポイント③⑤

介護者の対応（介護の手間）・その他

聞き取り例

❑集団活動の参加を強く拒否したり、対応できない時は、どのように対応をされていますか？

❑その他に、困っていることはありますか？

当該行動が発生していれば、介護の手間として詳細な対応を聞き取ります。
当該行動に該当がない場合でも、介護の手間や全体像把握のため詳細を聞き取ります。

判断のポイント

★いわゆる、性格や生活習慣等の理由から、家族以外の他者の集まりに入ることが好きではない、得意ではない等のことではなく、明らかに周囲の状況に合致しない行動のことである。

特記事項のポイント

224～225ページの「有無」のポイント参照

▶キーワード　「集団の場で不適当な行動が発生し、集団活動へ継続して参加できず、介護者が個別に対応する」

例文

ない

①（記述のみ）集団活動に参加する機会はない。

②（記述のみ）デイサービスではトラブルなく集団参加できていると職員より聞き取る。

③（記述のみ）１年程前は、デイサービスで他利用者に対し大声で怒鳴ることがあった。現在は、職員がそばに付き添い予防しておりトラブルはない。

④（記述のみ）被害妄想が強く、人がいる場所に行きたがらず、集団活動に参加することも苦手。参加を促しても不安定になるので、参加していない。食事も自室に配膳している。

ときどきある

① デイサービスでのレクリエーション参加中に、急に大声を出したり歩き回る。レクリエーションが中断し他利用者の迷惑となり、集団に適応できない（2回/月）。その都度職員は落ち着くまでそばに付き添い、なだめている。

② デイサービスの食事中に、突然大声で叫んだり、テーブルを杖で叩いたりして、集団に適応できない（1回/月）。周囲の他利用者がおびえたり泣き出すことがあり、その都度職員は双方に声かけしなだめ、本人をしばらく離れた場所へ誘導する手間となっている。

③ ホールで体操中に、他入居者を叩いたり、杖を振り上げるなど攻撃的な行動があり、集団に適応できない（3回/月）。その都度職員がなだめて席を離す。月に1回、治まらないときは居室へ誘導する。

ある

① ホールでレクリエーション中に、他利用者に激しく怒って暴言や暴力を振るおうとするため、集団に適応できない（2回/週）。他利用者から苦情があり同席ができず、その都度職員が個別で対応する手間となる。

② 食事中に他利用者の話し声が聞こえると精神的に不安定になり「うるさい」と大声で叫び、頭をテーブルに打ち付けたり物を投げつけたりして、集団に適応できない（3回/週）。毎回食事が済んだら職員が速やかに自室へ誘導している。

過去14日間にうけた特別な医療について

「過去14日間にうけた特別な医療について」の共通事項

過去14日間にうけた特別な医療について、把握する調査項目。
当該の処置や医療行為が「ある」・「ない」で評価する。

[処置内容]

1　点滴の管理　2　中心静脈栄養　3　透析　4　ストーマ（人工肛門）の処置
5　酸素療法　6　レスピレーター（人工呼吸器）　7　気管切開の処置
8　疼痛の看護　9　経管栄養

[特別な対応]

10　モニター測定（血圧、心拍、酸素飽和度等）
11　じょくそうの処置
12　カテーテル（コンドームカテーテル、留置カテーテル、ウロストーマ等）

定義

「過去14日間にうけた特別な医療の有無」を評価する項目である。
ここでいう「特別な医療」とは、医師の指示に基づき、過去14日以内に看護師等によって実施された行為のみとする。

選択肢

「1. ない」「2. ある」

特別な医療は、以下の「**6つの基本的なポイント**」と「1つの補足的なポイント」に留意し聞き取り判断し特記事項に記載します。

基本的ポイント

①医師の指示の有無　②実施者　③医療行為の内容　④実施頻度
⑤継続性の有無

補足的ポイント

⑥当該行為が必要な理由　⑦その他

ポイント②③⑥　実施者・医療行為の内容・当該行為が必要な理由

ポイント①　医師の指示の有無

ポイント④⑤　実施頻度・継続性の有無

ポイント⑦　その他

聞き取り調査のポイント

アドバイス

開始時期や終了予定等を含め可能な限り客観的な情報を聞き取ることが必要です。

　意思疎通がとれない在宅の調査対象者の場合は、聞き取りのできる家族等の介護者に同席してもらうことが望ましい。
　調査対象者、家族、又は介護者から情報を得ることとし、医療機関に記載内容を確認することは守秘義務の問題及び治療上の必要から治療内容について告知を行っていない場合があるため適切ではない。

ポイント②③⑥
実施者・医療行為の内容・当該行為が必要な理由

聞き取り例

- ❑お医者様や看護師さんから処置等を受けていますか？
- ❑最近、処置を受けたことはありませんでしたか？
- ❑どんな処置を受けたか、わかる範囲で教えていただけますか？

　概況部分などで聞き取りできた場合は、何度も聞かないように気をつける。

ポイント①
医師の指示の有無

聞き取り例

❏お医者様の指示のもと行われていますか？

医療行為は原則、医師の指示のもと実施されますが、「じょくそうの処置」で、医師の指示がなく予防的に実施されていることなどがあります。

ポイント④⑤
実施頻度・継続性の有無

聞き取り例

❏どのくらいの頻度で実施されていますか？
❏いつ頃から開始されましたか？
❏終了予定はありますか？
❏今後も継続の予定はありますか？

ポイント⑦
その他

聞き取り例

❏他に、処置を受けたことはありませんか？

当該医療行為以外の医療行為、過去14日以前に実施された医療行為等も含め、聞き取ります。

判断のポイント

▶ **医師の指示は**　必ず必要だが、**過去14日以内とは問わない。**

▶ **医療行為の実施は**　**過去14日以内**に実施されている。

▶ **実施者は**　**看護師等**によって実施されている。
サービスを提供する機関の種類は問わない。
原則、家族・介護職種の行う類似の行為は含まない。

「7. 気管切開の処置」における開口部からの喀痰吸引（気管カニューレ内部の喀痰吸引に限る） 「9. 経管栄養」	必要な研修を修了した介護職種が医師の指示の下に行う行為も含まれる。

▶ **継続性は**　**継続して実施されている**もののみを対象とする。
急性疾患への対応で**一時的に実施される医療行為は含まない**。

調査の時点で、医師の判断により処置が終了、完治している場合は、過去14日間に処置をしていても、継続して行われていないため該当しない。

調査員が、医療的判断は行わない。

調査項目を選択すると、要介護認定基準時間が加算されます。定義に合わない選択を行う（行わない）と、必要以上に要介護認定時間が延長（短縮）されることがあり、認定結果に大きな影響を与える結果となる。

特記事項のポイント

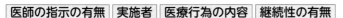

必ず記載します。記載忘れがないようにします。
実施者は医師・看護師・介護職員・家族・本人　など

当該行為が必要な理由 **実施頻度** 14日以内に実施されているか、どの程度の頻度で実施されているかを記載する。
必要に応じて、当該行為が必要な理由や開始時期、最終実施日、最終受診日等も記載する。
意見書との整合性を確認するためにも必要な情報となる。

その他 当該医療行為以外の医療行為を聞き取りした場合は、特記事項に記載します。

1 点滴の管理

◆ 6-1　点滴の管理

基本的ポイント

①医師の指示の有無　②実施者　③医療行為の内容　④実施頻度

⑤継続性の有無　⑥当該行為が必要な理由

補足的ポイント

⑦その他

ない

例 1　選択肢 ＋ 当該行為が必要な理由 ＋ 継続性の有無 ＋ 医師の指示の有無 ＋ 実施者 ＋ 医療行為の内容 ＋ 実施頻度

（記述のみ）調査２週間前に嘔吐があり、急性期対応で医師の指示に基づいて施設看護師が点滴を２日行った。

例 2　当該行為が必要な理由 ＋ 医師の指示の有無 ＋ 実施者 ＋ 医療行為の内容 ＋ 実施頻度 ＋ その他 ＋ 継続性の有無 ＋ 選択肢

進行性疾患があり、医師の指示に基づいて看護師が治療のための点滴を定期的に行っていた（1回／週）が、調査２週間前に終了となった。今後の継続予定はない。記述のみ。

ある

例 3　実施頻度 ＋ 当該行為が必要な理由 ＋ 医師の指示の有無 ＋ 実施者 ＋ 医療行為の内容 ＋ 継続性の有無

日２回。栄養不良のため、医師の指示に基づき、看護師が補液の点滴を実施している。今後も継続予定。

例 4　医師の指示の有無 ＋ 実施者 ＋ 医療行為の内容 ＋ 実施頻度 ＋ 当該行為が必要な理由 ＋ 継続性の有無

医師の指示に基づき、看護師が点滴を実施（2回／日）。栄養補給目的のため、今後も継続予定。

判断のポイント

- 急性期の治療を目的とした点滴は含まない
- 点滴の針が留置されているが、現在点滴は行われていない場合であっても、必要に応じて点滴が開始できる体制にあれば該当する。
- 「8. 疼痛の看護」で点滴が用いられ、本項目の定義に従って管理がなされている場合は、両方とも該当する。

例文

ない

① （記述のみ）調査２週間前に嘔吐があり、医師の指示に基づき施設看護師が点滴を２日間行った。急性期の治療を目的としている。

② （記述のみ）調査3週間前、高熱のため受診。医師の指示に基づき看護師が当日のみ点滴を行った。

③ （記述のみ）進行性疾患があり、医師の指示に基づき看護師が治療のための点滴を定期的に行っていたが（１回/週）、調査２週間前に終了となった。

ある

① 食思不良のため、医師の指示に基づき、看護師が補液の点滴（２回/毎日）を実施している。今後も継続予定と聞く。

② 入院後より栄養補給を目的に、医師の指示に基づき看護師が（２回/毎日）点滴を実施している。今後も継続予定と聞く。

③ 医師の指示に基づき、看護師がペインコントロールによる鎮痛剤の点滴（１回/毎日）を継続的に実施している。

2 中心静脈栄養

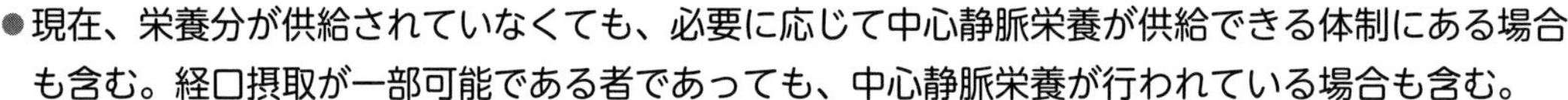

判断のポイント

●現在、栄養分が供給されていなくても、必要に応じて中心静脈栄養が供給できる体制にある場合も含む。経口摂取が一部可能である者であっても、中心静脈栄養が行われている場合も含む。

例文

ない

① （記述のみ）消化機能の低下があり、医師の指示に基づき、妻が中心静脈栄養を実施している。過去２週間は医師、看護師の指導・管理はない。

② （記述のみ）消化管術後で、医師の指示に基づき看護師が中心静脈栄養を実施していた。調査３週間前に終了し、現在は行っていない。

ある

① 消化管機能の低下があり、１カ月前から医師の指示に基づき、看護師がポート管理し中心静脈栄養を継続的に実施している。

② 経管からの栄養摂取が困難で、医師の指示に基づき、看護師が24時間継続し中心静脈栄養を実施している。

③ 消化管術後で著しい体重減少もあるため、医師の指示に基づき、看護師が中心静脈栄養を実施している。今後も継続予定。

3 透析

判断のポイント

●透析の方法や種類を問わない。

例文

ない

① （記述のみ）慢性腎不全のため、３年前より自分で腹膜透析を行う。月１回通院するが、過去14 日内の医療従事者による実施はない。

ある

① 慢性腎不全あり、週３回通院し医師の指示に基づき、看護師が透析を実施している。

② 糖尿病の合併症で腎疾患があり、医師の指示に基づき、看護師が透析（３回/週）を実施している。

 テキスト2009版 P 149

4 ストーマ（人工肛門）の処置

判断のポイント

- 「ストーマ（人工肛門）の処置」については、人工肛門が造設されている者に対して消毒、バッグの取り換え等の処置が行われているかどうかを評価する。

例文

ない

① （記述のみ）ストーマ造設しており、医師の指示に基づき、自分で消毒やパウチ交換等を行う（毎日）。過去14日内の医療従事者による実施はない。

ある

① ストーマ造設しており、医師の指示に基づき、看護師が便の破棄・消毒（毎日）やパウチ交換（2回/週）を実施している。

② 調査1週間前に退院し、医師の指示に基づき自宅では妻が便の破棄（毎日）、パウチの準備・交換（1回/4～5日）行う。入院中は、看護師がパウチの準備・交換・ストーマの消毒等の処置を行っていた（1回/3日）。過去14日内に看護師による処置があった。「ある」選択。

テキスト2009版
P 149～P150

5 酸素療法

判断のポイント

●呼吸器、循環器疾患等により酸素療法が行われているかを評価する項目である。
●実施場所は問わない。

例文

ない

① （記述のみ）医師の指示に基づき、自分で24時間酸素療法（1ℓ／分）を実施している。最終受診日は調査３週間前で、過去2 週間内に医療従事者による管理はされていない。

② （記述のみ）呼吸器疾患あり医師の指示に基づき、酸素療法の準備をしているが、過去14日以内に使用はない。

ある

① 入院時より誤嚥性肺炎にて医師の指示に基づき継続的に、24時間の酸素療法（２ℓ／分）を実施。退院後は、訪問看護師が酸素量管理・カニューレ交換（１回/週）を行う。

② 呼吸不全あり。医師の指示に基づき１年前より、入浴後（２回/週）は訪問看護師の管理で、酸素療法（1ℓ／分）を30分程度実施する。今後も継続予定。

③ 肺疾患にて医師の指示に基づき継続的に、24時間酸素療法（1.5ℓ／分）を実施。日頃は家族が管理しているが、医師が訪問診療時（1回/週）に管理している。「ある」を選択。

テキスト2009版
P 150

6 レスピレーター（人工呼吸器）

判断のポイント

●経口・経鼻・気管切開の有無や、機種は問わない。

例文

ない

① （記述のみ）睡眠時無呼吸症候群にて医師の指示に基づき、毎日就寝時に、自分でマスク装着・機械操作しCPAP実施している。過去14日以内に受診はなく、医療従事者の管理もない。

ある

① 難病で呼吸する力が弱く、医師の指示に基づきTPPVにより人工呼吸療法を継続的に実施している。日頃は妻、週３回は訪問看護師が管理している。

② 循環器疾患があり、入院時より医師の指示に基づき、24時間人工呼吸器を装着。看護師が管理する。

7 気管切開の処置

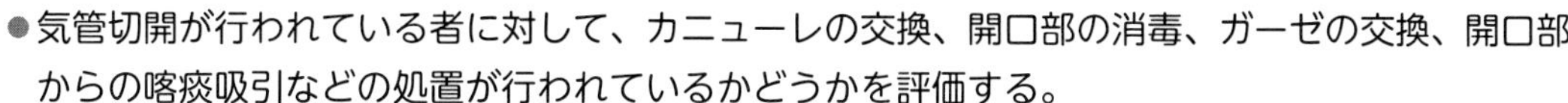

判断のポイント

● 気管切開が行われている者に対して、カニューレの交換、開口部の消毒、ガーゼの交換、開口部からの喀痰吸引などの処置が行われているかどうかを評価する。

例文

ない

① （記述のみ）気管切開はしていないが、職員が喀痰吸引を行う（5～6回/日）。

② （記述のみ）気管切開していたが、半年前にカニューレを抜去。現在、気管切開孔は塞がっている。

③ （記述のみ）気管切開しており、医師の指示に基づき妻がガーゼ交換（1回/日）や喀痰吸引（5～6回/日）を行う。通院時（1回/月）に医師がカニューレ交換を行うが、最終受診日は調査3週間前。

ある

① 1年前より気管切開しており医師の指示に基づき、看護師が開口部の消毒・ガーゼ交換（1回/日）やカニューレ交換（1回/2週）を行う。

② 気管切開しており医師の指示に基づき訪問看護師が開口部の消毒（2回/週）・カニューレ交換（1回/週）を実施。長女が喀痰吸引（5回/毎日）と開口部のガーゼ交換（毎日）を行う。

③ 気管切開しており医師の指示に基づき、訪問看護師が開口部の消毒（2回/週）・カニューレ交換（1回/2週）を行う。必要な研修を修了した施設の介護職員が、喀痰吸引（6～7回/毎日）を行う。

テキスト2009版
P 151 ~P152

8 疼痛の看護

判断のポイント

- 疼痛の看護において想定される疼痛の範囲は、がん末期のペインコントロールに相当するひどい痛みであり、これらの病態に対し鎮痛薬の点滴、硬膜外持続注入、座薬、貼付型経皮吸収剤、注射が行われている場合とする。
- 整形外科医の指示で、理学療法士の行う痛みのための電気治療については該当しない。
- 一般的な腰痛、関節痛などの痛み止めの注射や湿布等も該当しない。
- さする、マッサージする、声かけを行う等の行為も該当しない。
- 痛み止めの内服治療は該当しない。

例文

ない

① （記述のみ）腰痛と背部痛があり、入浴後に妻が痛み止めの湿布を貼付する（3回／週）。

② （記述のみ）進行性の疾患があり、内服で痛み止めを毎日服用している。

③ （記述のみ）腰痛がひどいため、鍼灸院に通い、温熱療法や電気治療を行う（1回／週）。

④ （記述のみ）右膝に痛みがあるため、通院時に医師がヒアルロン酸の注射を行う（1回／月）。

ある

① 進行性の疾患のため、医師の指示に基づき看護師が継続的に、貼付型経皮吸収剤（1回／日）による疼痛の看護を行う。

② ひどい腰痛のため、医師の指示に基づき、看護師がペインコントロールによる鎮痛剤の点滴（1回／3日）を実施する。

③ 進行性の疾患のため、定義に相当する痛みがあり、医師の指示により訪問看護師が麻薬性鎮痛薬の座薬を挿肛する（1回／週）。

9 経管栄養

判断のポイント

- 経口、経鼻、胃ろうであるかは問わない。
- 管が留置されている必要はなく、一部経口摂取が可能である場合であっても、経管栄養が行われている場合も含む。
- 「経管栄養」については、栄養の摂取方法として、経管栄養が行われているかどうかを評価する項目のため、栄養は中心静脈栄養で摂取し、投薬目的で胃管が留置されている場合は該当しない。

例文

ない

① （記述のみ）嚥下困難なため、3年前に胃ろう造設。医師の指示に基づき、家族が栄養を注入している（3回/日）。過去2週間内での看護師等の対応はない。

② （記述のみ）2年前に胃ろう造設し、医師の指示に基づき看護師が栄養剤を注入していたが、調査3カ月前から経口摂取が可能となった。看護師が胃ろう部から薬・白湯を注入している（3回/日）。

ある

① えん下困難で胃ろう造設。医師の指示に基づき看護師が胃ろう部より経管栄養（3回/日）を実施。

② 脳血管疾患の後遺症でえん下困難。医師の指示に基づき、必要な研修を修了した介護職員が、経鼻経管栄養（3回/日）を実施している。

③ 脳血管疾患の後遺症により、食事の経口摂取は困難で、医師の指示に基づき経鼻経管栄養を行う（3回/日）。拒否があり看護師が、その都度チューブを挿入し栄養剤を注入する。

④ 誤嚥性肺炎で、医師の指示に基づき、看護師が経鼻経管栄養を行う（3回/日）。えん下リハビリで看護師が介助し3～4口程、おやつのゼリーを経口摂取する（1回/日）。

10 モニター測定(血圧、心拍、酸素飽和度等)

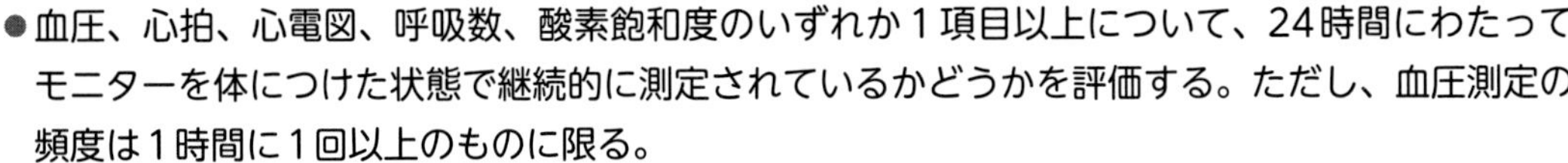

判断のポイント

●血圧、心拍、心電図、呼吸数、酸素飽和度のいずれか1項目以上について、24時間にわたってモニターを体につけた状態で継続的に測定されているかどうかを評価する。ただし、血圧測定の頻度は1時間に1回以上のものに限る。

例文

ない

① (記述のみ)入院時より医師の指示に基づき、看護師が24時間モニター測定(心拍・酸素飽和度)を実施していたが、10日前に終了している。

② (記述のみ)慢性の循環器疾患があり、医師の指示に基づき、夫が血圧や酸素飽和度を測定する(2回/日)。受診時に医師へ報告している(1回/3週間)。

ある

① 心疾患のため、医師の指示に基づき、看護師が継続的に24時間モニター測定(心電図)を実施する。

② 肺疾患のため、入院時より医師の指示に基づき、看護師管理のもと24時間モニター測定(心拍・血圧・酸素飽和度)を実施。今後も継続予定。

③ 心疾患のため医師の指示により、看護師が状態観察し毎日継続的にモニター測定(血圧)を1時間に1回実施する。

テキスト2009版
P 153～154

11 じょくそうの処置

判断のポイント 

●じょくそうの大きさや程度は問わない。

例文

ない

① （記述のみ）３カ月前は、仙骨部にじょくそうがあった。医師の指示はないが、予防のため看護師が軟膏を塗布する（２回/週）。

② （記述のみ）両踵にじょくそうがあり、医師の指示に基づき、施設看護師が毎日洗浄・軟膏塗布・保護テープの処置を行っていたが、完治し５日前に終了する。予防処置もない。

③ （記述のみ）背部に皮膚変色（発赤）があり、医師の指示により、妻が１日１回清拭や軟膏塗布を行っている。通院は月に１回で、過去14日間の受診はない。

ある

① 右大転子部にじょくそう（直径2cm）があり、医師の指示に基づき、看護師が創部洗浄・軟膏塗布・ガーゼ交換（１回/日）を実施している。

② 仙骨部にじょくそう（水泡）があり、医師の指示に基づき入浴後（１回/３日）、娘が軟膏塗布しドレッシング材の交換を行う。2週に1 回受診（直近は3日前）し、医師が処置を行う。

 テキスト2009版 P 154

12 カテーテル（コンドームカテーテル、留置カテーテル、ウロストーマ等）

判断のポイント

- コンドームカテーテル、留置カテーテルの使用、もしくは間欠導尿等、尿の排泄のためのカテーテルが使用されており、その管理が看護師等によって行われているかどうかで選択する。
- 腎ろうについては、その管理を看護師等が行っている場合に該当する。

例文

ない

① （記述のみ）進行性の疾患あり人工膀胱造設している。妻が尿の廃棄（毎日）や装具交換（3回/週）を行う。過去14日以内に受診はなく、医療従事者の管理もない。

② （記述のみ）排尿障害あり、医師の指示に基づき、自分で器具の準備や消毒を含む、間欠導尿を行う（5回/日）。月1回受診するが、過去14日間ではない。

③ （記述のみ）術後、医師の指示に基づき尿道留置カテーテルを実施していたが、体調が安定し調査10日前に抜去した。

ある

① 自尿なく、医師の指示に基づき、留置カテーテルを実施。看護師が尿量測定（毎日）、尿の破棄（2回/日）、カテーテル交換（1回/月）を行う。

② 膀胱内残尿があるため、医師の指示に基づき、訪問看護師（2回/週）と通所介護の看護師（5回/週）が導尿を行う。

③ 前立腺の疾患で、2年前に膀胱ろう造設。医師の指示に基づき、自分で尿破棄や入浴時の消毒は行う（毎日）。調査1週間前の定期受診時（1回/月）に、医師が診察・カテーテル交換を実施した。

障害高齢者の日常生活自立度（寝たきり度）

判定基準

- 何らかの障害を有する高齢者の日常生活自立度を客観的かつ短時間に判定することを目的として作成したものである。
- 日常生活の自立の程度を評価し4段階にランク分けするものとする。
- 本基準においては何ら障害を持たない、いわゆる健常高齢者は対象としていない。
- 判定に際しては「～をすることができる」といった「能力」の評価ではなく「状態」、特に『移動』に関わる状態像に着目する。
  ※評価、選択にあたって、補装具や自助具等の器具を使用した状態であっても差し支えない。
  ※調査票のすべての項目の、特記内容と選択肢を今一度、総合的に考え評価する。
  ※評価基準は「生活自立」から「準寝たきり」「寝たきり」へ重くなっている。
- 全く、障害等を有しない者については、自立に○をつけること。

生活自立	ランクJ	何らかの障害等を有するが、日常生活はほぼ自立しており独力でも外出する 1．交通機関等を利用して外出する 2．隣近所へなら外出する
準寝たきり	ランクA	屋内での生活は概ね自立しているが、介助なしには外出しない 1．介助により外出し、日中はほとんどベッドから離れて生活する 2．外出の頻度が少なく、日中も寝たり起きたりの生活をしている
寝たきり	ランクB	屋内での生活は何らかの介助を要し、日中もベッド上での生活が主体であるが、座位を保つ 1．車いすに移乗し、食事、排泄はベッドから離れて行う 2．介助により車いすに移乗する
	ランクC	1日中ベッド上で過ごし、排泄、食事、着替えにおいて介助を要する 1．自力で寝返りをうつ 2．自力では寝返りもうてない

認知症高齢者の日常生活自立度

判定基準

●表にある「判断基準」と「見られる症状・行動の例」を参考に総合的に考え判断します。
●全く、認知症を有しない者については、自立に○印をつけること。

【参考】

ランク	判断基準	見られる症状・行動の例
Ⅰ	何らかの認知症を有するが、日常生活は家庭内及び社会的にほぼ自立している。	
Ⅱ	日常生活に支障を来たすような症状・行動や意思疎通の困難さが多少見られても、誰かが注意していれば自立できる。	
Ⅱa	家庭外で上記Ⅱの状態が見られる。	たびたび道に迷うとか、買物や事務、金銭管理などそれまでできたことにミスが目立つ等
Ⅱb	家庭内でも上記Ⅱの状態が見られる。	服薬管理ができない、電話の対応や訪問者との対応など一人で留守番ができない等
Ⅲ	日常生活に支障を来たすような症状・行動や意思疎通の困難さが見られ、介護を必要とする。	
Ⅲa	日中を中心として上記Ⅲの状態が見られる。	着替え、食事、排便、排尿が上手にできない、時間がかかる。 やたらに物を口に入れる、物を拾い集める、徘徊、失禁、大声・奇声をあげる、火の不始末、不潔行為、性的異常行為等
Ⅲb	夜間を中心として上記Ⅲの状態が見られる。	ランクⅢaに同じ
Ⅳ	日常生活に支障を来たすような症状・行動や意思疎通の困難さが頻繁に見られ、常に介護を必要とする。	ランクⅢに同じ
M	著しい精神症状や問題行動あるいは重篤な身体疾患が見られ、専門医療を必要とする。	せん妄、妄想、興奮、自傷・他害等の精神症状や精神症状に起因する問題行動が継続する状態等

MEMO

編集

株式会社アール・ツーエス 調査事業本部

創　業：平成 17 年 10 月

代表者：森 慎吾（昭和 54 年生）

所在地：本社：福岡市南区井尻 4-2-1　北九州、佐賀、兵庫、広島、大阪、京都、熊本

著者

徳重 妙子

著者プロフィール

1956 年生まれ。宮崎県出身。介護保険認定調査員、障害支援区分調査員として現役で活躍中。基礎資格は介護支援専門員、介護福祉士。居宅介護支援事業所、特定施設などの勤務歴から、調査員として平成 18 年より株式会社アール・ツーエスに入職。社内では管理者として新人調査員の育成、指導。社外では調査員初任者研修、現任研修の講師としての仕事もしている。全国の調査員とともに、日々千差万別の対象者と向き合っている。

Special　Thanks

石津 彩／一瀬 理恵／植田 静香／江口 和子／桑波田 千帆子／廣渡 智子／福嶋 力

宮崎 里美／山口 育美／山科 知香（五十音順）

参考文献

『要介護認定 認定調査員テキスト 2009 版（令和 3 年 4 月）』厚生労働省

『要介護認定等の方法の見直しに係る Q ＆ A』厚生労働省

『厚生労働省要介護認定適正化事業「認定調査員能力向上研修会」研修テキスト』厚生労働省

本書における感想やご意見、認定調査員研修のご依頼はコチラから。

すぐに役立つ 要介護認定調査員 実践ガイド

2023 年 1 月 30 日　初版第 1 刷発行
2024 年 7 月 31 日　初版第 2 刷発行

編　集　株式会社アール・ツーエス調査事業本部
著　者　徳重 妙子
発行者　田村 志朗
発行所　株式会社梓書院
〒 812-0044 福岡県福岡市博多区千代 3-2-1
TEL 092-643-7075

印刷製本　亜細亜印刷

ISBN978-4-87035-753-2